JN279104

シリーズ　社会文化的アプローチ

学習活動の理解と変革のエスノグラフィー

社会文化的アプローチの実際

石黒広昭　編著

北大路書房

はしがき

　本書は社会文化的アプローチへの誘いの本である。「社会」,「文化」ということばから,しばしばその立場は個人心理に対する社会や文化の重要性を考慮する立場と解されるようだ。人と環境という二項図式においては環境中心であり,内的なものと外的なものという対立においては外的なものを重視すると。このような理解において,比較文化研究は「文化」や「社会」を独立変数として扱い,それに従属するものとして個人の認知等の精神機能を扱ってきた。多様な「文化」や「社会」に対応した人間心理の変動を明らかにしようというのである。社会文化的アプローチはこうした旧来からある比較文化研究の流れに位置づくものではない。人にとって「社会」や「文化」が重要であることはいうまでもない。問題は,その「社会」や「文化」のとらえ方である。社会文化的アプローチは社会から乖離した人を想定しない点でラディカルである。たとえば,この立場からすれば,「学力不振」はそのラベルを貼られている子どもに内在する問題ではないし,その子どもにとっての外的な処遇に還元されるわけでもない。「できなさ」を可視化する文脈がどのように構成されるのかがそこでは問われる。このようなスタンスは一見わかりにくいものであろう。しかし,本書PART 2の実践的研究を見ていただければその意味するところが容易に了解されよう。本書のような立場に馴染みのない読者はPART 2からPART 1にもどって全体を概観することを勧めたい。

　本書にはもう1つの特徴がある。それは心理学を中心とした旧来の学習に対する見方に再考をうながす本であるということだ。私が心理学の世界にかかわるようになったころは,学習とは行動主義のそれでしかなかった。その後,認知心理学の興隆の中で,学習はコンピュータをメタファの中心として新しい理解がなされるようになった。しかし,どちらも個体中心主義であることでは共通性をもっていた。1979年に開催された第一回認知科学会会議においてノーマン（Norman, D. A.）は当時の認知科学では「純粋認知システム」が想定されていること,そしてそれだけでは人間の認知はとらえることができず,「文化」的なものを考慮すべきであることを既に主張していた[*i]。こうした発言は彼が個人的に生み出したものではない。その背後には当時ノーマンの同僚であったカリフォルニア大学比較人間認知研究所のコール（Cole, M.）らの研究が大きな影響を与えていた。実験室,学校教育というフレームの中でとらえ

られた認知・学習研究への反省から，その本質をとらえるために日常認知研究が盛んになった。1984年に出版された"Everyday cognition"★iiと題された本の衝撃は今でも忘れられない。その後，社会的分散認知，状況論という大きな潮流がつくられていったが，それらの理論化に貢献してきたのがいわゆるヴィゴツキー学派の研究である。それはルリア（Luria, A.R.）を介してコールとワーチ（Wertsch, J.V.）からアメリカに，そして世界へと広がっていった。両者は文化的媒介（cultural mediation）を強調することによって個人と社会の二項対立を超え，先行世代の蓄積した経験の獲得過程としての学習を論じることの重要性を教えてくれた。本書の社会文化的アプローチという呼称は，文化歴史学派，社会歴史的アプローチ，活動理論，状況論などの総称として使われているが，そこでは学習は人を語るうえで中心的なテーマであり続けている。もちろん，そこでは豊かなフィールドリサーチに裏づけされた批判的な検討が加えられており，ヴィゴツキーのことばが金科玉条とされているわけではない。本書もそれぞれの章を執筆した研究者のオリジナリティ溢れる理論的，実践的調査の成果を集めている。

　本書の成立過程について一言述べたい。日本においてはソビエト心理学研究会がヴィゴツキー学派の研究を長く紹介していたが，なかでも天野清氏は終始一貫してその立場を貫き，ヴィゴツキー学派の紹介に果たしてきた役割は大きい。最近ではコールの著作の翻訳でも貢献されている。不確かな記憶をたどると，私が後に社会文化的アプローチと総称される研究を取り上げるきっかけになったのは，1980年代半ばに上野直樹氏が呼びかけて始まった活動研究会と称された研究会であったような気がする。そこで，後に日本における社会文化的アプローチをリードしていくことになる茂呂雄二氏とも出会った。また，当時，認知心理学を日本に紹介し，「学び」ということばに新鮮な意味を与え続けていた佐伯胖氏と出会ったことも幸いであった。佐伯胖氏が主催する研究会には同様の関心をもつ多くの人々が集まった。本書は「社会文化的アプローチの実際」と名づけられ，実践的な研究が紹介されている。こうして今や日本でも諸外国の理論を紹介するだけでなく，自らの足下にあるフィールドデータを丹念に見つめ，批判的なまなざしでそれらを吟味，発展させることが可能になった。本書にとって第一の貢献者はもちろん各章の執筆者であるが，その背後にはその研究を可能にしたこうした多くの研究者がいた。その意味では本書は執筆者だけで作ったものではないし，まして編者がひとりで作ったものではない。本書の企画に誘ってくれた佐藤公治氏，本書の構成において助言をくれた茂呂雄二氏，それに編集作業の労をとってくれた薄木敏之氏は言うに及ばず，ここでは一々名前を出さないが多くの方々の理論的，実践的作業が本書を支えている。まさに本書の成立それ自体に社会文化的な

学習活動の有り様をみることができる。編者としてはそうした方々の支援を無にすることがなかったかどうか気になるところであるが，その判断は読者にお任せしたい。

2004年　リラ咲く札幌にて

石黒広昭

★i 　ノーマン, D.A.（編）1984 佐伯　胖（監訳）認知科学の展望　産業図書
★ii 　Rogoff, B. & Lave, J. 1984 *Everyday cognition : Its development in social context.* Cambridge : Harvard University Press.

目次

はしがき

第1章　学習活動の理解と変革にむけて：学習概念の社会文化的拡張　……2
1　はじめに　2
2　学習とは何か？　3
　(1)　発達と教育　3
　(2)　社会歴史的経験の獲得としての学習　6
　(3)　社会的実践の一側面としての学習　9
　(4)　授業の中の学習　11
3　学習活動の媒介性　13
　(1)　文化的発達　13
　(2)　他者に媒介される学び　14
4　学習のヴィゴツキアン・エスノグラフィー　17
　(1)　行為に埋め込まれた学習にアプローチする　17
　(2)　発達的ワーク研究　19
　(3)　「対象」をとらえる　21
5　社会文化的アプローチによって可視化される問題　23
　(1)　学習を社会的なものとしてとらえるわけ　23
　(2)　本書に収録された論文　24

PART 1　学習活動を理解する：学習研究への新しい視座

第2章　リテラシー学習のポリティクス：識字習得の政治性　……34
1　リテラシーとは　34
2　読み書き能力の有無の基準　35
3　リテラシーの獲得　36
4　リテラシーの意味論　39
5　意識化　41
6　世界を読むということ　46
7　カリキュラムと文化戦争　49
8　学習とは，多様なものとの出会い　51

第3章　ヴィゴツキーの理論を拡張する：生命工学研究室での日本人による社会的相互行為を事例として　…53
1　はじめに　53
2　日本人の大人2人のデータ　58
3　議論　63

第4章　共変移：社会的組織化による知識とアイデンティティの増殖としての一般化　…………71

1. 現象を拡大する：知識増殖としての一般化　72
2. 共変移の概念　74
   - (1) 側方変移　76
   - (2) 相互変移　76
   - (3) 包含変移　78
   - (4) 媒介変移　79
3. 共変移を研究する　80
   - (1) 分析単位としての発達的カップリング　80
   - (2) 主導的活動と異時混淆性　85
   - (3) 水平的発達観　87
4. 今後の課題　90

PART 2　学習活動の変革：学習活動の新しいデザイン

第5章　留学生のための日本語教育の変革：共通言語の生成による授業の創造　…………96

1. はじめに　96
2. プロローグ　97
3. オーソドックスなアプローチの問題点　98
   - (1) 基礎段階のオーソドックスな日本語教育　98
   - (2) 教育内容の自己目的化　99
   - (3) 「本日の言語事項」をめぐる相互行為　100
   - (4) 知識の物象化　103
   - (5) 個体主義的で表象主義的な学習観　103
4. 第二言語教育における新しい学びの経験の創造にむけて　104
   - (1) 第二言語学習者という行為主体と第二言語場面　104
   - (2) ZPDと言語発達促進活動　105
   - (3) 第二言語教育における教育的経験の編成について　107
5. 自己表現中心の入門日本語教育　108
   - (1) 概要　108
   - (2) 授業の構想　110
   - (3) 各モジュールの授業の構成　111
6. 新しい学びの経験をめぐる断章　112
   - (1) 相互行為の実践　112
   - (2) 日本語教室の共同体　114
   - (3) 共同体と成員と共通言語　114
7. 相互行為の実践の記述　115
   - (1) 相互行為の実践としてのプロジェクト・ワーク　115
   - (2) 準備段階の活動　116
   - (3) インタビューの実施　117

          (4) ポスターの作成　121
　　　8　結びに代えて　122

**第6章　対話的関係の交渉と歴史としての「声」：
　　　　ある脳梗塞患者の社会的機能の障害から考える**　………**129**
　　　1　病いによる自己の変容　130
　　　　(1)　違和感と怒り　130
　　　　(2)　家族：「第三者としての障害者」　131
　　　　(3)　「生物学的機能の障害」と「社会的機能の障害」　133
　　　2　分析の視点　135
　　　　(1)　「声」と「特権化」　135
　　　　(2)　「特権化」の心理学的視点　138
　　　　(3)　「特権化された声」との関係　138
　　　3　「声」の歴史性　139
　　　　(1)　新しく生まれた「声」：「ていねい語」　140
　　　　(2)　「ていねい語」の変遷　143
　　　4　バフチンの視点からみえてきたもの　146
　　　　(1)　対話的関係の交渉とその歴史　146
　　　　(2)　過程としてのアイデンティティ　149
　　　5　終わりに　151

第7章　造形教育の変革：協働される創造と知　………………**153**
　　　1　日常生活場面における子どものつくり表わす活動をとらえる　154
　　　　(1)　造形的活動に対する従来の視点：個人能力主義と文化決定論
　　　　　　154
　　　　(2)　子どものつくり表わす行為をどのようにとらえるのか　155
　　　　(3)　生活や遊びのできごとに埋め込まれたつくり表わす活動の観察と記
　　　　　　述　160
　　　2　つくり表わす活動の協働形成過程　162
　　　　(1)　初めて「書くこと」と「描くこと」　162
　　　　(2)　遊びの中でつくり表わされるものとできごとの協働形成　173
　　　3　協働される創造と知　180
　　　　(1)　子どもの表現の成り立ちと学びの成り立ち　180
　　　　(2)　できごとの協働形成過程と学びの臨床学　183

**第8章　教師の学習共同体をつくりだす：コンピュータに
　　　　媒介された協調学習のデザインと介入**　……**186**
　　　1　教師の学習共同体　186
　　　2　コンピュータを用いた協調学習支援　188
　　　　(1)　研究背景　188
　　　　(2)　先行研究　189
　　　　(3)　デザインと介入　190
　　　3　活動システム　191
　　　4　事例：教師の学習共同体としてのCSCL環境　192

　　　　(1)　交流学習研究会　　193
　　　　(2)　Teacher Episode Tank　　195
　　　　(3)　TET導入直後の活動システム　　197
　　　　(4)　活動システムへの介入　　200
　　　　(5)　教師の学習共同体としての活動システム　　204
　　5　まとめと考察　　206

引用文献　　209
人名索引　　224
事項索引　　226

社会文化的アプローチの実際
学習活動の理解と変革のエスノグラフィー

第1章 学習活動の理解と変革にむけて
： 学習概念の社会文化的拡張

1 はじめに

（1） もういいかなーどれ　どーこでまってる？
（2） ここでまってる　はい　おいでーおいで
（3） 健太君おいでおいでおいで　真奈美ちゃんおいでおいでおいで
（4） 明子せんせー　はやくもってきてー
（5） 明子せんせー　まだかなー

（石黒, 1999; Ishiguro, 2002b）

　この声は，ある保育園の1歳児クラスから聞えてきたものである。子どもたちの午睡の前に1人の保育者Aが絵本を読み聞かせるため，絵本を事務室の方に取りにいった。その直後，もう1人の保育者Bが，畳の上で跳ねて遊んでいた子どもたちに向かって（1）のように大きな声を出した。そして，畳の1か所を指して，（2）のように言い，子どもたちを呼ぶ（3）。ここまでは保育者Bの声は子どもたちに語りかけている声である。ところが，（4）では保育者Bは保育者Aが立ち去った部屋の入り口の方を見て，叫んでいる。この声にあわせて子どもたちもいっしょに手を口にあてて，叫んだ。この部屋の子どもたちはまだ自ら（4）のような発話はできていなかった子どもたちである。保育者Bはあたかも子どもたちの声を代弁するかのように，（4），（5）を保育者Aに向かって投げた。

　このような保育者Bの声を筆者は「シェアリングボイス（sharing voice）」とよんでいる。この声は，子どもたちを保育者Aを呼ぶやりとりに巻き込んでいる。それは，いっしょに待つという協働活動（concerted activity, McDermott et al., 1978）を構成している。この時期の子どもたちが他者の制止を直接的な言語指示だけで受け入

れるのは容易ではない。だが、ここでは多くの子どもたちが保育者Bの保育者Aを待つ活動に巻き込まれていった。保育者Bは子どもたちに呼びかけるのではなく、保育者Aに呼びかけた。それはあたかも1人の子どもであるかのような呼びかけであった。この時の状況をオーケストラに譬えるならば、指揮者とオーケストラの団員との関係ではなく、第一ヴァイオリニストと他の団員の関係に近いものであった。自ら1つの音を出し、そこに他のメンバーが同調することによって皆が「待つ活動」のメンバーとなっていったのだ。

このような日々のやりとりの中で、子どもたちは「待てる」ようになっていく。そして、「待てる子」に、さらに「待てる○○組」のメンバーになっていく。（4）、（5）で保育者は、まだ子どもたちが実際には言わない発話を先取りして言っている。それは子どもたちが将来発する未来の声への保育者のシェアリング（共有化）であり、その声に対する子どもたちの身体的同調は、子どもたちによる保育者の声へのシェアリングである。子どもたちはこうしたやりとりの中で保育の世界に参加し、発達する。そこには絵本があり、「先生」がいて、「組」が編成され、1日のスケジュールがある。それらは社会歴史的な人工物である。

さて、ここで子どもたちが学んでいるのは何だろうか。保育者はいったい何をしていたのだろうか。そして、ここでの学習のメカニズムはどのようなものなのか。これに対して社会文化的アプローチは次のように応答する。

2 学習とは何か？

(1) 発達と教育

学習とは何か。この問いは非常に漠然とした問いである。この問いをここでは旧ロシアの心理学者ヴィゴツキー（Выготский, Л.С.）に従って、発達と教育の関係を整理することから始めてみたい。学習に対するヴィゴツキーの問いは今から約70年前に出されたものである。しかし、それは子どもがすでにもっているものとまだもっていないものとの関係を問うており、今でもその重要性を失ってはいない。

ヴィゴツキー（1934）は発達と教育との関係について当時の研究の立場を3つに整理している。第一の立場は、子どもの発達過程と教育過程とをそれぞれ独立したものとしてとらえる立場である。この立場の代表者としてヴィゴツキーが考えていたのはピアジェ（Piaget, J.）である。ピアジェは子どもの「純粋な思考」を取り出そうと苦心していた。そのために、子どもの思考検査においては、子どもの過去経験、過去の知識の影響が完全に排除されるよう、問題の文脈を特定しかねるような、子どもにと

っては非常に応えづらい質問を与えたのである。これによってとらえられる「純粋な思考」こそがその子のその時の状態である。こうした見解は，ピアジェに限ったものではなく，特に第一言語の発達に関する研究にはよくみられる立場である。多くの言語発達研究は，乳児期から，幼児期に集中している。それ以降は，方言の発達や文字の学習程度などの調査を除けば，非常に少なくなる。教育関係者から，学習程度を確認するための実態調査は行なわれても，それは発達の問題として語られることは少ない。たとえば，今3,000字書けることとそれが3,300字書けるようになることは，単なる量的な加算であり，本質的な発達に影響を与えるようなものではないと考えるからだ。したがって，人生の最初の基礎がつくられる幼児期を研究すれば，後は単なるその量的拡大と考えるのである。

「純粋な思考」を想定する立場は当然，学校教育に代表される「教育」の働きを子どもの「純粋な思考」を測るうえでの「ノイズ」ととらえる。「子どもの推理や理解，子どもの世界観，物理的因果関係の解釈，思考の論理的形式や抽象的論理の習得を，研究者は，あたかもこれらの過程が自分１人で，学校教育による何らかの影響を受けずに進むものであるかのように見ているのである」（Выготский，1934／柴田訳，1962, p.256）。そして，そのように教育をノイズと考えることは，教育の発達に対する役割を非常に小さなものとする。「発達は，自己自身の一定の完全なサイクルを歩まねばならない。学校が子どもに一定の知識・技能の教育をはじめる前に，一定の機能が成熟していなければならない。発達のサイクルは，常に教育のサイクルに先行する。教育は発達の尻の後についていく。発達は常に教育の前をいく。（引用者省略）教育は発達のうえに建て増しされるものであり，発達に本質的に変化を加えるようなものではない」（Выготский，1934／柴田訳，1962, p.257）のである。ここでは，発達とは子どもの中にある「胚芽」（Выготский，1981）の成熟にすぎない。この立場では，「発達を待たない教育は無意味」（Sigel & Cocking, 1977）ということになる。

第二の立場は教育＝学習がそのまま発達であると考える立場である。この立場は行動主義者の立場である。この立場はジェームス（James, W.），ソーンダイク（Thorndike, E. L.）に代表されるという。この立場では教えられることこそが身につくのであり，そもそも両者を分ける必要性など想定されない。

第三の立場はコフカ（Koffka, K.）を代表とするゲシュタルト心理学者のそれである。コフカはいわば先の２つの立場を両方とも肯定する折衷主義者として評価される。つまり，第一と第二の立場のどちらでもあるとする。教育の影響は学んだ課題それ自体にのみあるのではなく，そこに含まれる一般的な知識が子どもには学ばれるという。学んだことがその特殊具体性において役立つとする実質陶冶と，そこから知識

の一般的な獲得能力こそが学ばれるのだとする形式陶冶という2つの学習観は常に論争の種であるが，コフカは形式陶冶を強調する。つまり，子どもは教育によってある一定のタイプの知識（ゲシュタルト）を形成する能力を獲得するというのだ。そうなると子どもは，それまでの発達を下敷きにして新しいものを受容できるようになると考えられる。教育によって培われるのは課題領域に特殊な（domain-specific）能力だけでなく，領域普遍な（domain-general）能力だということになり，子どもはそれによって教えられたこと以上のことを「学ぶ」ことができるという。こうした教えられた領域以外の領域でも学習した能力を利用できるようになることを，心理学では一般に学習の転移（transfer）とよぶ。転移された知識が次の学習の呼び水となると考えるのである。

以上の3つの立場を整理したうえで，ヴィゴツキーは学習に対する自らの立場を次のように述べる。「学校はけっして真空の中ではじめられるのではない。子どもが学校ではじめるあらゆる学習は，常にその前史というものをもっている」（Выготский, 1934／柴田訳, 1962）と。彼は何よりも，発達に対する教育，しかも組織的な教育である学校教育の役割を強調する。彼の立場は基本的には第三の立場に近いが，そこでは教育が子どもの発達過程に原理的に新しいものをもち込む点を見逃していると批判する。彼にとって，発達は教育を抜きには考えられない。

「教育は，このようなわけで，子どもにおける人間の自然的特質ではなく，歴史的特質の発達過程において内部的に欠くことのできない普遍的なモメントなのである」（Выготский, 1934）という。それゆえ，彼にとって発達は教育の過程と単純に一致するものでも，発達に従うものでもない。

彼の学習観は「発達に先まわりする教育のみがすぐれている」という言葉から，「早期教育」や「教え込み」を強調しているととらえられてきた（佐藤, 1995）。しかし，彼は発達の過程は「発達が最近接発達領域をつくり出す教育過程の跡を追って進む」といっているのであり，教えたことそれ自体に従うなどとはいっていない。ここに彼の学習観の独自性がみてとれる。

実はヴィゴツキーの邦訳で「教育」と訳される語 "obuchenie" は本来，教授・学習（駒林, 1975）あるいは「教師と生徒の相互行為」（Wertsch, 1995）と訳すべき語である。そのため，同じ「発達と教育」に関する部分を英語に抄訳している "Mind in society"（Vygotsky, 1978）では，同一のその語が，文脈によって，"learning（学習）" と訳されたり，"teaching（教授）" と訳されたりしている。したがって，そもそもここで「教育」と表現している事態は，「教える」という一方向的なものではない。教えることと学ぶこととの相補的な事態なのである。駒林（1975）によれば，中

国語に「教学」という語があるそうだが,まさにそうした相互行為ユニットがここで「教育」と訳されているものなのである。つまり,学びには常に広い意味での学びのための環境デザインが伴っているという眼差しがヴィゴツキーにはある。

最近接発達領域（zone of proximal development）の見解も,こうした理解のもとに取り扱われる必要がある。それは彼が提唱する心理発達の一般法則である次の「文化的発達の一般的発生法則」を展開した考え方である。

> 子どもの文化的発達におけるすべての機能は,二度,二つの局面に登場する。最初は,社会的局面であり,後に心理学的局面に,すなわち,最初は,精神間的カテゴリーとして人々のあいだに,後に精神内的カテゴリーとして子どもの内部に登場する。(Vygotsky, 1930–1931／1981)

最近接発達領域とはこの2つの局面で示される精神発達水準の間でのパフォーマンスの差だと考えることができる。子どもは大人など自分よりも当該課題に対してすぐれている他者と共同することによって現在の自分の発達水準では達成できないことを「共同で達成する状態」になるという。そうした他者の「誘導的質問・範例・教示の助け」があるとき,すなわち,社会的局面にあるときに示す力と現在独力でも示すことができるパフォーマンスの間の距離のことを最近接発達領域とよぶ。そこでは,課題解決時の時間を固定してとらえれば,共同性の有無が問題となり,文化的発達の一般法則が強調されるときには,子どもの成長の時間軸上のパフォーマンスのズレが問題となる。最近接発達領域の見解には多くの解釈や展開がみられるが,ここではそれが成熟や教授のどちらかに1対1で依存するものではなく,発達と教育の相互作用のうえに成り立っていることを強調しておきたい。それゆえ,先の「発達が最近接発達領域をつくり出す教育過程の跡を追って進む」という見解は,発達が子どもが過去につくり出してきたものとこれからの近い未来でつくり出されるであろうこと,その両者の相互作用に依存していることを示しているのである。ここには発達と教育を切り離すことのできない1つのユニットとしてとらえようとするヴィゴツキーの思想がある。ヴィゴツキー学派にとって,学習研究の第一の課題はそれぞれの研究者がとらえようとする事態において,何を精神発達の単位としてとらえるのか,それに対応した相互作用する「教授・学習と発達」の単位を取り出すことである。

(2) 社会歴史的経験の獲得としての学習

ヴィゴツキーが発達に対する教育の役割を強調するのは,それが他の動物にはみら

れない人間の学習を特徴づける大切な資源であると考えるからだ。彼の共同研究者だったレオンチェフ（Леонтьев, 1965）は「子どもの発達において主要な過程は，社会歴史時代に人類によって蓄積された経験の習得あるいは『獲得』の過程である」という。彼は，人間の学習の主要な特殊性は人間が学習過程で獲得する経験内容が動物のそれとは違うことから生じるという。つまり，動物の行動は，「無条件反射に遺伝的に定着されている経験」，すなわち，「種の経験」と「条件反射の形成の結果，個体発生的に獲得される個体的な経験」よりなるが，人間の場合には，さらに「第三の経験」として「種の（より正確にいえば社会歴史的）経験である一方で，個体的経験の形で習得される種の経験」が加わるという。この3つの経験は相互に作用しあっているが，特に第三の経験の「獲得」過程が人間において重要であることが強調される。

この「獲得」過程とはドイツ語の"aneignung"からきており，その意味は何かを私有化すること，「わがものとすること」であり，カール・マルクス（Marx, K.）の言葉からきている。英語では"appropriation"と訳される言葉であるが，邦訳は固定されていない。アプロプリエーションの過程は人間の発達を次の3点において特徴づける（Ishiguro, 1998）。1つはわれわれが対象に対して抱く意味は対象にもともとあるものではなく，対象に対する主体の能動的な働きかけの中から生まれてくることを強調している点である。2つ目は対象の意味の生成が個体の行為のみに起源をもつものではなく，その個体のまわりにいる他者を含んだ環境の支援の中で達成されることが強調される点である。3つ目は学習や発達が単なる個人的な知識の獲得ではなく，ある文化的なコミュニティ，社会に参与することでもある点が強調されていることだ。

このことをレオンチェフにならって，子どもがスプーンを使えるようになるという事態で考えてみよう。その事態において大切なことは，子どもの前にスプーンを差し出す誰かがいるということである。このことはさらに次の2つの事実を示す。1つは子どもの前にスプーンがあるということ，そして，もう1つはそのスプーンを子どもに差し出す他者がいるということだ。どちらもが食事を社会的なできごとに仕立てあげる資源となっている。子どもは自らスプーンを発明しない。子どもの前に差し出されるスプーンは社会歴史的に練りあげられたアーティファクトである。その使用は物理的特性，それを持つ人間の身体的特性による制約を当然受ける。その熟達化は身体と食物がスプーンに媒介されることによって，1つの行為システムとしてスムーズにつながっていくこと，言い換えればその間に協調関係が形成されることを意味する。だが，その協調関係はさらに「食事」とよばれる社会的なできごととして方向づけられ，価値付けられ，評価される。この過程では，表面的な後退が観察されるのがふつ

うである。たとえば，手を使ってスムーズに食べることができていた子どもも，スプーンを手にするようになると再び食べるのが困難になる。

これは単なる食物と手とそれらを取り結ぶ道具といった三項間の協調関係の崩壊と再協調の問題ではない。それは「食べる」という行為の説明はしても，「食事」という社会的なできごとは説明しない。子どもは，スプーンに「これを使うことはよさそうだ」といった「価値的予感」（石黒，2000）を抱くことによってそれを使用する。「価値的予感」はスプーンそれのみでなく，その使われ方にも向けられる。子どもの前の他者は「行為」の導き手であると同時に「活動」の誘発者でもある。社会的できごととしての「食事」を議論する際に大切なことはそうした活動の動機の形成と変化をとらえることである（石黒，2003）。スプーンの意味は子どもがスプーンを用いて食物を食べようとする能動的な行為の中から生じる。しかし，そこには同時に常に他者がいる。子どもの目の前にいて，子どもの口に食物をのせたスプーンを運ぶ他者はもちろん，スプーンをつくり出し，その形を変形してきた多くの他者が隠れて存在する。こうした他者との接触のポイントとしてスプーンで食べるという行為が成立している。したがって，スプーンを使って食べることは，スプーンを「よきもの」として価値づける文化コミュニティへの参加でもある。このように学習は単なる個人的なできごとではなく，それが，社会歴史的に潜在的に準備された環境における偶発的なできごとだという点で，「社会的な事件（social event）」として理解される必要がある。

学習における言語の重要性はこうした社会的な事件として学習をとらえることによってはっきりとする。言語獲得の主要課題とは，語を何語覚えたのかというその指示世界から切り離された単語の習得数の話ではなく，言語という道具による社会歴史的経験へのアクセスの程度や内容をとらえることである。子どもは雪に触れることによって，雪に対してある思いを形成するが，それに対して他者が「雪だね」と語りなおすとき，目の前の雪は，子どもが触れる雪であると同時に，それを「雪」として位置づけるある言語コミュニティの言語体系の中の「雪」ともなる。言語に媒介された知識体系の中で「雪」は水や湯などと概念上のネットワークをつくり，子どもが個人では当然ふれることができないような知識へと誘う。事典とはこのような社会歴史的経験の一部が物象化されたものである。言葉は誰かが勝手に個人的につくり出すことができるものではない。ある対象に向けて行為を遂行する子どもにある言葉が投げかけられるとき，子どもの経験形成過程は変容し，「語のおかげで，子ども自身のわずかな個人的経験だけでは形成されないような結合が確立される」（Леонтьев，1965）のである。また，言葉は主体に一般化を引き起こす主要手段でもある。このように子どもは，世界と個人として対峙するのではなく，他者とのコミュニケーションを背景に，

社会歴史的な遺産を自らも再構築するという過程に参与する。この過程がアプロプリエーションという学習の過程である。それゆえ，言葉による経験の再構築とは個々の子どもの行為経験を超え，一般的な行為経験の構築をもたらす。人間の学習はこのように常にコミュニケーションを背景に成り立つものであることがヴィゴツキー学派では強調されている。エリコニン（Эльконин, 1960）は子どもの玩具使用において，大人とのコミュニケーションが果たす重要性を乳児期から豊富な例を紹介しながら説いている。

(3) 社会的実践の一側面としての学習

　通常，学習対象となるものは知識や技能（skill）であるが，それが状況に埋め込まれていることを強調する立場が状況論と総称される立場である。ブラウンら（Brown et al., 1988）はそれまでの現代の認知科学，精神の哲学，人工知能研究，そして学校教育が，「知ること」はそれが用いられる活動や状況から分離可能なプロセスであると仮定していると批判する。彼らはそうした静的な知識を地図にたとえる。実際にわれわれが地図を使うときには，地図を地面に対応させて方向を確認する。地図の中に実現された縮小された世界の中だけで現在の位置を確認することは困難である。知識もそれと同じようなもので，ある知識を使えるためには，その知識を現実世界の中に「置く」ことができなければならない。そう考えると，むしろ知識は地図よりも「道しるべ」に近いという。道しるべは実際の世界の中に置かれ，向かうべき方向を指し示す。このように考えるならば知識とは世界の表象ではなく，世界に対する指示である。知識は言葉によって表現されることが多いが，言葉はまさに世界の代理物なのではなく，世界を指示するものである。したがって，知識は使用の中で意味をもつのであり，知識を得るということはそれを実践の中で使うことにほかならない。したがって，状況に埋め込まれた知識を学習するということは実践に参与することにほかならないということになる。こうした論点を展開したものがレイヴとウェンガー（Lave & Wenger, 1991）の「正統的周辺参加論」である。

　ハンクスは，レイヴらのその書『状況に埋め込まれた学習』の序文で，状況的学習論とそれまでの古典的な学習理論を対比させている。それによれば，古典的主知説では，思考も学習も個人に生起するという個体中心主義（石黒, 1998）をとるが，状況的学習論では「学習はいわば参加という枠組で生じる過程であり，個人の頭の中でではない」という。彼はさらに続けて，レイヴらの立場の特徴として「学ぶのは共同体」であり，「学ぶのは学習の流れ（context）に参加している人たち」であり，さらに「学習は共同参加者間にわかちもたれているのであり，1人の人間の行為ではな

い」と，学習を個人の問題からコミュニティの問題へとシフトしていることをあげる。このことが，レイヴとウェンガー自身に「状況的学習の考えは，現場の学習 (learning in situ)，為すことによる学習 (learning by doing) よりは包括的な概念をねらった」と言わしめている。レイヴとウェンガーにとって，あらゆる知識は活動に埋め込まれており，さらにあらゆる活動は状況に埋め込まれている。したがって，学習はあらゆる活動に埋め込まれている一側面であり，学習は社会的実践のある断面にすぎない。このように考えるとき，学習研究の課題はこの社会的実践をどのようにとらえるのかということに収斂する。

レイヴとウェンガーはこのように学習を社会的実践の一側面として定式化することに勢力を注ぐが，その背景には従来の学習を知識の内化とみる個体主義的な見解に対する批判がある。誰かの所有する知識を学習者が伝達され，同化していく。この外から内へというデカルト的な二分法を彼女たちは批判する。そして，またそのような個体中心主義的な見方は人々とその生活世界との関係にいっさいの関心をもたないことに不満を表明している。彼女たちによれば，社会的実践の理論は「行為者，世界，活動，意味，学習，知ること」に関係論的な相互依存性を強調する。そこで培われる意味は社会的に交渉されるものであり，活動への参与者の思考と行為は相互関与的であるという。

社会的実践の一側面として学習をみるならば，学習研究の対象はある知識の習得ではなく，その実践を通して世界に働きかける全人格 (whole person) が問題となる。それゆえ，従来学習理論においてほとんど関係づけられることのなかったアイデンティティという概念が登場することになる。この点についてレイヴとウェンガーは次のようにまとめる。

> 社会的実践の一側面として，学習は全人格を巻き込む。つまり，それは特定の活動だけでなく，社会的共同体への関係付けを意味している——すなわち，十全的参加者になること，成員になること，なにがしかの一人前になることを意味している。(引用者省略) 活動，作業，機能，さらには理解は孤立して存在しているわけではない。むしろそれらはより広い諸関係の体系（その中でそれらが意味づけられているのだが）の部分なのである。これら諸関係の体系は，社会的実践共同体から生まれ，その中で再生産され発展させられるのだが，それらの一部は人間どうしの関係の体系である。人間はこれらの関係によって定義づけられると同時に，これらの関係を定義づける。かくして学習は，これらの関係の体系によって可能になるものに関しては別の人格になる，ということを意味している。学習のこの側面を無視すると，学習がアイデンティティへの形成を含んでいることを見逃すことになる。学習を正統的周辺参加と見ることは，学習が単に成員性の条件であるだけでなく，それ自体，成員性の発展形態であることを意味する。私たちはアイデンティティと

いうものを，人間と，実践共同体における場所およびそれへの参加との，長期にわたる生きた関係だと考える。かくして，アイデンティティ，知るということ，および社会成員性は，お互いに他を規定するものになる。(Lave & Wenger, 1991／佐伯訳, 1993, pp. 29-30)

　学習を社会的実践の一側面としてとらえることにより，人の社会的実践への参加のありさまと参加による実践のコミュニティ自体の再編を学習研究の主要課題としたことにレイヴとウェンガーの正統的周辺参加論の学習論としての独自性がある。この理論の前後から，学習研究領域において，デカルト的心身二元論や個体中心主義を批判し，「社会的」という接頭語を付ける理論が増えている。レイヴ (Lave, 1996) にとって「現実」は「主体」の側にあるのでも，「世界」の側にあるのでもない。それは「主体と世界との関係の中にある」。それゆえ，彼女にとって，人が実践の参加者になる軌跡をとらえることが学習のメカニズムを明らかにすることになる。このように，社会文化的アプローチにとって学習はそれが関係論的にとらえられなければならないという意味で，社会的なのであり，主体と世界の橋渡しという動きそのものの特質が社会的なのである。

(4) 授業の中の学習

　社会的実践への参加としての学習を授業において考えてみよう。授業とは通常，国語なら国語の，数学なら数学といった，その教科知識を学ぶ場だと考えられている。しかし，授業でのやりとりを分析してみると学習者は多様な知識をそこで学んでいることがわかる。授業の中で教師の質問に答えることは，学習者自らの教科知識の有無，質を表示することであるが，子どもたちがどのように応答するのかはそれだけでは決まらない。キャズデン (Cazden, 1993) は教室には2人の聴き手がいるという。教師に質問をされて学生が答えるとき，それは教師に受け入れられるものでなくてはいけないが，同時に，仲間に受け入れられるものでなくてはいけない。そのため，その学生は覇気のない声で正答をいう。教師にすり寄ったように仲間にみられない発話である一方で，教師が求めていることにはちゃんと答えているという，二重の宛先をもった異種混交の発話 (heteroglossic utterance) である。

　こうした発話が授業の中でやりとりされているのは，授業自体が多層的な交渉の場であるからだ。授業の中では，「知識と社会関係とアイデンティティに関する交渉に人間主体が常にかかわっている」(Apple, 1996)。授業において，三者はそれぞれを切り離して達成することはできない。先のキャズデンの例のように，多くの場合，それらの関係は拮抗するものとなっている。学習者はそうした拮抗した関係をなんとか

やりくりしながら，授業を生きることを余儀なくされている。

次の事例はある小学校の「取り出し授業」の場面（Ishiguro, 2002a）である。ここでの「取り出し授業」とは，日本語を母語としない子どもたちに対して，通常のクラスから，「取り出して」特別に設定した授業のことである。Bは担当の先生で，Aはこの授業の応援に来ている学校事務員，Cがブラジルから来た日本語非母語児である。語彙の増加のために皆でしりとり遊びをやっていたときのことである。

 1 A：うみ。[すぐに自分の耳を指差す]
 2 B：み　だ。
 3 C：[少し間があって]みじかい。
 4 B：ああ。
 5 A：みじかー。

Aは自分の答えを「うみ」といって，それに続く「み」で始まる語彙を自分の耳を指差すことによって，Cに対して暗示していた。だが，Cはあえてそれを受け入れず，「みじかい」という別の語彙で答えた。それはBにとっては意外であったようで，「ああ」と応じたというエピソードである。この事例ではCは単に正答を言えばよかったのではなく，「自分だけで」解答可能な存在であることを皆に示されなければならなかったといえる。

このように，学習者は授業を通して，教科の知識と同時に，仲間や先生といった他の人とうまくやっていくための社会的関係も学び，さらにそのコミュニティにおける自らの位置，すなわち，アイデンティティを獲得していく。ジルー（Giroux, 1992）は「教育者は単に知識の獲得だけでなく，アイデンティティ，おかれている場所，そして希望といった感覚を学習者に与えるような文化的実践の生産として学習に接近する必要がある」という。このことは，学習者が参加している世界の複雑さを語る言葉である。学習者は学校で自分が生活から学ぶことはできない科学的概念（Vygotsky, 1934）とよばれる別の概念的知識の世界に参加する。だが，同時に教室コミュニティの正規のメンバーとなることをめざして，そこに参加する。そうしたことを通して，自分の未来に時間軸が敷かれ，「ここにいる自分」に希望が与えられる。したがって，先のCは日本語を学ぶことを通して，実は教室に自分の居場所をつくろうとしていたともいえる。このような意味で，Cが日本語を学ぶことは彼が生きなければいけない世界への参加であるし，彼に生き続けたいと感じさせる世界への参加につながっている。

③ 学習活動の媒介性

(1) 文化的発達

　ヴィゴツキー（Выготский, 1930-1931/1981）は，「すべての行動は刺激に対する反応である」が同時に，その刺激を人が創造できることを強調する。この見解は，彼が人間の発達に特徴的であると考える文化的発達を描くものである。彼は，人間の発達は生物学的法則に従うだけの自然発達ではなく，社会歴史的法則に従う文化的発達（Vygotsky, 1928-1929/1994）であることを強調した。

　文化的発達の基本的な図式は，刺激と反応との関係が直接的なものではなく，間接的な関係であることを示している。刺激と反応との間に媒介物があり，刺激が直接反応を制御するのではなく，その媒介物が反応を制御するところに人間の文化的発達の特殊性があると主張する。ヴィゴツキーはこの媒介物のことを手段刺激とよんで，もともとあらかじめ世界に存在するいわゆる刺激（対象刺激）と区別した。手段刺激となるのはヴィゴツキーのいうところの紙やハンマーなどの技術的道具と，記号や言語に代表される心理学的道具である。たとえば，手段刺激の利用によって記憶の構造が変わり，そのパフォーマンスも変わる。レオンチェフ（1965）の有名な媒介記憶の実験では，ある年齢になると対象刺激の記銘時に手段刺激を用いることができるようになることが示された。たとえば，幼児は実験者に口頭で与えられた刺激語「雪」という単語を覚えるために，「シャベル」という絵カードを取り，後で，その絵カードを見て，刺激語を想起するという具合である。このような絵カードがある時とない時ではある時期の子どもたちのパフォーマンスは大きく異なる。反応が二系列の刺激の助けによってできていることから，こうした発想に基づいた実験調査を二重刺激の機能的方法（functional method of double stimulation）とよぶ（Vygotsky, 1928-1929/1994）。

　こうした手段刺激の利用によって，人が出会う環境ごとに，それぞれ求められる問題の解決のために新たな機能システムを構成していくことが文化的発達の過程である。したがって，人間に特有の文化的発達を研究する鍵はこの媒介物の状況的機能を明らかにすることにある。発達の中でどのような媒介物が，どのように使われるようになり，それがどのように刺激と反応との間の直接的な関係を変換するのか，その変化の歴史をとらえることである。

　この二重刺激の機能的方法が示しているのは，人間は裸で世界と向き合うのではなく，何らかの道具＝人工物を媒介として世界に対峙しているということである（図1

-1)。主体が対象に向かう時,それは何らかの人工物に媒介されており,それによって人間は対象との間に特殊な関係を構成するのである。このような活動システムの中で,人は意識を獲得していく。

文化的発達とはこのような人工物に媒介された主体の対象世界との関係のとり方を指し示すものである。人が社会歴史的遺産を獲得できるのは,こうした人工物を介した文化的発達のたまものなのである。

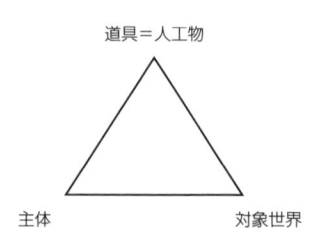

図1-1 道具=人工物を介して世界と対峙する主体

(2) 他者に媒介される学び

学習は媒介されている。学習は何かに常に媒介されている。このことを前項で論じた。社会文化的アプローチから学習をみたとき,この媒介性は参加と同じく重要なキーワードとなる。学習が媒介されているという主張は,人の能力をその人に内在するものであるかのように取り扱う個体能力主義を否定する。図1-2はかつてレイヴらが参加していた米国の学習研究所のパンフレット（IRL, 1993）に出てきたものである。そこでは,かつての学習は,学習者の頭の中に知識を注入していく過程としてとらえられていたことが示されている。ここにいるのは世界に対して働きかけない静的な存在としての人である。社会文化的アプローチにおいて,人は常に世界に働きかける＜＝参加する＞存在である。したがって,人がどのように世界と接触しているのかをとらえることこそが学習研究にとって重要な課題となる。主体と世界とつなぐ「行為」や「活動」という営みをとらえることが必然となる。

だが,実は学習者は世界との間に二重の関係を打ち立てている。1つは人工物による仲立ちであり,もう1つは他者による仲立ちである。重要なのは両者が相互に関係しあって,人を世界に向きあわせている点である。実際に,教師が子どもの筆を握る手を持って字を教えるとき,その子は,筆と教師に同時に媒介されている。では,ひとりでペンで字を書くときはどうか。通常,このようなとき,「ひとりで字を書く」

図1-2 古い知識観を表現する学習研究所のパンフレット図（IRL, 1993）

と表現しているように，それは「ペン」という文化的人工物によって媒介された行為だとはとらえるが，他者によって媒介された行為だとは考えない。しかし，ペンは自然に与えられたものではない。まさに「人工物」である。人工物は誰かがつくり出し，常に変更が加えられている社会歴史的な産物である。したがって，人工物の背後には常に多くの他者がいるのであり，その製品は他者の関与の所産だと考えることができる。その意味で，実は人工物を使うこと自体が常に他者との対話となっている。このことは，その人工物が壊れたり，うまく使いこなせないときのことを想像してみるとよいだろう。使用者は初めはその製品に怒りを向けるだろうが，すぐにその製品をつくり出している会社にクレームをする。製品の背後には常にそれをつくり出す人々がいることはこうしたブレークダウンのときに明らかになる。かつてハイテク航空機の事故として日本の新聞を騒がせたエアバスA320名古屋空港着陸失敗の事故があった。この時，問題になったのはエアバス社がつくった機械システムと操縦した中華航空のパイロットの間の「コミュニケーションの不全」であった。エアバス社が用意した自動操縦装置の設計思想と危機に面したパイロットの操縦の関係の不全が墜落を招いたといえる不幸な事故である。この時，パイロットが直接接していたのは操縦桿などコックピット内の機器であるが，実際にはそうした人工物を介してその背後にあるエアバス社のその航空機の設計思想と格闘していた（石黒，2001）。

　人工物の背後には常に他者がいる。このように考えると，人工物を物理的な「物」に限定する必要はない。ワートフスキー（Wartofsky, 1973）によれば，人工物は3種に分けられる。第一次人工物は，生産に直接用いられるもので，オノやノコギリなどがそれにあたる。第二次人工物は行為や信念を保存・伝達するもので，レシピ・規範・法律などである。第三次人工物とは相対的に自立的な世界を構成するようになった人工物の類であり，文化モデルやある場所に特有な知識としてのスキーマやスクリプトを指す。第一次から第二次，第三次となるにつれて，最終形態としてでき上がった人工物を使うときに実際に他者との社会的交渉が必要となることがわかる。たとえば，オノの使い方は，その鋭利な刃先が何かを切ることを使用者に思い起こさせることは難しくない。どこが切る所で，どこが持つ所なのか悩むことは少ないだろう。しかし，レシピは料理をつくったことがある人とそうでない人ではその解釈に違いがみられる。まして，法律の条文など一般の人にはそこに込められた意味をなかなか読み取れない。過去の判例を，すなわち，ある条文に対する過去の他者の解釈を参照してその意味を推察することが可能となる。このように言語的にその意味が記述されたものであってもそこに込められた意味はその人工物から自然に立ち上がってくるわけではない。まして，歯医者にはどうやっていくのかとか，小学校で授業中どのように

ふるまったらよいのかといった言語的に明示化されない知識に溢れた文化スキーマは常に誰でもが利用しているものであるが，その利用の手続きを述べることは簡単ではない。また，実際にそれは使われる状況に依存して可変的なものであるので，そうした状況的な変化に敏感であることがその使用者には求められる。その意味で，文化的スキーマやスクリプトは知識そのものというよりも，その状況における，あるふさわしいふるまいを探るための手がかりにすぎないといった方がよいかもしれない。以上のことは，人工物が社会的に，歴史的に常に他者を介してその使用，すなわち世界と人とを結びつけていることを意味している。

　人工物が常に他者を必要としていると考えると，それはヴィゴツキーの発達と教育の緊張関係を可能にする媒体だととらえることもできる。コール（Cole, 1996）はこのことを子どもがテキストを介して世界を知るという状況にあてはめた。学習者である子どもがテキストを介して，新しい世界にふれるとき，その子どもは世界と二重の関係をもつ。子どもは実際に自分の直接的な経験として世界とふれあうことができるが，同時に言語化された知識であるテキストを通して世界と接触することもできる。たとえば，氷がある条件のもとでは凍ることを日常体験として子どもは知る。だが，同時に物理現象に関して書かれた資料によって氷が凍ることも知る。地球が丸いことや星の大きさなど日常体験なしに知ることも多い。日常経験と言語的知識による経験が同時に人に与えられる場合，人は同一の対象に対する２つの経験による解釈の間のズレを調整しなければならなくなる。このことはヴィゴツキー（1934）によって問題提起された日常生活経験から構成される生活的概念と，学校において組織的な概念として学ばれる科学的概念の間の調整関係としてとらえ直すことができる。このように考えると学校における授業とは，科学的概念の教授の場ではなく，科学的概念と生活的概念の調整の場ということになる。そして教師は科学的概念の伝達者ではなく，その調整の援助者である。

　子どもが言語テキストによって自分がまだ経験したこともないような事実や認識にふれるとき，そこには困難が伴う。まず，そもそも書かれた文字が読めないということがあるだろう。また，文字は読めてもその字義的な意味がわからない，さらには，字義的な意味はわかってもそのテキストにおける文脈的な意味がわからないということもある。このようなときでも，子どもは大人の読みを介して，そのテキストが媒介する世界に接触することができる（Cole, 1996）。絵本の読み聞かせは大人が子どもに対して言語テキストを伝えているのではなく，そのテキストを介して表現されている世界へその子がアクセスすることを可能にしている。教師が「新鮮」の意味を授業で取り上げるとき，それは単なる「新しい」という字義的意味を確認することを目的と

しない。「新しくも新鮮でない場合がある」とか,「正倉院の工芸品のように,古いものでも新鮮なものもある」という発言を子どもたちから引き出し,その言葉を吟味させる（斉藤，1963）。この吟味が「調整」である。このように,学習者は人工物,支援者を介して,「調整＝意味の交渉」によって新しい世界を手に入れることができる。媒介するモノ,人は学習者の現状に混乱を引き起こし,調整を必要とする状態をもたらすという点で,常に現状を維持させる方向に機能するわけではない。しかし,その調整過程自体がモノや人によって適切に支援されるならば,それは学習者の発達を可能にする。優れた授業が教師の力によるところが大きいのはこのことによる。

４　学習のヴィゴツキアン・エスノグラフィー

(1)　行為に埋め込まれた学習にアプローチする

スクリブナー（Scribner, S.）は,現在盛んに行なわれているワーク研究の１つの源流と考えられる研究者である。彼女はレオンチェフの活動理論を下敷きにデカルト的二元論を批判し,社会的実践の中に生きる主体に配慮をみせている。

スクリブナー（1984, 1987/1997）は,精神機能を活動の１つの断面としてとらえる。特に,思考は具体的な活動の一側面であると考え,その発生と形式を明らかにしようとした。そのために必要なことは思考が埋め込まれている活動と行為の分析を行なうことである。活動理論によれば,活動は３つの層として分析される。巨視的なレベルとしての活動のレベル,その活動を構成する目標指向的な行為のレベル,さらにその行為が遂行される具体的な操作のレベルである。これはレオンチェフ（1975/1979）の活動の分析カテゴリーである。彼によれば,巨視的レベルでの活動はそれを引き起こす動機を規準として分離される。行為は意識化された目標に従属する過程のレベルである。最後の操作のレベルは,それぞれの具体的な目標が達成される条件に直接依存するレベルである。しかし,活動の研究において必要なのはこの三者の内的でシステマティックな結びつきを分析することであって,それらを要素的に分けることではない。スクリブナーはその研究の進め方には二方向あるという。一方は世界からモデルの構築に向かう方向,他方はモデルから世界へ向かう方向である。前者はエスノグラフィックな調査から行為を規定している課題の同定,そしてモデル化へ向かう。後者は理論的なモデルに依拠して,主体の環境（条件）を変えることによって,ある精神機能を人工的につくり出す形成実験（実験的シミュレーション）である。どちらもがヴィゴツキーの研究方法であり,両者を相補的に用いるところにヴィゴツキー学派の心理研究の特徴がある。しかし,それを日常的な実践において周到に

行なった研究はスクリブナーのワーク研究までなかった。

実際にスクリブナー（1984, 1987/1997）がどのように研究したのかをみてみよう。スクリブナーは実践的思考を研究するために仕事（work）を研究することにした。研究はまず，通常の作業条件化で自分に責任がある作業を行なう牛乳工場の労働者の仕事ぶりの組織的観察から始められた。それによって，その仕事にはどのような認知的な特徴があるのかが記述された。この記述に基づいて，それにかかわる場面の組織的な観察を行なった。そして，次に制約された条件下でパフォーマンスの観察を可能にする仕事のシミュレーションを企てた。シミュレーションは，エキスパートとノービスのパフォーマンスの差異を規制する要因についての具体的な仮説を検討するためのモデルシステムとして機能する。図式化すると図1-3のようになる。

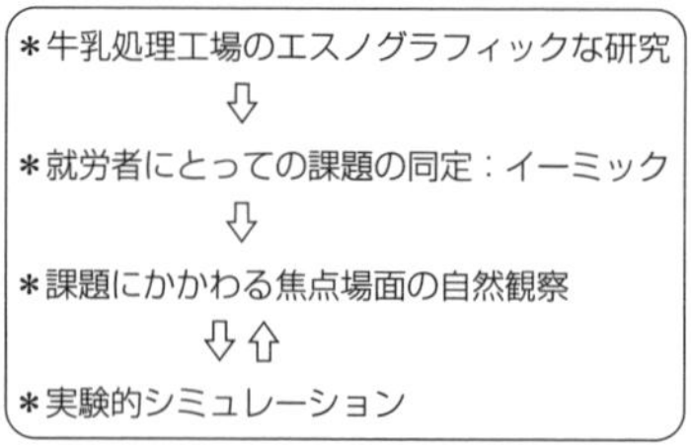

```
＊牛乳処理工場のエスノグラフィックな研究
         ⇩
＊就労者にとっての課題の同定：イーミック
         ⇩
＊課題にかかわる焦点場面の自然観察
         ⇩⇧
＊実験的シミュレーション
```

図1-3　仕事の認知的分析のための調査方略（Scribner, 1997, p. 388）

スクリブナーの研究は，環境は問題解決システムの一部であり，ある活動の中で主体が実際にものを移動したり，配置を変える，また式を変形するなど，多様なルートを通じて問題空間を能動的に変形しながら問題を解決していくことを示した。問題解決にとって重要なことはまさに状況に応じた「問い直し」であることを鮮やかに示してくれた。さらに，社会的実践の中に生きる主体の精神機能を研究する一般的な手続きを示した点で，活動理論を「社会化」することに貢献した。それぞれの主体にとって課題が与えられたものではなく，主体が世界に対して働きかけることによって立ち現われるものであることを明らかにした。学習理論の中でよく議論されるように，転移はこうした課題の同型性が成立することを前提にした議論である。しかし，課題の同型性は課題分析の抽象度をあげれば，どんな2つのものにでも発見可能である。重要なのは主体の側から構成されるイーミック（emic）な課題，つまり実践のもつ意味である。このように考えると，たとえば「書く」といった1つのスキルがあると考えるのは根も葉もない常識的な抽象化にすぎない（Scribner, 1984）。スクリブナーとコール（Scribner & Cole, 1981）がアフリカのバイ族におけるリテラシー調査で示したように，1つの技能はそれぞれが埋め込まれている社会的実践と一体のものである。「手紙を書く」ことと「メモを書く」ことはそれぞれ別の社会的実践としてとらえる必要がある。両者をそれらが埋め込まれた実践から切り離して「書く」とまとめることの危険性を認識することが必要だ。

だが，彼女の実際の研究においては行為と操作のレベルでの分析に比べ，活動のレベルでの分析が弱い。たとえば，牛乳工場の瓶詰め作業に従事する労働者は，自分の身体的労働を低減させるという「最小身体労力の規準」を用いているという。しかし，そこには社会状況の分析がない。そうした規準が労働者の間にできていくのは，資本主義社会において単純労働に従事する労働者の活動のあり方と無縁ではないだろう。芸術家，熟練した技術者までもがそれを自らの仕事遂行時の規準としているとは考えられない。社会的実践の一側面として学習をみるとき，その社会的実践がどのようなものであるのか議論の射程に入れておく必要があろう。この点で，スクリブナーの継承者の1人にあたるビーチ（Beach, 1993）は，バーテンダーになることが，カクテルをつくれるといった単なるバーテンダーとしてのスキル獲得の問題ではなく，バーテンダーという職として生きることとしてとらえている。そこでは，客と楽しい談笑をしてチップをもらうことも重要になる。こうした点も彼女の研究プログラムの中にあったが，早すぎる死によってそれは十分展開されなかった。

(2) 発達的ワーク研究

　スクリブナーの研究方略は単線的だが，この調査方略を循環的なものとして位置づけなおしたのが，エンゲストローム（Engeström, 1987/1999）のモデルである。図1–3は実際の牛乳処理工場の事例に即して書かれているものであるが，それは子どもの発達研究に対するヴィゴツキーの研究法を子どもから大人に拡張して適用したものととらえることができる。スクリブナー（1985）によれば，それは「成人の日常生活の中での行動の観察」→「歴史的・民族心理学的情報によって初歩的な発達形態が高次形態に変化する過程を再構成する」→「初歩的な形態から高次の形態への移行を子どもに実験的につくり出す」→「子どもの自然場面での複雑な行動の観察を行ない，実験によって単純化された行動と調和させる」という4つのフェーズからなる。ここでは，観察は実験に先立つものであると同時に，実験の後にその理論化において再び観察が必要とされる。この循環がヴィゴツキーの方法の特徴である。

　ヴィゴツキーの方法論は，日常観察から始まり，その主要な問題を整理し，それに対して「形成実験」で質的変化を確認する。最後にそれを，自然な行動観察に戻すというサイクルをとる。スクリブナー（1985）はそのサイクルを自らも模するが，ヴィゴツキーのモデルでは社会の複数性が想定されていないと批判し，そのモデルに個々の社会史を組み込むべきであると主張する。エンゲストローム（1987/1999）は彼自身が認めているように，スクリブナーの発展的継承者といえるだろう。だが，エンゲストローム（1987/1999）は「歴史は内化されるものであると同時に拡張されるもの

でもある」と独自な主張を展開した。彼によれば，ヴィゴツキーもスクリブナーも，結局はどのように高次精神機能が達成されるのかを問題とし，その発達の過程は，社会文化的資源の個体への移行として語られているという。言い換えれば，外から内への移行，つまり，「社会」の「個人」への内化によってそれは可能になるという。

内化モデルは既存の社会環境，すなわち社会的組織や社会的資源の付置が固定されたものと考えるならば，個人と社会との関係を考えるうえで適切なモデルとなる。しかし，実際には社会・文化は常に変化している。それらは常に，人類による集団的創造の中にある。ヴィゴツキーが二重刺激法で述べたように，人は自ら刺激をつくり出すことによって環境を変える存在である。そうなると社会から個人への一方向のサイクルだけでなく，同時に個人から社会へのサイクルも考慮しなくてはならない。人は活動に参与する中で，自らを創造しながら，社会も創造していく存在である。この点は実は現在の学習論の理論的焦点の1つであり，レイヴとウェンガー（1991）の議論や本書第4章のビーチ（Beach, K.）論文もそこを問題にしている。このことをエンゲストロームは「歴史は拡張される」とよんだ。図1-4はそうした拡張過程をとらえることができるように，ヴィゴツキーとスクリブナーの方法論を拡張したものである。

最初のステップは，研究者が参与している現在進行中の活動システムについて，そ

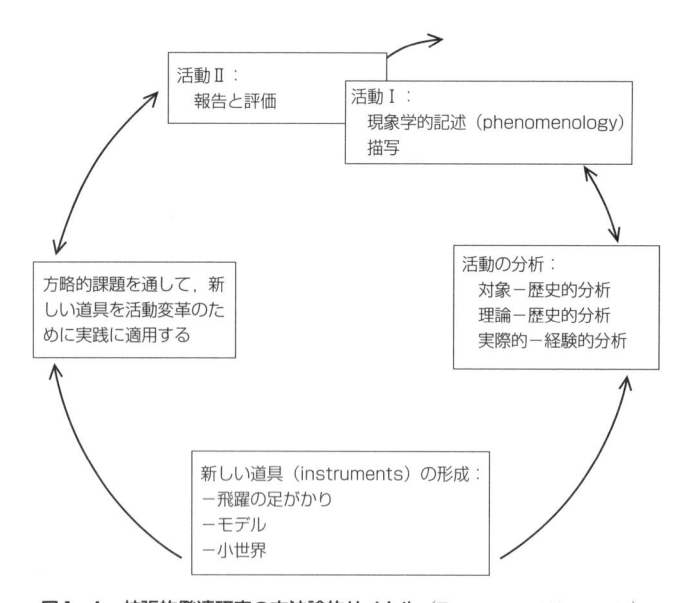

図1-4　拡張的発達研究の方法論的サイクル（Engeström, 1987, p. 323）

の参与者の経験をとらえ,活動を記述することである。ここはフィールドにおける参与観察の段階である。次のステップではそこで得られたものを3つの層で分析する。現在の活動システムの対象が何であるかを同定し,そこで用いられる第二の人工物 (Wartofsky, 1973) としての理論,概念,モデルを明らかにする。そのような第二の人工物は「誰にでも（publicly）役立つ対象化された道具」であり,「強力な制約をもつが,それは一般化されることよって,いつでも多様な方法で,多様な目的に向かって解釈され,適用されてしまう」(Engeström, 1987/1999, p. 326)。したがって,「活動の参与者によって実際に使われ,支持されている,内化され,創作されたモデルの実際的で経験的な分析が補足される必要がある」（同上）という。次の段階は,現在の活動システムが抱える矛盾を解決するために,質的に新しいモデルを形成する段階である。それは,飛躍の足がかりを見いだし,そのため使える一般的な道具となるモデルとその派生モデルをつくる。そしてそのモデルをさらに洗練させ,新しい実践形態に調整させていくために小宇宙をつくる。そして,次の段階では,前の段階でつくられた新しい道具を実践に適用する。この時,すべきことは日常的行為に参加している人々によってつくり出される矛盾の解決過程をしっかりとたどり,分析することである。この過程において,時には先につくった新しいモデルがまったく役立たないという事実に直面することもある。最後は,報告であるが,それは試みの始まりから経過をていねいにたどり,その拡張的な移行の実際の道筋を再現することである。このようにして,1つのサイクルが終わり,再び次のサイクルが始まる。拡張的発達研究がめざしているのは,このサイクルを集合的で継続的な「最近接発達領域」の展開として位置づけることであり,人々にそのための道具として実践のモデルや理論を与え続けることである。

(3) 「対象」をとらえる

「対象」とは活動理論に特殊な言葉である。ある活動を他の活動から区別するものが対象である (Леонтьев, 1975/1979)。対象は活動の中でいじられる物質的な存在であると同時に,活動の中で特殊なシンボル的意味をもつ存在である。エンゲストローム (1993) は前者を「生の素材」としての対象,後者を「問題空間」としての対象とよび,対象の二重性を強調している。たとえば,エンゲストローム (1993) の診療システムの事例では,診察の場では患者それ自身は物理的な対象であるが,その意味は,「身体的疾患」をもつ人としての患者であったり,「心理・社会的全体としての患者」であったりする。医者が同じ患者に接するとしても「患者」をいったいどのような存在としてみるのかによって,その診察や処置は大きく変わる。大事なことは,こ

うした患者概念自体が歴史的な産物であるという事実である。患者を身体的疾患としてとらえることが「常識化」したのは，生物医学的な科学の発達の歴史があったからだ。あるいは「健康管理」が必要とされる存在として患者がみなされるようになるには，「予防」に対する社会政策の歴史がある。重病者を多く抱える社会になると，最終的にはコミュニティ・メンバーが多大なコストを払わなくてはならなくなるという認識のもとに，健康は「管理」されなくてはならなくなったのである。

　このように，実践の場において医者が使用する人工物としての「概念」，「理論」も歴史的産物であることをエンゲストロームは強調する。したがって，今ここで行なわれている媒介行為もそこにどのような歴史的媒体が用いられているのかで，その行為の現われ方が変わることを活動理論は強調する。

　実践をとらえるときに活動理論が与える示唆は，実践の中でやりとりされている「対象」が何なのかを常に吟味する必要があることを教えてくれている点である。「対象」が転換されていくことが活動システムの発展である。したがって，「対象」の変化の軌跡を追うことが実践の歴史を理解する鍵となる。また，実践者が「対象」に向かうとき，その「対象」を取り扱うのに必要とされる何らかの人工物を生み出し，それを介して対象に向かう。そうした主体と対象を媒介する人工物の変化の軌跡を追うことも重要である。しかし，この媒介する人工物それだけの歴史的変化を観てもだめだ。常に，主体と対象を含む活動システムの中で人工物がどのような関係に巻き込まれているのかをとらえることが必要である。その意味で，人工物は社会歴史的な存在である。

　活動システムを構成する要素を，エンゲストローム (1987/1999) は主体，人工物，対象，規則，共同体，分業とする。それらの要素は，活動システムを構成する重要な構成要素を探り出すための「とりあえずの発見手続き」である。その「篩い」によって，ある活動システムをつくり出している重要な資源が見つかる場合もあるが，他の重要な資源を掬い落とす可能性もある。その点で，エンゲストローム自身が実践しているように，実践の中から重要な資源を取り出すための地道なフィールドリサーチが欠かせない。活動理論が「対象」の漸次的変換を強調するように，活動システムを構成する主要資源を常に同定できるような道具としてエンゲストロームの三角形モデルがあるのではない。

5 社会文化的アプローチによって可視化される問題

(1) 学習を社会的なものとしてとらえるわけ

　学習を参加と媒介性によってとらえようとする社会文化的アプローチが関係論的視座に立つことはすでに述べた。ここでは，その実践的意義について述べたい。学習を社会的なものとして理解しようとすることによって何が可能になるのだろうか。1つは，学習の過程や成果を個人に内在する能力の問題とするような宿命論的な立場から解放することである。レイヴ（1996）は「学習を個人の精神的能力や活動に帰属させる理論は結局周辺にいる人々を周辺にいるということで非難する」ことになるという。通常，学習の個体主義的な心理学理論は学習の最終的な理想状態をあらかじめ描き，そこに各個人がどのように到達するのか，あるいはできないのかによって，その人の能力を見積もる。だが，学習が複数のコミュニティへの参加の様式であり，それぞれのコミュニティにおいて多様な人工物や他者に支えられることによって，社会的に達成されるものであるととらえなおしたならば，「誰かができない（dis-able）という事実」は，その誰かを含む相互行為や活動システム，コミュニティの問題を表示することに等しい（McDermott, 1993; Lave, 1996）。これによって，その問題は誰か「できない」個人を排除する形で解決されるのではなく，それを手がかりにそうした「できなさ」を誰かに付与する文脈を生成する社会文化的装置を修理・改修することにこそ真の解決があることを教える。

　学習を社会文化的なものとしてとらえることによって問われるもう1つのは学習の持続可能性（substainability）である。コール（2001）は「5th D」とよばれる放課後教室を長く続けているが，そこには持続性のパラドックス（石黒，2004）があるという。つまり，実践が時間的にも空間的にも拡張していくことによって，その実践の内実はどんどん変わっていく。たとえば，ある教室で実践を行なううちに，実践で使われるマニュアルや暗黙の規則が落ち着いていく。しかし，指導者が増えたり，交替したりすることによって，あるいは教室に来るメンバーが替わることによって，その実践のありようはどんどん変わっていく。教室の外にある政治的環境の変化によって，教室に対する予算援助のあり方も変わり，資金の入り方によって実践の組織のつくられ方も変わる。フランチャイズ化されていけば，たとえ同時期に開始された同じマニュアルに基づく事業であっても，その実践の内実はそれぞれの地域でまったく異なるものとなることもある。このような学習コミュニティに学習者は参加し，自らのアイデンティティをつくり上げていくのだとすれば，コミュニティが何をどのように

成し遂げようとしているのか，その変容をとらえることが，そのコミュニティへの参加者の学習をとらえるうえでの必須条件となる。学習の文脈を抜きにして，学習をとらえることはできない。このことは学習者を固定的にとらえることでも，コミュニティを安定し，不動のものととらえることでもない。両者は相互に資源となって他方の更新をもたらす。人は通常同時に複数のコミュニティに参加することによって，相異なるような複数のアイデンティティの間で悩み，調整を求められる存在である。

(2) 本書に収録された論文

　本書は2部から構成されている。第1部は，「学習活動を理解する：学習研究への新しい視座」として，3つの論文が掲載されている。それらはこれまでの認知心理学の学習概念の問題点を指摘すると同時に，その拡張を図る意欲的な論考である。社会文化的アプローチの今後の学際的な展開の一端をみせてくれている。第2部は，「学習活動の変革：学習活動の新しいデザイン」として，4つの論文が掲載されている。これらは，日本語教育，障害とリハビリテーション，造形教育，教師の共同体づくりと，その実践は異なるが，筆者自らがその活動に十全的参加者として参与し，その実践を社会文化的アプローチの立場から分析した力作である。これらの論考を通して，なぜ社会文化的アプローチが学習研究において今求められているのか，そしてそれがどのような広がりをもった研究世界なのか，さらに学習実践の変革にどのような寄与が可能なのか，読者に適切なガイドを与えるであろう。以下，1章ずつその内容を簡単に紹介したい。

　第1部第2章の菊池論文は「何かを学ぶ」ということについて，心理学関係者が通常はあまり議論しない学びの政治性を問題にしている。ここでいう学びの政治性とは，単なる行政的な政治スローガンとは異なる。それは，何かを学ぶこと，あるいは何かを学ばないこと，さらには何かを学んでいないことや学ぼうとしないことが，その当事者のその何かに対する関係のあり方にかかわりなく，社会的に価値づけられているという事実を指す。通常，「自分が何かを知らない」ということは，その何かを知っている人によって判定されることによってしか知り得ないので人は，そのいわば社会的に付与された「無知」に無自覚であることが多いという。菊池は，そうした「無知」に対してパウロ・フレイレ（Freire, P.）の「意識化」実践の意義を強調する。それは「自らが置かれた被抑圧状況を，識字術の獲得する経験を通して理解し，さらにその状況を主体的に変革していく過程」のことである。それは言葉の意味に敏感になることであり，その意味がある政治的なスタンスと切り離せない社会歴史的なポジションを与えられていることを知ることである。

菊池は，リテラシー学習は外国語学習等とは同次元のものととらえるべきものではないと主張する。その「学習」には「文法知識を中心とする言語構造の理解」だけでなく，「実際に社会的に用いるための社会言語学的知識や語用論的運用能力の獲得」も含まれているという。こうした広い意味で学習をとらえることが菊池にとってのリテラシー学習である。したがって，それはいわゆる言語学習に限定されるものではない。情報リテラシーという言葉が流布しているように，日常実践におけるさまざまな「社会的に適切とされる」実践のふるまいの獲得過程一般がリテラシー獲得過程の問題となる。授業において適切にふるまうことは国語の知識に還元されない。工場で適切にふるまうことは工学的技能に還元されない。そして何より問題なのは，「社会的適切性」は学習者自らが勝手に決定できないものであり，むしろ他者から付与されてしまうことだという。その中でわれわれは生きることを余儀なくされているという。何かを学ぶということは社会的な位置づけに参与することであり，その意味で学びは政治的な事態なのである。彼はフレイレの「ことばを読むことは世界を読むこと」という表現を引いて，リテラシー学習が，ことばの閉じた世界の中の問題ではなく，ことばを媒介にして世界に接続することにかかわる問題であることを強調する。これは社会文化的アプローチが主張する知識の状況性を人間の環境としての社会的世界に位置づけた主張として読むことができ，今後社会文化的アプローチが展開されていくにあたって必要とされる学際的な拡張の1つの方向性を示唆している。

　第1部第3章バデューチ（Berducci, D.）論文は学習が成立する条件としてのコミュニケーションの様態を分析している。学習が他者とのコミュニケーションの中で達成される社会的できごとであるならば，そのミクロなやりとりの中で相互の了解がどのように可能になるのかをとらえることが課題になる。そしてそのうえで，共同で課題を解く2人の間で，その取り組みに対する「責任の委譲」過程をとらえることが，ブルーナー（Bruner, J.）以降のアメリカにおける社会文化的アプローチをとる発達研究者の重要な研究課題であった。本研究は，他者に媒介された学びの成立過程の理論的な検討である。

　ここではワーチ（Wertsch, 1985）によるヴィゴツキーの指示連鎖（referential continuum）の経験的データによる検討と理論的拡張を行なっている。指示連鎖とは同じ対象を指し示す言語表現のヴァリエーションのことである。たとえば，ヴィゴツキーの『精神発達の理論』と正確な書名でよぶことができる同じ指示対象に対して，「ヴィゴツキーの本」あるいは「あれ」ということも文脈によっては可能である。しかし，文脈によっては，ある表現形態では他者に伝わりにくいことにもなる。したがって，そこではこの文脈とは何かが問われることになる。バデューチが第一に問題に

しているのは、ワーチのデータにみられる同一の直示表現「これ」が指し示す異なる使用である。見本となるトラックのようにパズルを共同で組み立てる2歳半の子どもとその母親のデータでは、はじめは母親が「タイヤ」とよぶピースを子どもは「クラッカー」とよび、課題を共有できない。そこで、母親はそのピースを手に持って「これ」という。このような指示表現の移行は、そもそも間主観性が成り立たない状況で、指示対象の物理的な指示の共有を可能にするためのものにすぎなかった。他方、3歳半児とその母親のやりとりでは、すぐに「タイヤ」は共通の指示対象を指すものとして扱われ、それによって、もはやわざわざ「タイヤ」と言う必要はなくなり、「これ」と言えばすむようになった。この場合には母子の間に同一の課題があり、その課題に対してこの指示表現は同一の「意味」を担うものになっていたのである。この後者の例と同じ指示は、バデューチのオリジナルデータである生命工学研究室で生化学者が助手に作業手順を教えるやりとりにもみられた。

バデューチは3歳半の母子の指示表現は、しだいに両者の間で共有される情報量が増えていく、言い換えれば、子ども自身の頭の中に「隠れていく」情報が増えていくという意味で、「発達的」連鎖とよぶ。それに対して、2歳半の母子の指示表現の移行はしだいに情報量を少なくして、とりあえずコミュニケーションを始めるために、指示表現の情報量を下げた結果としての直示表現であるということで「非発達的」連鎖とよんだ。通常ヴィゴツキーの内言論あるいは内化の理論はここでいう発達的連鎖についてのものであるが、バデューチは、そのはじまりに、「同一の対象に対して注意を向ける」という共同注意（joint attention）のためのシグナルとしての直示表現を位置づけている。共同問題解決を組織的に行なう場は授業であるが、そこに参加する人々は常に「何がそこで問われなければならないのか」という課題を交渉し続けている存在である。その時、言葉は何かを指し示すと同時に何らかの意味を指し示す。この二重性がコミュニケーションを豊かにし、学習を可能にしている。共同問題解決場面、教授学習場面において、このような言語を中心とした対人的コミュニケーションの様態を研究することの意義がここに見いだせる。

第1部第4章ビーチ論文は学習の心理学において最も困難であるが、同時に避けて通れない「一般化」を扱っている。通常それは「転移」としてとらえられてきたものである。転移とはある課題で学習されたことが後に他の新しい課題の学習に適用されることをいう。厳密な意味で学習されたことしか身につかないということであれば、人は刻々と変わる世界に適応して生きていくことはできないだろう。だが、それは知識の転移によるのだろうか。

ビーチは、転移として語られてきた現象の重要性を認めたうえで、それらは別の概

念によって，拡張され，説明されるべきだという立場をとる。そうした現象を転移概念によって説明することの問題点は，①転移概念ではアイデンティティの変化を伴うような広い意味での学習をとらえることができない，②転移概念はエージェンシーを「心的表象と外的環境」の 2 項に引き裂き，その間の関係を理解する手がかりを与えないことであるという。

　ビーチは文化—歴史的理論と活動理論の立場から「一般化」の再概念化を試み，それを「転移」概念によってとらえられていたものよりもより広い現象を含むものとして「知識増殖（propagation）」とよぶ。「アーティファクトシステムを伴う知識増殖は，人が新しい何者かになる経験をすることにより，変化する個人や社会的組織化をともに織り込んでいく」ものであり，デューイ（Dewey, 1916）の「生成（becoming）」の発達観に似ているという。それによって示される一般化は「社会的組織化から切り離されたり，脱文脈化されたりしない」し，個人の心的表象の問題ではなく，「個人と社会的組織化の両方の変化を伴う」ものだという。「旋盤工になる」ことも，「小学校の学級で地方新聞に宛てて手紙を書く」ことも増殖の経験である。そうした経験は，新しい知識，アイデンティティ，知る方法，その世界における新しい自分の位置づけを伴う。

　こうした経験における個人の変化は共変移（consequential transition）として理論化される。彼は 4 つの共変移のタイプを典型的なパターンとして取り出し，複雑な個人と社会的活動の関係の発達的変化を描こうと試みている。それらは，既存の社会的活動間を移動する人々を取り上げる「側方変移」と「相互変移」，レイヴとウェンガー（1991）の正統的周辺参加論に代表される，それ自体が変化していくある社会的活動への新参者の参加を問題とする「包含変移」，それにバーテンダーになるためにバーテンダー養成学校に参加するように，現在の地点と発達的に向かう地点とを媒介する組織への参加を取り上げる「媒介変移」である。

　ビーチは，共変移研究の方法論として，「発達的カップリング」，「主導的活動」，「異時混淆性」，「水平的発達観」を取り上げる。これらの定義は本文を参照していただくとして，ここではそれらの概念が相互に密接に結びつくことによってのみ，社会的活動と個人の複雑な関係がとらえられることだけ指摘したい。ビーチの論考は，社会的活動間をわたり歩き，そして創り歩く人々の発達と学習を理論的にとらえる道筋に確かな展望を与えている。

　第 2 部第 5 章西口論文は，これまでの第二言語としての日本語教育のあり方に疑問を投げかけている。そこでは，これまで言語習得過程は，話す，聞く，読む，書くなどのモジュールに分解され，さらにそれぞれが基礎から応用までこまかく細分化され

てきた。日本語が利用できるという事態は縦に，横に分断され，要素化される。西口はこうした認識のもとに日本語教育を行なう学習者は「自律性のある行為主体として言語的相互行為を行なう機会を奪い去られる」という。それによって「日本語ができるようになるために日本語教育を受けているにもかかわらず，カリキュラムで選択された学習言語事項（の習得）というものが自己目的化して，本来の目的とすり替わってしまう」ことを危惧する。

西口はこうした言語知識の要素化の背後には言語に対する抽象的なとらえ方があるという。そしてバフチン（Бахтин, M. M.）の言語論を援用しながら，生きた言葉の単位である「発話」を重視する。「発話が」が生まれる言語的交通（コミュニケーション）という状況を重視するカリキュラムを日本語教育のカリキュラムに実現しようとした。その試みの紹介が本章である。

本章が示唆することは大きい。言語教育ではすでにでき合いのカリキュラムにのって，でき合いのテキストを使って行なうことも少なくない。しかし，そうすることによって実際にそれを使用する教授者と学習者のそこで取り扱う知識に対する主体的なかかわりが奪われることにもなる。カリキュラムの構成に足を踏み入れ，教室にどのような学習環境をデザインするのか，このように教授者がマクロな視点をもたずに，教材の消化者として学習者の前に立つとき，学習者もまた教材の消化者とならざる得ない。西口がいう「カリキュラム・デザイナー」とは，カリキュラムをつくることを通して，学習環境のデザインをする人という意味であろう。それによって学習者には多様な資源が周到に準備されながら，同時に学習者の主体性が保証されることになる。

もう1つ，この実践から示唆されることは，学習が学習者主導で行なわれることの意味である。通常の第二言語学習では，教授者が学習者に声をかける。当該言語を第一言語とする者が，第二言語としてそれを学習している人々に語りかける。ところが，この実践では学習者が日本語を第一言語とする学生にインタビューし，その成果をまとめるのである。この発想の転換はとても重要である。言語獲得が生き生きとした社会的なやりとりの中でなされるものならば，その使用者もコミュニケーションに動機づけられていなくてはならない。第二言語として日本語を学習しようとする学生たちは，キャンパスの中に出ることによって，日本語話者から情報を引き出すことに苦心した。そこでは言葉は情報を引き出し，大学生の日常を明らかにするレポートの道具だった。言語は常に何かの道具である。西口実践は常に言語の道具性を問うのである。

第2部第6章土屋論文は，学習は居場所を求めることであるととらえる。いうまでもなく，自分が落ち着ける居場所を求めることは生きるという活動の中心にある。人

は日常活動の中である状態に安定状態を見いだし，日常に喜び感じる。ところが，その安定は束の間のものでしかない。人生にはさまざまな偶発的できごとが起こり，人に新しい世界に出会うことを求める。土屋が描くN氏はある日，脳梗塞患者としての自分を生きることを余儀なくされ，新しい自分と対峙することを求められた。突き落とされた新しい状況の中でもがくN氏。N氏は自らの誇りと生きがいを求めて，新しい自分を再びつくり出していく。それは同時に他の人との関係の再構成であり，N氏を取り囲む人々も新しい世界と出会うことを求められる。

　この論文から明らかにされることは，学習がある1つの知識の破片の集積としてあるのではなく，「私」の再構成過程であり，自分を含む人々の関係の組み替え過程としてあるということだ。そして，「生きる意味」の探求が学習過程なのであり，それは単に与えられた状況への「適応」過程ではなく，他者を巻き込む「創造」過程であるということだ。

　これは何もN氏のようなドラマティックな状況に置かれた人に特有の事態ではないだろう。クラスで九九を言えずに，先生から「はい，じゃもう少し勉強しておこうね。次の人」といつも軽く流されてしまう子どもは，そこに自分の学びを拒否する思いを感じると同時に学びを希求する思いをも感じるだろう。その相矛盾する気持ちの揺れ動きの中で，その子は次の選択をする。その時，誰かがその子に新しい自分の創造に向けて誘ってあげることができるならば，その子はさらに高い次元で，生きがいを得ることができるようになるかもしれない。

　学習活動とはこのように自らを賭けた必死な営みであり，ある意味では「生きるか死ぬか」という思いの中にあるものだ。土屋論文は自らの居場所を求め「私」と「家族」を再発見していく者たちの「創造的な過程＝学習」の軌跡の記録として読むことができる。言い換えれば，「私」と「家族」の創作過程のエスノグラフィーである。

　第2部第7章松本論文は，造形教育をその具体的な闘争の場として，旧来の教育に異議を唱える。そこにある基本的な学びに対する認識は，「協働性」である。何かがつくられるとき，それは誰かの個人的な営みとしてなされるものではなく，その人とその人のまわりにいる人々との間の「社会的できごと」としてとらえられる。そこでは，子どもが「初めて字を書く場面」がそれを可能にする人工物や他者に媒介された行為であることがていねいに描かれている。作業をする母親の脇で，母親が使っていた鉛筆を手に持ち，「なぐりがき」をするT。それが可能になったのは，母親がTを「かく存在」として扱い，「かくための」紙と鉛筆の使用を許したからである。母親がTに無理矢理その行為をさせたわけではない。

　松本論文のユニークなところは，個体能力主義批判を前提にしたうえで，子どもの

能動的な参与（engagement）を強調する点である。その同じ例において，松本は，仮に母親が「かく」状況の支援者であったとしても，母親を支援者として巻き込んだのはほかならぬTであることを強調する。Tは母親が作業をする状況に自ら能動的に参与し，母親が「かくための場や状況を」「譲り渡さざる得ない状況へと母親を引きずり込んだ」という。いわゆるヴィゴツキーの系譜にある社会文化的アプローチにおいては，発達は教授と密接な関係にあることが強調される。その時，しばしば発達は他者の用意された枠組みの中で生じるものであるかのように語られ，「教え込み」主義だと批判されてきた。だが，松本論文は，そうした発達と教授の接触する場が学習者の能動的参与によって可能になることを描いている。学習者は「教え込まれ」たり，無理矢理ある場面に遭遇させられるのではなく，自らが，文化的価値を感受して，発達の場を開くのである。

　子ども側から学びの場にある相互行為をていねいに記述しようとする眼差しは，さらに大きな問題を提起する。それは，従来の造形教育に対する批判である。「造形的な表現行為は，個人の単独の表現行為であるというよりも，人々の相互的な実践であり，相互行為である」という。そこでは，産物としての作品よりも，つくる過程そのものの意義が述べられている。「つくり出した何か」が問題なのではなく，「何かをつくり出す」協働的な営みそれ自体が「学び」の主要問題として取り上げられる必要があり，その中で，学び手は世界の中で，新たな世界のつくり手となることによって，自らを変容させる，すなわち発達するのである。こうしたスタンスをとることによって，造形教育の場は，「作品製作」についての教育の場ではなく，つくり手が「発達」することを支援する協働的な場にみえてくる。この視点変換の意味は大きい。これまで，学校教育の中で，さらに教科の1つである美術という枠組で語られてきた造形教育の新しい側面がここに開かれている。

　第2部第8章中原論文では，今はもうあまりみられないといわれる「教師の学習共同体」をTETとよばれる協調学習支援システムを用いることによって，創造する試みを紹介している。顔と顔をつきあわせて語る場が教師になくなっているという認識のもと，それは所属する学校を超えて，より大きな教師の実践共同体を構築しようとする試みである。そのための概念的な道具立てとして用いられるのがエンゲストロームの活動理論である。

　エンゲストロームの活動理論では，実践を分析するときの視座として，主体，道具，対象，共同体，ルール，分業といった6つの構成要素が提唱されており，分析したい実践においてそこにあてはまるものを探すことによって，その実践を記述する。また，その実践がうまく進まないとき，その各構成要素と要素間に生じる矛盾を同定

し，それに対処することによって，実践への適切な介入ができるとする。たとえば，同プロジェクト開始当初1か月の間にみられた現象は，「『実践の語り合い』の沈滞」と「発言者の固定化」であった。そこで，その原因を探ると2つの矛盾の存在に気づいたという。1つは主体である教師と研究会のルールの間の矛盾であり，もう1つは教師と交流の道具であるメイリングリストの間の矛盾である。第一の矛盾は「自分の実践を人に語る」ということに対する教師の抵抗である。第二の矛盾はメイリングリストの「ボード」の利用方法が教師にはなかなか理解されなかったことである。これらの問題に対して，TET管理者は「間接的発言の促進」と「事例提供」によって介入し，解決を図った。

　この実践では，教師の共同体をネット上にどのようにつくるのかが問題とされた。そのためにTETとよばれるCSCLシステムを導入し，それに媒介される形で，教師のネットコミュニティへの参加が可能になる過程が本章では描かれている。だが，ここでは活動の対象は「教員どうしの相互作用」とされているが，実際には「ネット上の教員どうしの相互作用」に限定され，ネット以外での交流への波及や，そもそも「教員が相互作用する」ということはどのような意味かという共同体の質を問う議論はなされていない。活動理論では活動の対象はその活動の過程で展開されていくものである。実践の進行につれて，そこで「問題空間」（Engeström, 1995）として設定されているものも更新されていく。したがって，何がその活動の対象として扱われているのか常に吟味する必要がある。実際に，中原は最後にこの試みの課題として「教師の学習共同体を維持し続ける」ことの困難について述べている。この問いは，学習の持続可能性にかかわる一般問題だが，それは，はたして教師が「自分の実践を人に語りたがらない」という教師特性の問題なのだろうか。この活動の真の対象が何なのかを同定することによって，この活動の特徴を描く必要があるだろう。本論は，こうした活動理論固有の問いの実践的意義を改めて思い起こさせてくれ，CSCLシステムに限定されない学びのコミュニティ一般の課題を思い起こさせる。

　本書に収録される論文に共通するのは，それらが，まず基本的なスタンスとして社会から切り離された個人の学習を問題にするのではなく，何らかの社会的活動に従事する個人の学習を取り上げている点である。そして社会的組織化と個人との発達的な関係をとらえようと，どれもが「参加としての学習」と「学習の媒介性」を重視している。広い意味でのエスノグラフィクな研究成果が，そうした理論的な視座からそれぞれ議論されている。そのうえで，第1部では学習の社会性の意味を根源的に問い，第2部では学習の持続可能性が実践的な課題として設定された。本書を通じて読者は学習実践の豊かさを知り，それによって従来の学習概念の組み替えの必要性を感

じるだろう。さらに，学習実践に交わる人々には，ここで取り上げられたそれぞれの論考が提起する「学び」が，日々の学習実践の変革において重要な概念的ツールとなることを実感することができるだろう。

PART 1　学習活動を理解する
　　　　：学習研究への新しい視座

第2章 リテラシー学習のポリティクス

：識字習得の政治性

1 リテラシーとは

　literacyの翻訳語であるカタカナ書きの「リテラシー」という言葉の意味としては，大きく分けて2つほど存在する。その2つの違いを，名詞的なとらえ方と動詞的なとらえ方に分けて考えると，「学習」とは何かを考えるうえで有意義だと思われる。すなわち，新たな知識として獲得される文字（および記号一般）を学習対象として名詞的にとらえる見方と，新たな知識としての文字（および記号一般）を獲得することとして動名詞的にとらえる見方である。すでに正しいものとして存在する未知の知識を新たに獲得するという意味での「学習」ならば，「リテラシー」とはその獲得の対象そのものということになる。また「学習」を，未見のものとの出会いの中で，自らの社会的位置取りを確定および修正していく機会としてとらえるならば，「リテラシー」とは，その学習対象を獲得することという動詞的要素を強く示す言葉となる。

　このような2つの見方は，たとえば広辞苑の「識字」の定義にもみられる。旧版では，「文字の読み書き能力を獲得すること」と，獲得するという行為を中心とする定義であったが，新版では，「文字の読み書きができること」と，そうした行為の結果を重視する定義になっている。これら2つの定義の最も大きな違いは，後者では一般的に認定され得る読み書き能力を構成するものがあらかじめ決定されており，それを獲得したかどうかが判断の基準になるのに対して，前者の定義では，読み書き能力を構成しうるものは，学習の当事者および学習者のまわりの世界との関係によってその都度変化しうるものとなっている。リテラシーをその獲得行為そのものとしてとらえるこの定義は，読み書き能力というものの構成要素は安定した判断基準としてあらかじめ決定できるのではないということを強く示唆するものであり，また「学習」とは

何かを考えるうえでの重要な問題をはらんだものだといえよう。リテラシー学習の「政治性」も，リテラシーの定義そのものが政治的決定によるということと無縁ではない。本章の目的は，リテラシーの定義づけの過程がどのような政治的決定に基づいてなされてきたのかを検討しながら，読み書き能力の獲得がそうした政治的決定によってどのような影響を被るのかをみることである。

② 読み書き能力の有無の基準

　従来，読み書き能力の構成要件は，第一に「文字」の読み書きができるかどうかを問題にしてきた。読み書きそろばんと称されるように，基本的な読み書き計算能力の有無が，「文盲」かどうかの判断基準であることが，社会的合意であった。ユネスコが支援してきた識字キャンペーンでも，いわゆる機能的識字とよばれる一種の基準が用いられてきている。ただ，リテラシー学習の政治性で問題となるのは，「文字」に計算能力が含まれるかどうかということではない。

　ある程度の通用度という観点から社会的に合意される「学習」の達成度をはかる基準は，「教育」の効率性という点からみれば絶対必要なものだと考えられるのが一般的であろう。この場合の効率性というのは，短時間で，いかに社会的機能性を有する能力を獲得せしめることができるかということを意味する。決められた時間割に沿って学校教育を実施し，社会的に「機能する」子どもたちを効率的に「生産する」ことが求められれば，それは当然ともいえよう。その場合には，子どもたちが達成すべき何らかの規範を設定することが求められてくる。

　そのように考えると，文字の読み書き能力があるかどうかを測る「試験」，およびその試験の結果を判断する基準は，読み書き能力の獲得過程において，なくてはならないものであることがわかる。また読み書き能力があることの認証付与は，学習者が自らに与えるのではなくて，社会的にそうした「権力」を付与されている誰かが下す判断によるのだということもわかる。

　ここではシステム論まで踏み込む余裕はないが，読み書き能力の有無の判断基準およびそれを測る試験は，そうする「権力」を社会的に付与されている誰かが作成するものであるし，また読み書きの学習自体，学習者個々人がそれぞれの必要性に応じて定めて自ら必要な識字能力を獲得する努力をするなどというものではないのである。社会的に「機能する」とはどういうことか，よき労働者を「生産する」ための効率的な学校教育とは何か，社会的に求められる読み書き計算能力を獲得したかどうかはどのような試験によって測ればよいのか，教育にかかわるこうしたさまざまな問題を決

定するのは誰が適切かなど，これらの問題はかなり高度な政治的決定によるといってもよいだろう。

そもそも，人はなぜ文字を知らなければならないのかといった問題は，一般論として哲学的解答を用意できるものではないだろう。その人が置かれた具体的社会状況の中で，すなわち実際に文字が使われている個々の社会の中ではじめて答えることのできる問題であろう。読み書き能力の有無を測る基準といったものは，個々の社会の中で合意されるものであって，一般論として普遍的読み書き能力などというものは決定しようがないのである。

過去には，個々の具体的状況と切り離した形の読み書き計算能力の有無が，ひとの思考にどのような影響を及ぼすのかといったことが議論されることもあった。文字を知る人間は，文字を知らない人間と比べて，抽象的で分析的な思考に長けるのではないかと考えられ，文字を所有する者とそうではない者との間には，一種の大分水嶺が存在するといった問題設定がなされたのであった。

皮肉を込めた言い方になるが，こうした問題設定のおかしさを指摘するうえで大きな貢献をしたのが，スクリブナーとコール（Scribner & Cole, 1981）であったといえよう。彼らの提示した実践（practice）という視点は，現在ではあまりに当然のことといえるかもしれないが，社会的な要因はあまり追求しないというイメージの強い認知心理学内部からの指摘であったことを考えれば，評価すべきだと思う。すなわち，読み書き能力というものは，個々の社会的場においてどのように使われるものなのか，またその能力はその社会においてはどのような評価が与えられているのかといったことを考えることなしに，抽象的に普遍的読み書き能力とは何かという問題設定をしても意味をなさないということを示唆した研究であったと考えられる。彼らの研究には，リテラシー習得の政治性といった視点はまったく見受けられないが，それでも詳細でエスノグラフィックなこの研究は，心理学者によって書かれたものであるという意味で重要なものだと思う。

③　リテラシーの獲得

現代日本では，文字習得は，就学前に近親者によって行なわれることは別段めずらしいことではなくなったが，そもそも学校教育の目的は読み書きそろばんだとされていた時代には，やはり学校が文字学習の中心的場所であった。通常の学校教育は教える側と学ぶ側が1対1で相対することはないことから，短時間に，しかもより多く教えることが優先される。文字学習においても，教える順序や内容は，ほぼ固定化した

導入の仕方がとられているといってよいだろう。しかもそれは，学校教育だけではなくて，未就学児が親から文字学習を求められる場合にもあてはまる。

　文字は，もちろんここでは母語のそれをいうのだが，すでに獲得ずみの音にのせる形で導入される。さらに書き順や文字の体裁まで一定の許容範囲で書けることも求められる。個々の文字の習得が終われば，特定の言葉の書き方をその意味と結びつけて学ばなければならない。こうした事情は，そもそも文字は特定の音と意味を結びつける記号的役割をもつことから，言語を選ばず共通といってよいだろう。すなわち，音，意味，文字は三位一体のものとして習得されることが求められるのである。そのためには，正しい発音，正しい意味用法，正書法が定められなければならない。カリキュラムが組まれ，子どもたちがそれらを「正しく」習得したかどうかが，常にチェックされる。

　たしかに意味用法や正書法は，時代の要請とともに変化するものであることは，社会言語学の常識といってよい。実際に一部の若者たちから始まった言葉がやがて社会的に優勢になって広まったり，若者言葉などと称されるスラングや集団内部だけで用いられるジャーゴンなどが一部マスメディアで用いられたりと，ある程度の社会的影響力をもつことはあっても，それが社会的言語規範を決定するほどの「権力」を有することはめったにない。「ことばの乱れ」が騒がれることがあったとしても，学校教育における言語規範を揺るがすほどのことはまずないだろう。一国の権力者が一夜にして市井の言語を禁止することが可能でさえあっても，一部の若者たちが自らのジャーゴンの社会的認知を求めるなどといったことはまずあり得ないだろう。

　であればこそ，ある集団が集団内部でのみの通用性しか求めないからといって，また内部でしか通用しない読み書き能力を身につけたからといって，それが集団外部では何ら評価されないことがあっても不思議ではない。たとえば西アフリカ・リベリアのヴァイの人々のヴァイ文字の読み書き能力の有無は，公用語である英語の読み書き能力に比較されるとき，けっして高い評価は認められない。英語が用いられる社会的空間とはまったく無縁であり，個人的空間でのヴァイ文字の使用で十分だと個人が考えたとしても，それだけでは社会的に機能する識字能力があるとはみなされない(Scribner & Cole, 1981)。あるいは，生まれてから20代後半になって初めて「言語」的なるものの存在を知り得た先天的ろう者の獲得した「ホームサイン」は，正式な手話言語として認められない場合もある（Schaller, 1991)。すなわち，個人が自ら満足できるほどの読み書き能力があると考えたとしても，それが必ずしも社会的に認知された読み書き能力でない場合もあるということである。

　ところでリテラシーは，文字だけに限定されない。リテラシーの定義が難しい理由

は，リテラシーという言葉が，文字の読み書き能力に限定して用いられることが少なくなってきているという事情と関係がある。情報リテラシーという言葉は，最近よく見かけるものの1つであるが，たとえば情報活用能力などとも言い換えられるように，リテラシーという言葉自体，読み書き能力という，その対象を文字に限定した使い方ではなくなってきている。

　もう1つ，その定義が難しい原因は，定義自体が政治的決定によるものであるのだが，通常語義の定義が政治的になされるということがほとんど表面化することがないからである。たとえば，リテラシーを，文字の読み書き能力に限定して，学習者の獲得すべき規範的リテラシーがあらかじめ決定されていると考える場合，その定義のどこが政治的なのかと思うむきがあるかもしれない。だが文字を学ぶ機会を何らかの理由で奪われてきたという意識をもっている人が，むしろ高度な識字能力をもった人々こそ自分を社会的に疎外しているのではないかと考えるとき，ただ文字が読めるかどうかの違いを人間の違いにまで広げてしまうことの横暴さが社会的に保証されているからこそ可能なのだと気づく瞬間を経験する（パウロ・フレイレ（Freire, P.）は，そのような経験の過程を意識化と名づけた）。

　リテラシーの対象を文字に限定できないこと，またそのことから必然的に，その対象となるものは，さまざまなものとの新たな出会いの中で獲得されていく「知識」であり，したがってその知識に何らかの付加価値ともいえる権威性が付与されるものであることから，その定義は難しくなるわけである。

　たとえば，「〜リテラシー」といった場合，その有無それ自体がまず価値を有するのであり，それなき者にとっては，それだけ不利になることを意味する。ちなみに，リテラシーの対象を文字に限定した場合でさえ，文字を有する者とそれなき者との格差は歴然としており，実際社会においては，その有無が差別の原因となることもある。

　単に文字が読めるかどうかというにすぎないことが，人間の序列化に貢献しているという事実は，リテラシーに希少性が付与されていることを物語っている。しかしその希少性は，リテラシーそのものに必然的に備わっているものでないことは当然である。

　ブルデューとパスロン（Bourdieu & Passeron, 1970）のいう文化的再生産が顕著に現われるのも，リテラシーの1つの側面である。社会言語学的には，社会階級に相当する文化的集団がそれぞれの社会言語学的習慣をもっているとされる。一般的には，より低い階級の言語習慣が社会的評価が低いと言えようが，いかにどのような言語習慣も社会的には平等であると唱えても，それは単なるお題目にすぎないことも現

実である。文化的再生産を通じて，リテラシーの格差は階級格差となって広がり，固定化されていく。

このように，リテラシーの獲得は，一見特定のイデオロギーとは無関係であるようにみえながら，その実きわめて高度の政治性を隠蔽されたものとなっていることがわかる。文字は単なる文字である限り特定の権力と結びついたものであることはまったく想像しがたいのであるが，特定の社会階級によってその希少性を担保されたリテラシーは，強い権力性を帯びて存在する。そのことから，特定権力から遠い集団ほどその獲得にエネルギーを要する構造になっている。

④ リテラシーの意味論

リテラシーをあらたなものとの出会いの中で，自らの社会的位置を確認し修正することであると考えると，リテラシーの獲得の過程では次のようなことも起こり得る。これは特に意味論の領域で考えるべきことでもある。

たとえばどこかの国の小学校の教室を思い浮かべていただきたい。教室の前面には，何らかのスローガン的文字が掲げられている。子どもたちは否応なしに毎日その文字を見て，また先生が口に出すのを聞いて過ごすことになる。それは家庭では通常耳にすることのない言葉である。そのような言葉を耳にし，またその文字を目にするたびに，子どもたちは，何らかの行為規範的なものを同時に身につけていくことだろう。

その時に，子どもたちのものの見方には，どのような変化が起きるだろうか。それはミクロレベルのエスノグラフィックな分析を必要とするのは当然であるが，少なくともそのスローガンの内実が何であるかを理解せずに，いつのまにかある価値観を身につけてしまっていることは容易に推測される。

こういったことは小学校の教室だけに限定されるものではない。日常生活の中で使われる言葉にもそうしたことは観察される。たとえば，今，目の前にある新聞には，テロリスト，同時多発テロ，世界平和，国家的危機，タリバン，ビンラディン，イスラム勢力といった言葉が並んでいる。これらの漢字やカタカナを声に出して発声することも，それなりの意義を説明することも，毎日マスメディアの報道に接している人ならそれほど難しいことではないだろう。しかし，今，全世界が同時多発テロの危険性にさらされて国家的危機状態にあり，テロリストは世界平和の最大の敵であるといった言説は，どれだけそれらの言葉の内実を知り得たうえでの発言であるかは疑わしい。こうした言葉が毎日垂れ流され続けると，われわれはいつのまにかそれがいった

い何を意味し，なぜそのように考えなければならないのかなどということを，いつのまにか忘れてしまいがちになるのである。

　世界平和のためにテロリストを撲滅すべきだという言説に対して反対することが困難な状況が，いつでも生まれ得ることがこれほどわかりやすく提示されたことはなかったように思う。しかし，くり返し用いられるこうした言説が，またそれぞれの言葉が，いったい何によって担保されたものなのかの説明を求められると，誰もが答えに窮するのではないか。そもそも言葉は，なぜ特定の意味をもたなければならないのだろうか，といった問題は，なかなかの難問であるのだ。

　ジョージ・オーウェル（Orwell, G.）の『1984年』をひくまでもなく，見る側の視点によっては，「戦争」はいつでも「平和」であり，「テロリスト」は「聖戦を戦う兵士」でもあることを理解することはそれほど難しいことではないはずだ。

　親と子の関係とはいかにあるべきか，先生と生徒との関係は，夫と妻の関係は，医者と患者のそれは，といったような，無数に存在する人と人との関係は，それぞれの社会でそれぞれ好ましい関係はこうであるといった規範的なものが存在する。またそれなくしてある程度の安定が保たれないのも事実である。

　だがいったんそれらの関係に息苦しさを覚えたとき，人は悩むはずである。しかし，社会的規範そのものがおかしいのではないのか，あるいはそれを変えなければ自分の生きる場所はないのではないかと考えられる人は，まだ幸福である。しかし，その息苦しさに負けて，そのまま社会的規範に飲み込まれてしまった人は，自ら命を絶つこともあるのだ。それは，言葉の意義の政治性のもつ暴力性が最大の力を発揮するときでもある。

　われわれはそれぞれ，社会的に適応しなければある特定の世界で生きることができない。だからこそ，その社会で何をめざして，またどのように生きることが最も生きやすいのかを常に考える必要がある。しかしそれでも，常に変化する人間である限り，ある世界で息苦しさを感じる瞬間は誰にでも経験されることだと思う。その時にふと立ち止まって，これまで積み重ねてきた自らの価値観を疑ってみることは正しいことだと思う。

　しかし，いつのまにか無意識に習得した価値観や生き方を変えることができる人は，それほど多くないように思う。実はリテラシーは，そうしたいつのまにか無意識のうちに獲得するものでもあるのだ。家庭で，学校で，職場で，あるいはマスメディアで，サイバースペースで，仮想現実の世界で，日々読まれ，口に出され，特定の意味を付与され，書かれ，行為に移され，体験され，考え直され，人に伝えられ，といった無数に存在するわれわれの日常的実践は，自らの社会的位置を確認し，また修正

することであると同時に，それはまさにリテラシーの獲得の過程そのものであるのだ。

　同時にその獲得の過程では，その政治性ともいえる，なぜそのように読むのか，なぜそのような意味に理解されねばならないのか，なぜそのように書かねばならないのかといったことは，無意識のうちに隠蔽されるのである。

⑤　意識化

　リテラシーの定義や，その獲得過程に見え隠れする政治性が長いあいだ暴かれなかったのにはさまざまな理由が考えられよう。まず，社会が暗黙のうちに認知するその希少性によってリテラシーなき者が冷遇されるわけだが，そうした人々は，数のうえでは多数であったとしても，その声は社会的強者の耳に届くことがなかったことが，その1つの原因であろう。社会的弱者が政策決定に関与できるようになるためには，まずもって高度な識字力が求められるわけであるが，皮肉なことに，彼らが識字術を身につけるための機会が，巧妙な形で妨げられている場合が多いのである。

　このような状況の極端な例としては，かつてのアメリカの黒人奴隷の置かれた状況があげられよう。有名なフレデリック・ダグラス（Douglass, F.）の自伝には，そのあたりのことがよく描かれている。奴隷所有者が，奴隷が識字力を身につけるのを嫌うのは，識字とは単なる記号としての文字を知っているかどうかなどといったこととはまったく関係がない。それは，識字術を身につけることによって，パンフレットを読み，新聞を読み，本を読み，そして自らものを考える力をつけることであり，さらに自らが置かれた状況の不条理さを理解することにもつながることを知っているからである。

　このような状況は，ブラウン判決として有名なアメリカ連邦最高裁判決のころまでは，あたりまえの状況であった。1954年のこの最高裁判決は，その後の公民権運動に力を与えるものであったことが知られているが，かつてほどの露骨な制度的差別はめだたなくなったとはいえ，現在でも学校教育における地域格差とエスニック・グループ間の格差が連動していることはよく指摘される。たとえば，ある学校区のエスニック・グループ別の生徒数にそれははっきり表われたり，地域住民が経済的に豊かであるがゆえに税収が多い地区とそうではない地区の格差として表われたりするのである。

　「黒人問題」などと称されるアメリカの事例ほど露骨な制度的差別は，むしろ目に見えやすいぶんだけ理解されやすいかもしれない。もっとも，理解されやすくとも，

解決にはより大きな犠牲が求められるのだが…。皮膚の色ゆえに露骨な差別的行為をみせることは，「良識ある」人だとみられることを望む人間ならばまずあるまい。もちろんそれは，差別意識が薄いからではなくて，自分が人種差別主義者であることを知られたくないという思惑が働くからにすぎないのかもしれないが…。

　パウロ・フレイレの識字理論は，皮膚の色や貧困であることを人間の無価値性と直接結びつける差別主義者を撃つための理論として構築されたというより，むしろ学習者個々人自らの力をいかにして開花させることができるかを示した，実際の学習活動と結びついた理論として理解できよう。

　フレイレがまずこだわったことは，教える側と学ぶ側の関係性を問うことであった。いわゆる，教え込むべき知識を有する先生　対　空っぽの頭をその知識で満たすことが求められる生徒，という関係性を否定したのであった。この従来の関係性の否定は，彼の識字理論の根幹を非常にわかりやすく示していると思う。すなわち，「先生」という言葉の従来の定義を否定することによって，スラムとよばれる地域の住民に，そもそも，ものを学ぶとき「先生」というものは絶対必要条件でも何でもないことを示すことができる。それは，知識一般というものの何たるかを理解するうえで絶対必要な作業なのである。知識とは，「先生」なるもののみが所有するものではなくて，誰にでも発見し得るものなのだということを，はっきりと意識に上らせることができるのである。

　ちなみに「先生」なるものの否定は，昨今の子どもたちが先生を友だち呼ばわりしているということとは，まったく次元が異なる。子どもたちがいくら「先生」という呼称を捨てたとしても，その役割まで否定しているわけではないように思う。知識とはやはり自分より上のランクにいる誰かが所有しているものであり，その人から教わること以外に知識を身につけることはできないと考えているのであれば，先生という呼称の否定は，先生とよばれるべき人間への嫌悪の表現に終わってしまうだけであろう。

　フレイレの識字理論で注目されるものとして「意識化」とよばれるプロセスがある。なぜ自分は現在の状況に甘んじてきたのか，そのような状況に追い込まれたのはなぜなのか，なぜそこから脱することができないのかといったことを，現実の生活の中で見つめ直す作業は，単に社会的憎悪を裕福な階級へと向けることとは異なったものとしてとらえられる。むしろ意識化は，今までの自分のあり方を問うことから可能となるというのが，フレイレのめざす意識化であるように思う。

　それでも一般的には，フレイレの意識化は，即革命教育であるとみられることも多かった。フレイレ自身も，そのことを自ら否定はしなかったように思う。かつてキュ

ーバやニカラグアにおける識字運動でもフレイレの識字理論は利用されたのは確かであるし，一握りの裕福な層が絶対多数の貧困層を支配するところでは，フレイレの識字理論の初期の破壊力は疑い得ない。それでも，たとえばキューバの識字運動では，初歩的識字力の獲得に終わっているという指摘もあるように，場所も学習者も選ばない万能理論であると考えることは，むしろフレイレの識字理論のもつ可能性まで否定してしまうことになる。したがって，ユネスコがフレイレの識字理論を利用したがそのほとんどは失敗に終わっているとか，キューバの識字運動は失敗であったというのは，どういう意味で失敗であったかが問題であって，フレイレの識字理論を万能視することはまちがいであろう。

フレイレの意識化に関してもう1点付け加えておきたい。意識化という名称が，それまで無意識下にあったものを浮かび上がらせるという，文字通りの意味についてである。先生と生徒の関係性の見直しとの関連でいえば，先生はこうあるべし，生徒は先生の前ではこうあるべしという暗黙の了解のもとで保証される社会的関係性を，いったん白紙に戻すという作業が求められるわけであるが，実はこれが最も難しい点だと思う。その理由の1つは，そうした関係性というものは，人が成長する過程で，無意識のうちにいつのまにか当然視しているような形で獲得するものだからである。

たしかに，先生との出会いというのは，学校に入学してからということになる。その姿を実際に自分の目で見るのは，たしかにその時が初めてなのである。しかし，実は就学前から，さまざまな形で，先生とは何かといった漠然とした先生像は，たいていの場合すでに獲得しているといってもよいだろう。絵本を通して，テレビを通して，親の話を通じて，ベッドタイムストーリーを通して，あるいは兄や姉の家庭訪問に訪れた教師を前にした親の対応をみてなど，さまざまな形で，ある特定の先生像が，いわば刷り込まれていくのである。そしていつのまにか，無意識のうちに，すでに就学前に，先生の前ではどのように話し，また先生の話を聞くときにはどのようにふるまい，先生のことを他人に話すときにはどのような言葉を用い，また先生の悪口を言ってはいけないのは誰に対してか，先生に好意的にみてもらえる服装はどのようなものかなど，就学前から規範的学校文化を身につけてしまっているのである。したがって，登校してからやるべきことは，それまで無意識のうちに身につけたこのような「知識」を実践によって試し，少しずつ修正していくこととなる。

再度強調すると，このような「知識」は，いつのまにか無意識のうちに刷り込まれたものであるという点である。あえて刷り込みというメタファーを用いるのは，いったん身につけたこうした「知識」は，それを剥がしとることがきわめて困難であるという点を強調したいからである。

しかし，一度刷り込まれた思考法は，絶対に修正不可能なのだろうか。また人はどのようなときに，一度獲得した価値観を見直すのだろうか。相当昔のことのような気がするが，一羽の孵化したばかりのヒヨコが最初に見たダンプカーを母親だと思って後をついていくというシーンを，絵本か何かで見た記憶があるが，おそらくそのヒヨコだって，自分の何百倍もあるような巨大なダンプカーが恐ろしいものだということに気がつくときがあると思う。そのときに初めてヒヨコは，母親とは何だろうか，自分が母親だと思っていたダンプカーがとんでもないものだということを考え始めるのではないだろうか。

われわれも似たようなプロセスを経て，それまで当然視していたものを再考するのだと思う。すなわち，命を守るうえで何らかの危機的状況を経験したとき，あるいは危機とまではいかなくとも，生きていくうえである息苦しさを感じたときに，人はいろいろと考え直すのだと思うのである。

フレイレの意識化は，まさにそのような意味で，貧困や制度的差別に苦しめられるスラムの人々や，搾取に苦しむ農民層，大都市の最下層の人々といった，生きるための最低限の文化的生活が保証されない人々にとってはまさに救いとなったのだと思う。自分が置かれた状況が，神が定めた運命であるといった思考から抜け出せなければ，自分の力で困難な状況から抜け出すことはできないのであるから。

しかし，それでもなぜ意識化には，識字術が欠かせないのだろうか。識字術がなければ意識化は不可能なのだろうか。似たような問題設定として，言語がなければ思考は不可能かという問いがある。この古くて新しい問いは，まだ十分に納得のいく説明が用意されていないように思う。コーズィブスキー（Korzybski, A.）やハヤカワ（Hayakawa, S. I）流の一般意味論的にいえば，おそらく不可能であるというのがその答えであろう。彼らにとっては言語と思考は一体なのだから。

筆者は，このような問いそのものが意味をなさないような気がする。一般意味論的には，戦争は平和でもあるといえよう。厳密には，あるいは言語ゲーム的にはと言い換えてもよいかもしれないが，戦争は，もちろん平和であっても，コスモスであっても，安定であっても，実は何でもよいのである。思考が言語ゲームであることを前提とするなら，言語がなければ思考が不可能なのは，いわばあたりまえのことであり，こうした問いは，初めから答えが決まっているのであって，そのことを説明するためにさらに言語ゲームを繰り広げているにすぎないように思えてしまう。しかし，戦争は，少なくともわれわれが思い描くようなものが戦争であるとするならば，やはりそれは戦争以外の何ものでもないと考えるのは，やはり正しいと思うのである。

言語がなければ思考は不可能であり，また識字術がないと，フレイレがいう意味で

の意識化は，やはり不可能なのである。このようにいうと，それでは非識字者は，ものを考えることができないということなのか，と反論するかたがおられるかもしれないが，そんなことは当然あり得ない。識字術をもとうがもつまいが，ものを考えることができるのはあたりまえである。そうではなくて，息苦しさを感じる人々が，現代社会においてよりよく生きていくうえで，そもそもなぜ意識化が必要かということを考えるべきであろう（もっとも，生きにくさや息苦しさをまったく感じない人にはこんなことはどうでもよいことなのだが）。

　すでにわれわれが生きる現代社会は，さまざまな接頭辞がつく「～リテラシー」とよばれるもので満ちている。これは何を意味するかというと，人々はとうていあらゆるリテラシーに通じるわけはないのであるから，見知らぬ人々との新たな出会いの中で従来のような，たとえば信頼であるとか，心からの感謝とか，親切とか，人に助けられることのありがたさなどといったことを経験するほど接近した関係性を築くことが困難になっていることを垣間見させてくれているのだ。結局，従来にもまして，新たな出会いの中で人々は憎しみを増幅させていくのではないだろうか。なぜなら，人々はそれぞれのリテラシーの世界で息をするのであり，他人のリテラシーの世界など理解する気にもならないという気持ちが増すだけなのだから。別のいい方をすれば，他者の話す言葉が理解できないし，また理解できない言葉を理解しようという気持ちさえ起こらないということだ。

　このような状況において，共通のことばを見いだすことほど重要なことはない。フレイレが識字理論を生み出したとき，その学習者として念頭にあったのは貧困層の人々であった。通常スラムの住人たちのことばを理解しようとする裕福な人々は少ないように，住む世界が異なれば，お互いに理解しようとも，理解したいとも思わないであろう。共通のことばが存在しないし，共通の思考方法もないからである。

　異集団間に共通の言語が存在しないのは，さまざまな集団間，個人間にみられる現象である。エスノグラフィーを書くうえでまず求められるのは，研究者が観察の対象となる人々との間に共通の言語を確立することであるように，異人を理解するためには共通の言語を探す必要があるのだ。

　フレイレの試みは，共通のリテラシーを築くことにある。支配層とはいかに汚く，倒す以外に道はないということを刷り込むための試みではけっしてないということを確認しておきたい。また共通のリテラシーというのは，まったく同じことを考えるよう教化することでもない。共通のリテラシーとは，互いに話し，聞き，また読んだり書いたりする中で，同感し，反発し，考え方の相違を説明し，相手に理解してもらおうと努力しようという気になるようなことばを共有することであって，全体主義的に

同じ思考で同じ言葉を意味の乱れなく使えなどということではない点も，確認しておく必要があろう。考え方が個々人によって異なるのは当然であり，むしろその違いを説明し，また相手にも理解してもらいたいという気持ちになれるようなことばを共有するということなのである。

6　世界を読むということ

　フレイレの識字理論について，もう１つ付け加えておきたい。フレイレは，一度はクーデターによって祖国を追われて米国へ亡命した経験をもち，ブラジル労働者党の党員でもあった。ある意味で彼の識字理論と政治姿勢が同じものであると考えられるのは当然ではある。それでも，彼の識字理論は，支配階級打倒のための理論でもなければ，また識字能力なき人々が打ちのめされる識字の暴力性のみを強調する理論でもない。

　「銃弾の込められた武器としての言語」といった意味の英語タイトルの本があるが，識字は，識字なき者を打ちのめす武器にもなれば，また支配階級を倒すための武器にもなる点では，「武器としての識字」という表現も成り立つ。フレイレの考える識字学習においてはそうした側面を意識しながら，言葉の意味の闘争という次元を，学習者が文字を学習しながら経験できるような枠組みが設定されているといえよう。

　学習者はその学習過程において常に，自らが読み，また書くことばの意味は自らが与えることを体験することが求められるのだ。辞書的定義を教え，その読み方を教え，書き方を習得させるといった方法はとらない。もちろん，辞書的な語義の存在は否定しない。しかし，言葉の意味とは，誰もが常にどこにおいてもまったく同じ連想をもって用いることはない。ちょうど心理学の実験に，連想語テストというのがあったが，ある言葉を聞いて人はさまざまなものを連想するわけだが，言葉の意味とはそうしたものなのだ。フレイレの識字理論の枠組みでは，学習者は常に自ら語義の解釈を吟味することを求められるのである。

　こうした経験は，学習者の中では，単に文字を学んだという経験に終わることはない。フレイレの表現では，ことばを読むこと（read the word），すなわち世界を読むこと（read the world）といったとらえ方になるのは，学習者個人のそうした経験のことを意味する。

　世界を読むという比喩は，世界はことばによって構成されていることを先取りした，うまい表現だと思う。ここでの世界とは，より正確には，生活世界とよぶべきものとして考えていきたい。われわれの日常生活の中でおもに精神的な活動としては，

新聞を読む，テレビを見る，本を読む，手紙や日記を書く，インターネットを利用する，電子メールの送受信をする，そしてもっとも重要なものとして，考え，それを行為として実現するといったことが行なわれる。しかも，それは1人で行なっている場合でも，ある思考，ある行為といったものは，自分以外の人間との関係性の枠組みの範囲内で実践されるということを忘れてはならない。そして，そうした他者との関係性の枠組みおよび個々の行為を規定する，もののとらえ方，ある特定の価値観，無意識のうちに身につけた行為規範といったものの多くが，言葉を介在した形で人の精神世界の片隅を占めているのである。

　もう一度先生と生徒の関係性で考えてみよう。先生なる人物を，先生と呼ぼうが，固有名詞で鈴木さんと呼ぼうが，「鈴木！」「先公！」あるいはただ「よう！」と呼びかけようが，それは呼ぶ側の自由であると，とりあえずいうことができよう。ところが実際には，何の制約も受けないという意味で，精神的拘束もなく，そのつど呼びたいように呼んでも，それまでの安定していた関係性が損なわれることはないとはいえないのである。人間の関係性というものは，単なる呼びかけなどによっては絶対壊れない関係が結ばれている場合もあれば，たとえ血のつながりのある親子であってもそれがきわめて脆い場合もあるわけだが，こうした関係性を定義するような形でそれぞれ呼び方が規定されていることは疑いない。だからこそ，呼び方を変えることによって，そのような関係性を変えることも可能なのである。

　また先生と生徒の「正しい」関係性を規定する言葉は，音のつながりで意味を伝えるだけという純粋言語学的な記号に終わらない。それは，先生と生徒の行為，あるいは身のこなしといってもよいかもしれないが，どのようにふるまうことが「正しい」のかという一種の行為規範的なものをも構成するのである。今でこそ，机に座って講義する先生とか，学生が講義中に缶入り飲料をすすったりガムを噛んだりするといった行為はめずらしくなくなったが，少し前までは，そうした行為は許されがたきものであった。もちろん現在でも，机に腰を下ろして話をする教師などもってのほかという意識をもっている人々もいるはずだ。

　卑近な例で恐縮なのだが，オフィスアワーに研究室に訪ねてきた初対面の学生に「菊池教授は…」と突然呼びかけられて面食らったことがあった。もっとも見ず知らずの学生に「よう，菊池！」と呼ばれたときも，意外と腹をたてるかもしれない自分を想像すると，こうして今このような文章を書いていること自体おかしなことになるかもしれないが，さきの学生にとっては，大学の教員は誰に対しても「〜教授」と呼ばなければという意識が強かったのであろう。ほとんどの学生が「〜先生」という呼び方を用いる中で，「〜教授」という呼び方はいかにもぎこちない響きがするのであ

る。そしてそのような呼びかけによってその場における対話を始めると，肝心の対話までぎこちないものになってしまうことがある。もちろん教員側はそのようなとき，その緊張感を和らげる努力をするのは当然のことだが，短い時間で学生側の，大学教員というもののとらえ方を変えることは意外と難しい場合があるのだ。まして二度と顔を出さなかった場合などは，自分の未熟さを嘆くことになる。

　さて，呼びかけられたときにどのように反応するのか，という問題は，人と人との関係性の構築に，いかに言葉が介在しているのかをわかりやすく示している。かつてアルチュセール（Althusser, 1993）が描いた「おい，そこのおまえだ」という警官の呼びかけの例にもみられるように，呼びかけは，単なる呼称の問題ではない。

　そもそも「先生」なる人物が先生であることを担保しているものは何かという問題は，意外とやっかいなものである。1つの回答としては，「先生」とよばれる人物が先生たり得るのは，あくまでも先生という役割を社会的に認知する機関によって与えられているにすぎないから，というのが可能だろう。たとえば，教室という場において，知識を有し子どもたちを矯正する先生なる役割を負う人物を必要とするという思想に基づいて学校教育が組織されているとすれば，「先生」と呼ばれるべき人物は常にそのように呼ばれることを期待しているだろう。ところがそれが常態化すると，いつのまにか教室の外でもそのように呼ばれることが当然であるという意識をもつようになる可能性がある。さきのアルチュセールの警官の例でいえば，当の人物が警官であることを保証されるのは，本当は職務にあるときにすぎないはずなのだが，やはりいつのまにか自分はいつでもどこにおいても警官であるという意識を常に抱くようになるわけだ。

　実はこうした関係性の規定のされ方は，人と人とがある関係性を結ぶとき，つねに観察されるものである。夫と妻，親と子といった身近な関係性から，隣どうし，相手が外国人といったように直接人間と人間の関係性，さらに，A都市とB都市，自国と外国といった関係性においても，やはり言葉が介在することによってその関係性が規定されているといえよう。そうでなければ，ブッシュ大統領による，タリバンの次はイラクであり，フセイン打倒こそ最終目標だという言説が，現在のアメリカで多くの支持を集めることができているとされる状況を理解することは難しい。タリバン，イラク，フセインといった呼称がいったい何を意味するのか，それらがすべてテロリストと関係があるということがいったい何によって担保されているのかといった問題は考慮されることがない。その関係性は，ただマスメディアでくり返されているものにすぎないかもしれないわけだが，人々はその関係性をそのような呼称で代表させることに満足しているわけだ。

７　カリキュラムと文化戦争

　このようにみてくると，カリキュラムや教科書の記述も，そうした問題と無関係ではないことが理解されよう。80年代後半から90年代中ごろにかけて「～スタディーズ」という名称で，アフリカ系アメリカ人研究，女性研究，ジェンダー研究などといった分野がアメリカの大学の正式カリキュラムに登場するわけだが，これらもただ新分野が追加されたというだけではない。こうした名称の研究分野を立ちあげるためには，当時使われた言葉でいえば，一種の「文化戦争」を勝ち抜く必要があった。大学のカリキュラム一般は，白人，男性，ミドルクラス中心のものであり，他のエスニック・グループ，女性，その他の社会的マイノリティの人々の視点が欠けているという批判からカリキュラム改革がなされていった。こうした改革に対して，90年代前半には，批判される側の層からは，アメリカのエリート大学が一部の過激派教授に乗っ取られようとしているとか，少数派，特に黒人があまりに白人を敵視するがゆえにアメリカは白人国家と黒人国家に分裂してしまうとか，一枚岩を誇ったアメリカ合衆国はいまや共通の価値観が崩壊しつつあるといった言説がさも現実味を帯びているかのようにばらまかれたのだった。

　こうした中，ほんの一部ではあったが，当時小学校レベルのカリキュラムにまで影響を及ぼしたものとして，文化リテラシー（cultural literacy）なるものが登場した（Hirsch, 1988）。ハーシュ（Hirsch, E. D.）なる英文学教授が著わした同名のタイトルをもつ本は，しばらくベストセラーリストのトップの座を占めていた。その主張は，単純といえば単純なものであった。すなわち，強い国家としてのアメリカ合衆国が弱体化しつつあるのは，共通の価値観が崩壊して国民の一体感が薄れていることが原因であるのだから，全国民に共通の文化的知識を植え込むようなカリキュラムが必要であるというものだった。そしてその文化リテラシーの内実を，ABC順に並べたリストを上記の呼称でもって提示したのが，当時のアメリカ国内で受け入れられたのであった。実際にそれを小学校の正式カリキュラムとして採用して子どもたちの成績があがっているなどという報告が新聞で報道されたりしたものである。

　さて，当然こうした文化の知識のリストも，それは白人，男性，ミドルクラス中心の視点からリスト項目が選定されたにすぎないものであり，さまざまな文化的背景をもち，信教の自由，思想の自由が保証されたアメリカでは許されるはずがないといった強力な批判もなされた。そして，ある意味でそのリスト項目だけでなく，そもそも建国以来多様な文化が存在することを誇りにしてきたアメリカが，そうした共通の文

化価値を子どもたちに押し付けることはなじまないという考え方が，当時はやった多文化主義的言説の中で優勢を占めていった。やがて，文化リテラシーという言葉もマスコミから消えていった。

　だが，文化戦争なる状態は，常に存続するものだといってよい。特に内乱とか他国との戦争といった，国家が危機に瀕するときには，それがはっきりと前面に出てくる。今回の「同時多発テロ」に際しては，ウェストバージニア州の高校に通う女生徒が，米軍のアフガニスタン攻撃に反対して校内で「反戦クラブ」を組織しようとしたことは反政府的行為であり，教育現場を混乱させるものだとして3日間の停学処分を受けたことは，日本でも報道された。当然，これは露骨な表現の自由の侵害であるわけだが，なんと女生徒が提訴した裁判において下された判決は，反戦Tシャツの着用もクラブの組織も禁ずるという，今までなら考えられないようなものであった。「国家の危機」という言説は，表現の自由といった思想を簡単に吹き飛ばしてしまう力をもつことを示す一例である。昨今のアメリカの状況を報道を通してみる限り，大統領の権限が異常に強まっており，またそれに対する反対の声が，一部小メディアを除いてはかなり小さいような気がする。

　おそらく，表現の自由と思想の統制との拮抗は，文化戦争の中でも，多くの人々が直接体験させられるような形で表面化するものではないだろうか。平時においても，差別表現の禁止と作家の書く自由との対立という形で，表現の自由の問題が浮上することがあるが，その場合，大多数の人々はそれを表現の自由の重要な問題であると考えることはあまりないような気がする。国家の危機が声高に叫ばれるような事態が到来したとき，はじめて人々は言いたいことが言えないといった事態の怖さを体験するような気がする。

　いずれにしても，こうした問題は，国民に，そして学校教育においては子どもたちに，何をどのように教えるのかといった問題として考えなければならないという点において，それは直接リテラシー習得の問題でもある。

　すでに述べたように，人々がその時どきに生きる空間は，多くの言葉によって構成されている。国家の危機が声高に叫ばれるとき，ある特定の言説がくり返し流される。そしてそのような言説はいつのまにか多くの人々に無意識のうちに受け入れられていき，やがて教育内容にまで浸透していく。そのプロセスは急である場合もあれば，ゆっくりと進む場合もあろう。それは常に文化戦争と称され得るものであっても，まさかそうした事態が戦争であるとは意識されない。リテラシーは，文化戦争の中で習得されていくものである，といってみたところで，その内実はなかなか体験しにくいものがあるだろう。それが実感できるのは，人々が生きている空間が息苦しく

なったときとか，差別的表現によって傷つけられたときのように，精神的空間に個人的危機を感じたときではないだろうか。リテラシーのもつ政治性が最も暴力的な形で現われたときと言い換えてもよいかもしれない。

精神空間が平時の状態にあれば，リテラシー習得の政治性などはほとんど感じられることがないだろう。イギリス人と紅茶を楽しむために英会話を習う，フランスで買い物を楽しむためにフランス語会話を勉強するといったとき，英語なりフランス語のリテラシー習得の一端を経験しているわけだが，そこは政治的次元の問題などまるで存在しない，気楽で楽しい世界にみえる。経済的に豊かであり，地域社会においても差別的視線を投げつけられるでもない空間で毎日過ごすことができていれば，そもそもリテラシーの政治性の問題などとは無縁なのである。しかし，そのような気楽で楽しい世界が実現されていると感じるときほど，リテラシーの暴力性が最も発揮されているのである。

8 学習とは，多様なものとの出会い

リテラシーの内実を文字に限定し，リテラシー学習をすでに存在する文字の読み書きを覚えることであると定義すれば，本書のような企画はまったく無用の試みとなる。しかしすでにみてきたように，リテラシー学習とは，たとえば外国語学習などといったものと同次元で，すなわち覚えるべき文字の読み方書き方があらかじめ設定されており，あとはそれをどのくらい覚えるかといったことではない。メタ知識としてあらたな知識をふやすという側面は，たしかに学習の一側面であると思うが，特に言語やリテラシーの場合には，意味の問題と切り離すことができないことから，どの意味を正しいものとして覚えるか，覚えさせるかということが問題になるのである。そこに政治的決定が求められる余地を残すことになる。

言語の場合，たとえば言語習得という場合は，言語学習とは明らかにその内容が異なる。言語を習得する（acquire）ことは，主としてメタ知識の蓄積である言語を学習する（learn）ということとはその次元が異なるのである。言語を習得するためには，文法知識を中心とする言語構造の理解にとどまらず，実際に社会的に用いるための社会言語学的知識や語用論的知識をも獲得する必要がある。しかも高度な外国語運用能力があると認められるためには，直接言語とはかかわりのない，声のトーン，視線の投げ方，服装，身のこなしなどといったことも重要な獲得要素となる。

ここでは，一般的にいって学習とは何かを議論する場ではないので，リテラシーの場合は学習ではなくて，習得というべきだということを主張するものでもない。た

だ，リテラシー学習という場合，その学習には，今述べたような習得の意味合いを込めなければ，その正確なとらえ方はできないということである。すなわち，リテラシー学習という場合のリテラシーとは，多様な価値，さまざまな知識を意味し，リテラシー学習とは，多様な価値とのあらたな出会いいの中で，自らの社会的位置を確認，修正しながらあらたな知識として自分のものにしていくことということになろうか。

付記
　本文中には参照表示しなかったが，本稿理解のための重要なものとして，フレイレ（Freire, 1968）『被抑圧者の教育学』（小沢有作ほか訳・1979年／亜紀書房）がある。また識字の政治性を描いたものとして，拙著（菊池久一）『識字の構造』（1995年／勁草書房）を参照いただければ幸いである。さらに，識字研究の基本文献をまとめたものとして，少し古いが，"*Perspectives on Literacy.*"（Kintgen, E.R., Kroll, B.M., & Rose (Eds.) 1988／Southern Illinois Univ. Press）が便利である。
　なお，本稿は2002年2月の段階での脱稿であり，アメリカによるイラク侵攻以前のものであるが，当時の状況を残しておくために，現時点における視点からの修正を加えていないことをお断りしておきたい。また本稿は，勤務校の特別奨励制度の適用により可能になったものである（2004年6月1日）。

第3章

ヴィゴツキーの理論を拡張する
：生命工学研究室での日本人による
社会的相互行為を事例として

　本論で得られた知見をもとに，ワーチ（Wertsch, J. V.）が提起した指示連鎖（referential continuum）の機能を拡張する。さらに，ヴィゴツキー（Vygotsky, L. S.）の連鎖をどのように拡張できるか，なぜ拡張すべきなのかを示す。

　この拡張作業では，まず，かつてワーチが行なったジグソーパズル実験を再検討する。ワーチ自身が危惧していたように，実験の結果がその人選によるものかどうかをはっきりさせるため，もとの指示連鎖を吟味しつつ，結果を確認する比較対象として，ここでは日本人によるやりとりのデータを分析する。

　日本人データの分析と結果を，ワーチの結論へうまく統合させることができる。しかし，ワーチのデータの再検討からも，日本人データの分析からも，同じ結論が導かれる。指示連鎖には異なる機能をもつ変異型が存在する。ヴィゴツキーが「思考と言語」ではじめて提起した内化連鎖も含めて，これら変異型をより包括的な連鎖へと豊かにまとめあげることができるのである。

1　はじめに

　ヴィゴツキーが創案した内化連鎖（internalization continuum）は，外面から内面へと並ぶ以下の要素で構成される。順に，書きことば（written speech），外言，ひとりごと，内言，思考，意欲（motivation）である。この連鎖については十分に記述されているので，ここでは詳しく立ち入らなくとも差し支えないだろう（Vygotsky & Luria, 1993; Wertsch, 1985）。ワーチは，内化とその連鎖に関する自身の研究にまつわるヴィゴツキーの知見を拡張して，もとの連鎖では1つの要素だった外言に，「省略（abbreviation）」と「指示的視点（referential perspective）」という2つの記号的メカニズムが内在すると提案したのである。

省略についてヴィゴツキーは，内部的局面（the Inner Plane）の入り口にあって，しかも最も重要な特性だととらえていた。しかしワーチは，これを外部的局面で働く外部機能だとしたのである。ヴィゴツキーによると，他者との相互作用が内化されたものが自己だとすれば，この自己が表現するのは相互行為を完遂するのに必要な情報だけであり，それ以外の要素は抜け落ちる。たとえば，ひとりごとや内言で「わたし」が主語であるなら，話し手はそれを省略するだろう。なぜなら，自分自身を指し示すのに「わたし」を使うのはたいてい冗長だからだ。
　話し手が表現を省略しても，省かれた情報は内部的局面に存在するため，完全な表現に等しい意味が保持される。ヴィゴツキーの著書から簡単な事例を引いておけばここでは事足りよう（Rieber & Carton, 1987）。

　　A：お茶はいかがですか
　　B：いりません

　Bが短くこたえる「いりません」は，「いいえ，わたしはお茶はいりません」という完全な表現と意味のうえで等しい。省略されていないこの表現が，上の事例にある「いりません」に潜在しているのである。ヴィゴツキーの説明によれば，省略された外部表現には，主語，目的語，動詞といった冗長な情報が隠されている。
　ワーチはこの推論に従い，省略された表現には少なくとも１つ別の表現が隠しこまれていると述べる。省略された表現が社会的なやりとりで用いられることが，参与者の間主観性（intersubjectivity）や内化の程度が前よりもあがっていることを示唆する，というのはヴィゴツキーと同じである。
　ワーチは，ヴィゴツキーが述べる省略という概念の適用可能な範囲を，内部的局面のほかに，外部的局面へも広げた。これは，非対称的なやりとりでは発言の省略が外部でも機能を果たすことから明らかにされる。まとめれば，彼ら２人にとって，やりとりで表現がしだいに省略されていくことは，間主観性の深まり，聞き手側に課された責任の増加，内化の進行といったことを示すものである。
　以下，指示連鎖と省略に関するワーチの研究を再検討する。さらに，その結果がここでのおもな目的へいかに統合できるかを示す。具体的には，ワーチが対象としたのとは異なるやりとりのデータを分析して，彼のいう連鎖をどこまで拡張できるのか，あるいはどのように拡張すべきなのかを実際に示す。
　トラックのジグソーパズルを用いた実験から（Wertsch, 1985, pp. 170-183），ワーチは３種類の言語的指示表現を見いだした。文脈報告（context informative），共同

指示（common referring），直示（deictic）である。ワーチによれば，符号化される情報量がそれぞれで異なる。以下，これら3種類を情報量の多い順に説明していく。

　文脈報告表現とは，3つのうち，最も多くの情報を含み，文脈に依存する程度が最も小さく，最も明示的であり，「状況のとらえかたを知らない者にとってはまだ自明ではない方法で，指示対象をカテゴリー化するものである」（Wertsch, 1985, p. 171）。たとえば，ある話し手が文脈報告表現を用いて対象に名前をつけたとき，いったん名づけてしまえば，ある言語共同体の「外側」にいたとしても，英語を操るアメリカ人のように同じ言語を話す者なら誰でも，こうした表現の意味を理解できる。例はたくさんあるだろうが，「トヨタセリカ」「世界貿易センター」「モンブランの万年筆」などがそれだ。次の「共同指示」は，「共同呼称（common name）」表現としても知られるもので，ある言語共同体の「内側」にいるメンバーが対象を指示する方法となる。ワーチによれば，この表現に符号化される情報は文脈報告表現よりも少なく，そのために明示性は小さく，文脈に依存している。先ほどの例と対応させれば，「スポーツカー」「マンハッタンで最も背の高い建物」「最高の万年筆」となる。ワーチの指示連鎖で最後の3番目にあたるのが直示表現である。情報量が最も小さく，3つのうち明示性は最小，文脈依存性は最大である。ワーチによれば，直示の使用は，聞き手の頭の中には直示表現に対応する意味がすでに存在すると話し手が前提していることの1つの現われである（Wertsch, 1985）。この表現を用いる話し手は内側に情報をもってほのめかすが，文脈報告表現のように内在する情報「すべて」が露わになるわけでも，共同指示表現で成立する情報が表現されるわけでもない。ヴィゴツキーの理論に従えば，直示に符号化された情報はすでに聞き手の頭の中にある。したがって，直示がうまく機能したなら，このことは必然的に，聞き手の責任と参与者の間主観性のレベルが相対的に高いことを示す証拠となるのである。

　ワーチは，文脈報告－共同指示－直示というこれら3つの部分から成り立つ指示連鎖を，先述のパズル課題で制約をかけた実験の分析から見いだした。各試行で，母親は子どもがパズルを完成するよう手引きする。実験に参加した子どもの年齢は2歳半から4歳半にわたっていた。できあがったパズルは，箱を積んだ後部の荷台と，トラックの車体やタイヤといった荷台以外の部分によって構成される。パズルの組み立て方は一通りしかない。分析者は実験の設定として，完成図とパズルピースの山とを母子ペアの前に置き，子どもがパズルを解くのに必要なようならいつでも手を貸すよう母親に求めた。

　次に，パズル実験から2つの事例を再検討し，ワーチの指示連鎖に関連した詳細を明らかにしよう。1つは母親が2歳半の子どもに手引きしていた事例（2歳半事例），

もう1つは別の母親が3歳半の子どもとともに作業していたものである（3歳半事例）。用いたパズルは同じものだったが，結果は著しく異なっており，指示連鎖とともにそれを拡張的に分析する意義がここにある。

上述の指示連鎖を基準としてみると，2歳半事例で成立した間主観性は最低限のものであった。その結果，子どもが作業の責任を担うこともなく，したがってパズルを完成させることもできなかった。

この2人のやりとりにより，詳しく目を通して，ワーチの分析にふれながら，いかにして失敗が起きたのかをつきとめよう。以下の断片は，もとのワーチの書き起こしから引用した2歳半事例でのやりとりである。

（C＝子ども　M＝母親）
 1 C：見て，クラッカー。ほら。（（タイヤのピースを指して））
 2 M：クラッカー。それクラッカーみたいね。
 3 C：クラッカー。
 4 M：うんうん。
 5 C：ほら，見て見てクラッカー。
 6 M：クラッカーみたい。でもクラッカーじゃないね。クラッカーじゃないよね。
 7　　　このトラックを作らなくちゃいけないんじゃない。
 8 M：できる？
 9 M：このトラックを作るの。
10 M：タイヤはどこ？
11 M：こっちのトラックをそのままにして。（（トラックを指さす））
12　　　そのままに。それで，こっちにトラックを作るの。（（パズルの枠を指さす））
13　　　これになるように。（（モデルのパズルを指す））
14 M：このトラックのタイヤを探そう。
15 C：これ何？（（車体のピースを拾い上げる））

最終行が示すように（15行目），あるピースがモデルのトラックのタイヤを表現するものだという母親の暗示を子どもはまだ受け入れていない。タイヤのピースを何度も「クラッカー」とよんでいたのが証拠だが，むしろ，彼は自分の「内」主観的な（intrasubjective）世界にとどまっていたのである。パズルをめぐって2人に間主観性がほとんどみられず，子どもは作業の責任を担うことができていなかった。そのため母親には，やりとりの方略を調整し，課題を完遂させる程度の間主観性の水準を確保する必要があった。つまるところ，指示的視点の変化からわかるように，母親が方

略を変えていた間，2人は最小限の間主観性しか達成できていなかったのである。母親はタイヤを指し示すために，結局「タイヤ」という文脈報告表現ではなく直示を使うようになった。ワーチによれば，こうした直示への変更は，「…明らかに，精神間機能の水準を確立させようとする（母親の）試みが反映されたものである」（かっこ内の追加は筆者による。Wertsch, 1985, p. 176）。

ワーチによるこの課題の分析を要約すると，母親ははじめ「タイヤ」のような文脈報告表現を用いていたが，結局，同じ対象に対してかわりに直示を規定値として用いるようになった。15行目の後に続くやりとりでは，母親は条件を「つり上げ（up the ante）」（Bruner, 1975／Wertsch, 1985より引用）ようとして，「タイヤ」という文脈報告表現を再び使い，情報量のより大きな「上」の方へ移ろうとしたものの，その試みは失敗してしまった。実験での指示表現の変化過程を記述するために，その後ワーチは各表現型の生起回数をかぞえている。

3歳半事例でのやりとりの分析に目を転じれば，2歳半事例とは好対照だったことがわかる。そこでは，母親の「タイヤ」という文脈報告表現に対して子どもはすぐに返答をしていた。その後，タイヤを同じ対象として指し示すのに母親は直示を使った。しかし，この直示は，2歳半事例のやりとりにあったような，間主観性を引き上げるための出発点ではない。3歳半事例での子どもは，その直示表現をタイヤという指示対象の代替物として理解していた。しかし，2歳半事例での母親は，課題を進めるために間主観性のレベルを高めようとして直示に頼っていたものの，むだな努力だったのである。

表3-1は以上2つのデータから得られた結果の概観である。

表3-1 指示の視点

	パズル課題序盤 ──────────────→ パズル課題終盤		
	情況説明	直示	情況説明
2歳母子	車輪（失敗）	これ（成功）	車輪（失敗）
3歳母子	車輪（成功）	これ（成功）	

ワーチは，この実験の結果にある不確実性にふれ，それゆえ，新たな知見を得ないまでも，少なくとも結果を確認できるような，まったく別種のデータを分析する必要があると述べた。実験を通してワーチは，指示表現の違いとともに，母親と教師がそれぞれ子どもと生徒へ責任を割り当てるやり方に大きな違いがあったことも見いだしている（Wertsch, 1985, p. 165）。具体的にいうと，アメリカ人の母親とブラジル人の教師は，それぞれ子どもと生徒に課題の進め方を任せていた。それに対して，ブラジ

ル農村部に住む母親や，子どもを指導する子ども，言葉の不自由な子どもと課題を行なう母親といった者たちは，実験課題における責任を相手に委ねることがほとんどなかったのである。さて，指示連鎖に関するワーチの研究の応用範囲は広いうえ，ヴィゴツキー学派の研究の関心は結局のところ責任の委譲にある。したがって，ワーチの結論に言語的あるいは社会的なバイアスが入り込んでいないかどうかを確かめるには，パズル実験とはまったく異なるやりとりでの学習を分析する必要があるだろう。

② 日本人の大人2人のデータ

　日本人どうしによるトレーニング中のやりとりが本研究に適していたのは以下の理由からである。第一に，生化学者と助手とのやりとりが，ワーチの実験でのポルトガル語とも英語ともまったくつながりのない日本語で行なわれていたことは明白である。次に，パズル実験に参加していたのは親（大人）と子ども，あるいは子どもどうしだったのだが，日本人でペアを組んでいたのは2人の大人であった。最後に，日本人データとワーチのそれとの対照的なところに，前者が生化学者と助手の作業上の必要から自然に生じたできごとの一部だということがある。生化学者は助手に技術的な手続きの指導をしていた一方，ワーチが設定した課題は実験的なものだったのである。

　しかし，ここではパズル課題でのそれとは異なる分析を日本人データに対して行なう。原則としてワーチは，文脈報告－共同指示－直示という連鎖をなす3つの表現の生起した数をかぞえていた。それぞれ合計したパターンから，その変動を連鎖にあてはめて説明したのである。

　ここでは，文脈報告，共同指示，直示の各表現「すべての」生起数をかぞえるのではなく，機能の面で似た文脈で生起したもののみを検討する。

　先ほどの断片中9行目と11行目の，母親が「トラック」という文脈報告語を使った部分を例に，問いを明確にしよう。

　　9M：このトラックを作るの。
　　11M：こっちのトラックをそのままにして。（（トラックを指さす））

　指示表現は同じ「トラック」であるが，指示対象が異なるため，機能もそれぞれで異なる。9行目の「トラック」が指し示すのは「完成した」トラックのモデルであった。一方，11行目の「トラック」が指し示していたのは「これから完成させなければ

ならない」トラックのパズルである。

　よりはっきりさせるため，本分析の対象に含め「ない」日本人データから典型的な事例を提示しよう。トレーニングが始められたばかりのころ，生化学者は「分光器」という文脈報告語を用いて機械を名づけたと同時に，それを助手に見せていた。この表現を分析からはずしたのは，分光器を「紹介すること」がこれ一度きりしか起こらなかったためである。すなわち，機能的に等しく比較可能な表現がこのほかに存在しなかったのだ。同一の対象を同じ目的で指し示す指示表現のみ，ここでの分析に含めた。日本人どうしのトレーニングにおけるやりとりは，実験室内の機器と流し台という別々の2か所で起きていたため（図3-1参照），そうした表現は容易に見つけることができた。

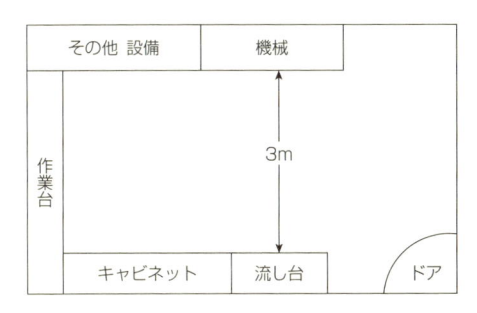

```
┌──────────┬──────┐
│ その他 設備 │ 機械 │
├──┬───────┴──┬───┤
│作│          ↑    │
│業│         3m    │
│台│          ↓    │
├──┼──────┬──┬──┤
│  │キャビネット│流し台│ドア│
└──┴──────┴──┴──┘
```

図3-1　研究室の見取り図

　トレーニング中には室内の各場所で異なる作業が行なわれていた。流し台では分析資料を準備し，機器のあるところでは2人でそれを分析していた。また，助手が手順を理解し，ゆくゆくは1人でも作業できるといえるようになるまで，生化学者は一連の同じ行為をくり返していた。機器と流し台という2つの機能的単位のくり返しから，生化学者の指導方針が明らかとなる。それは，助手が手続きを理解し，1人で分析ができるまで，一連の行為をくり返すというものであった。

　技術的なトレーニングのように複雑なやりとりの中から，機能的に等しい単位を同定するためには，まず，参与者の姿勢，話題，位置取りなどの変化に注目して，そうした単位を探し出す必要がある（Kendon, 1990; Scheflen, 1973, 1974）。すでに述べたように，2人は実験室のあちこちでいっしょに作業をしていたため，これは比較的容易である。さらに本分析では，「何が起きているのか？」（Erickson & Shultz, 1982）という，きわめて帰納的な問いをくり返した。参与者が何をしていたのか問う必要があるのは，そこから彼らの行なう機能的単位の創始，維持，終了を示すことができる

からである。どのようなことを参与者が行なっていれば，多様な表現（文脈報告－共同指示－直示）が同じ機能を果たすことを実証できるのか？

ビデオの分析でわかったのは，実験室内の2か所，すなわち異なる2つの機能的文脈である「機器」と「流し台」において1時間にわたるトレーニングが行なわれていたということである。図3-2を参照してほしい。

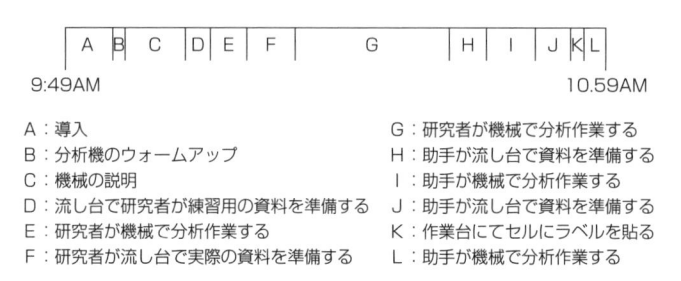

```
| A |B| C |D| E | F |     G     | H | I |J|K|L|
9:49AM                                    10.59AM
```

A：導入
B：分析機のウォームアップ
C：機械の説明
D：流し台で研究者が練習用の資料を準備する
E：研究者が機械で分析作業する
F：研究者が流し台で実際の資料を準備する
G：研究者が機械で分析作業する
H：助手が流し台で資料を準備する
I：助手が機械で分析作業する
J：助手が流し台で資料を準備する
K：作業台にてセルにラベルを貼る
L：助手が機械で分析作業する

図3-2　練習の流れ

図3-2からわかるように，2人は流し台と機器という機能的単位をくり返している。同じ参与者たちが同じ目標を達成すべく2つの機能的単位をくり返し実行するという，ヴィゴツキー学派的な自然実験のような場面もつくり出されていた。

後でみるように，日本人データを分析した結果，2歳半および3歳半の各事例から見いだされたものと同じような指示表現とその変化，すなわち，文脈報告→共同指示→直示から指示連鎖が構成されていた。しかし，この連鎖にはさらにもう1つの要素が含まれていた。日本人参与者は「無指示表現（non-referring expression：ϕ）」とここでよぶものを用いていたのである。これにより，ワーチが提起した連鎖（Wertsch, 1985, p. 168）が拡張され，文脈報告→共同指示→直示→ϕという4つの表現となる。

パズル課題とトレーニングのどちらも，その指示的視点は見かけ上「同一の」連鎖を成すことを示すため，以下，トレーニングにおける2つの機能的単位として流し台でのユニットDおよびFを分析する。流し台ユニットDとFは，2つの下位作業で構成された特定の活動がなされる流し台という場所で起きた行為から成る点で，それぞれ全体としては機能的に等しい（表3-2を参照）。

表3-2　流し台ユニットDとFの手順（生起した順）

①助手の注意をピペットに向ける
②ピペットでセル（プラスチックでできた深さ5cmほどの直方体の容器）を準備する

それぞれのユニットに含まれる作業を，他方のユニットのそれらと比較して，指示的表現における変化を見つけ出したい。

表3-2にあげるように，ユニットDとFは2つの同じ作業で構成されており，ここから同じ目的のために同一の指示対象が言語的に指し示されていたことが示唆される。

ユニットDでの最初の作業は，次のように，特定のピペットに助手の注意を向けることであった。

ユニットD　作業①
(B=生化学者　T=助手)
16B：で…これはもう．普通にやってもらえばいいんで．[ここにあるピペットの]どれか1本って。
　　((ピペットを取り上げて見せる))
17T：んん．((流し台のピペットに目を向ける))((理解したという主張))

ユニットDで「特定のピペットに注意を向けさせる」シークエンスの16行目において，生化学者は「どれか1本って」という直示表現を用いてピペットを明示的に指し示していた。しかし，以下にあるユニットFでの機能的に等しいシークエンスをみると，そこでは生化学者によるピペットの明示的な指し示しはないにもかかわらず，トレーニングが続いている。ユニットFでは，助手の注意をピペットに向けさせるのではなく，生化学者は単にそれを持ち上げただけであった。これは，ピペットやそれのある場所について助手は知っているはずだと，生化学者が想定していたことを示すものである。その後，彼はセルの洗浄を始めた。ユニットFで生化学者は，ユニットDの作業であった「あるピペットに注意を向けさせる」表現をしていなかったのである。

ユニットF　作業①
18B：多少．その．[はらったとしても．あと．その:…多少はね？　これで．．その．]
　　(([左手でセルを空にする))
　　((同じピペットを取り上げて使い始める))
19T：((セルを見ようと体を向ける))

生化学者は，ユニットDでは「どれか1本って」という直示表現でピペットを指し示していたが，ユニットFでは無指示表現「φ」に「戻る」ことにより，助手が理解

したという想定を表現していたのである。これに続く17行目（んん）で助手が理解を表明したことは，生化学者の想定を追認するものである。

次に，どちらのユニットでも，2人は2番めの作業として「ピペットでセルを準備」していた。ここでもワーチの結果と一致するが，ユニットFでの生化学者もこの作業において指示連鎖を「戻し」ていたのである。

　　ユニットD　作業②（ピペットでセルを準備する）
　　　　20B：セルに...セルに...何回か入れて洗ってやれば十分なんで。（(ピペットで移す)）
　　　　21T：((うなずく))（(生化学者の手元に注目する)）
　　　　　．
　　　　　．
　　　　22B：水だけ入れて＝
　　　　23T：＝((うなずく))（(理解の表明)）〉

ユニットDでみたように，生化学者は文脈報告表現として，「セル」を20行目で，「水」を22行目でそれぞれ用いて，これらの対象を指し示していた。

ユニットFでも同じくピペットでセルを準備するという作業をしていたが，ユニットDでは「セル」という文脈報告語を用いていた部分で，生化学者は24行目にあるように「こういうところ」という共同指示表現を用いていた。同じく24行目において，ユニットDの22行目では「水」といっていた部分を，生化学者は無指示表現（φ）へと「戻し」ていた。21，23行目でうなずいているのがその証拠だが，助手は「φ」および「こういうところ」という生化学者の指示表現に対して疑問を差し挟まずにいる。したがってこのうなずきは，理解したという助手の表明を形づくるものであった。表現されていない情報はそれゆえ，ヴィゴツキーの理論に従えば，内化されたのである。

　　ユニットF　作業②
　　　　24B：こういうところに［φ］残っているわけです。
　　　　　　（(セルを助手の方へ動かす)）
　　　　25T：＝はい（(うなずく)）（(理解の表明)）

以上はワーチの結論と一致する。すなわち，助手が理解を表明したとともに，生化学者が指示的視点の連鎖の「後方」に位置する省略の大きな表現を用いたことから，ここで2人の参与者は，すでに使用された「水」や「セル」といった文脈報告表現に

含まれる情報と同じ意味を共有していたということが示される。

表3-3は，2つのユニットの作業②における，指示的視点の変化を概観したものである。

どのパズル実験でも，日本人データでも，参与者はやりとりにおいて同じ指示対象をさまざまに指し示していた。多くの場合，指示表現の違いは，間主観性の程度の違いを示す。それぞれの指示表現に含まれる情報のレベルが異なるのだとすれば，分析から得られた間主観性の程度にも違いのあることが証明できるだろう。

表3-3 変化していく指示

流し台ユニットDから流し台ユニットFへ

情況	直示	無指示表現
どれか		φ
セル	こういうところ	
水		φ
水		φ

③ 議 論

議論を始めるにあたり，2歳半の子どもと母親とがパズルに取り組んだやりとりを簡単にふり返るのがいいだろう。思い出してほしいのだが，この事例を分析して導き出された，文脈報告→共同指示→直示という連鎖の先頭部分は，母子の間主観性の大きくなる方向への動きを示しては「いなかった」。というのも，母親が用いていたのは連鎖を「戻す」ことを示す表現だったからである。子どもとどうにかコミュニケーションできるようなレベルを直示で探り，それから課題をすすめようとしはじめたのである。

思い出せるように，2歳半事例では，母親の文脈報告表現ははじめうまくいっていないようだった。2人ともタイヤという同じ対象に注目していたのに，それぞれ別の概念でそれを表現していたのである。母親ははじめそれを文脈報告語「タイヤ」で指し示していたが，子どもは自分の世界からの見えとして「クラッカー」として指し示した。子どもが自分の世界にとどまろうとこだわるため，母親は提示する情報量を減らし，標準値である直示表現へと「戻した」のである。こうして彼女は，最も低い水準で間主観性を打ち立てることができ，少なくとも課題を開始することはできたのだ。子どもの理解が許す範囲において，うまく課題を開始できたのである。

この母子の場合，間主観性の大きくなる方向に「近づいた」のではないが，しかし，そこから「遠ざかった」のでもない，と結論できる。この指示連鎖の示す動きは，「間主観性の源泉」と後でよぶところへの移動として描くことができるだろう。

さて，文脈報告→共同指示→直示という連鎖において，2歳半の子どもと母親とがはじめに用いた表現を詳しく検討してみよう。課題をする間，この母子に間主観性がほとんどみられなかったことを思い出してほしい。この場合，ヴィゴツキー理論に従

えば，発達が起きていないこととなる。つまり，この文脈報告→共同指示→直示という「非発達的（non-developmental）」連鎖は，発達する過程のようにみえるものの，直接的に発達に貢献していたのではない。この主張が正しいとすると，もしこの2人が母親の「タイヤ」という文脈報告のレベルでやりとりをやめていたら，子どもは何も内化せず，ゆえに何も理解しなかっただろうと，論理的には結論できる。

　理解が得られていない以上，2歳半事例の連鎖がどのように機能していたかを問う必要が浮かぶ。連鎖の先頭にある文脈報告表現は，2歳半の子どもにとって空虚な音響であった。その証拠に，この子どもはわかったそぶりもみせていなかったのである。この子どもにとって，この言語表現に意味はない。しかし，以下にみる，直示→共同指示→文脈報告という仮説上の連鎖へ続くまわり道として機能していたのである。説明しよう。

　ロメトベイト（Rommetveit, 1974）がいみじくも述べたように，逆説的に聞こえるものの，間主観性を深めるために，どんなやりとりでも参与者はある程度の間主観性を必要とする。確かにその通りだが，これでは間主観性の発生については説明できない。乳児を例にとると，2歳半事例の連鎖でなされていたように，親が間主観性を引き出すためには行動主義者のごとくやりとりする必要がある。

　これを念頭に置いて2歳半事例でのやりとりを解釈し直すとわかるように，うまくいかないやりとりにみられた非発達的連鎖は，はじめ不首尾に終わっていたものの，それを続けていれば最終的に参与者はそこに沿って目下の課題に適した間主観性を引き出せただろう。特に，母親が標準値とした「これ」ということばは，はじめてうまく通用したものであり，子どもにとっては純粋な指示，すなわちタイヤのピースと同じ意味をもつものだったのである。「これ」ということばは，指さしによるある種の直示的定義となるような単純なシグナルとして機能しているのであって，それ自体には実質的に意味がない。このレベルなら，どんな音を用いても母親は子どもとコミュニケーションできただろう。ヴィゴツキーにとって，このようなシグナルとしての言語使用は，話しことばの「主要な」働きの好例である。このように機能することばは，他のあらゆる言語機能の源であるところの単なる指し示すものとして用いられている。起点に位置するこの非発達的連鎖では，言語表現に意味がある必要はない。しかし，母親が直示をうまく利用できれば，そこを入り口として間主観性が引き出され，後に続く指示連鎖へと発達していけるのである。その直示にこたえたのが2歳半の子どもの最初の理解表明だったが，これは直示→共同指示→文脈報告という後続の連鎖を開始する働きをしていた。母親が「これ」といった後に「タイヤ」という文脈報告語を使った試みは，次の連鎖へ移行するにはいたらなかった。すでにふれたこの

連鎖を「はしごかけ連鎖（scaffolding continuum）」とよびたい。今のところ，2つの連鎖が明らかになった。進むにつれて表現される情報量は少なくなっていく，文脈報告→共同指示→直示という非発達的連鎖と，用いられる情報量がしだいに大きくなっていく，直示→共同指示→文脈報告というはしごかけ連鎖である。しかし，連鎖にはまだ続きがあるのだ。

　日本人がトレーニングしていた場面の分析は，ワーチによる3歳半事例の分析とともに，ヴィゴツキー（Rieber & Carton, 1987）がかつてその著作で予想した概略と一致している。参与者どうしが親密になるから，言語表現の省略が起こる，というものである。「親密になる」という表現は，他者とのやりとりが内化されることの1つのいい方である。

　これまで吟味してきた2組の母子と日本人研究者におけるやりとりの連鎖には，文脈報告→文脈報告→直示というそっくりなパターンがみられた。しかし，この連鎖は構造の面でそっくりであるものの，それぞれ機能が異なる。2歳半事例における機能と，3歳半事例や日本人ペアにおける機能である。2歳半事例では，間主観性を生み出して，発達を起こすべく，母親は「これ」を標準値とした。この2人の場合，非発達的連鎖をしめくくる表現「これ」は，純粋な指示，すなわちパブロフ（Pavlov, I.P.）のような機械的行動主義でいうシグナルとして機能しており，アウグスティヌス（Augustinus, A.）のいう対象以外の意味を欠く単なる連合でしかないのである。

　日本人と3歳半事例の連鎖における表現の変化型は，2歳半事例のそれとそっくりである。たとえば，日本人どうしのやりとりには「セル」から「これ」への移行が，3歳半事例には「タイヤ」から「これ」への移行があった。どちらの事例においても，間主観性が大きくなり含まれる情報量が減っていくという変化を，それぞれの表現が示している。

　情報という点からすれば，3つの事例（2歳半，3歳半，日本人）で用いられていた指示表現に含まれる情報量は等しかった。しかし，やりとりがうまくいったかどうかという点からこれらの表現をみると，それぞれの連鎖に違った姿が現われてくる。2歳半事例では，情報のこめられた表現に「失敗」したため，その後は情報量の最も少ない「これ」へと移行する必要があった。これは，3歳半事例や日本人事例とは対照的である。これら2つの場合でも，直示表現を用いて情報量を減らし，参与者が指示連鎖を「戻して」いたのは2歳半事例と同様だ。しかし「大事なこと」は，しだいに情報量の小さい方へ指示連鎖が「戻って」いたとしても，前にヴィゴツキーから引いた「お茶」の例のように，表現の中には同じ意味が維持されていたということである。わからないけれども，表現されない情報を聞き手が内化していたため，全体の情

報量が保存されていたのである。

　シルヴァスタイン（Silverstein, 1976）は，こうした事例にある直示の使い方を，「指示指標（referential indexes）の前提」とみなす。シルヴァスタインが「前提」ということばで意味するところは，指示指標が使われる前に，発話を聞く側において意思決定が起こっている，ということである。しかしここでは，直示を用いたり受けとめたりすることは，やりとりの中で検証されたり開示されたりする連鎖にある確かさ（certainty）の標識（marker）だと考える。前提なる隠れた認知過程をわざわざ仮定する必要はない。見方を変えれば，使用される直示が前提としてあるとしても，ここでいう前提とは，想定上話し手の頭の中で起きていることではなく，言語使用のただ中にあるものなのである。

　3歳半事例と日本人事例のやりとりで用いられた直示は，2歳半事例のやりとりにみられたのと同じ3つ組連鎖の最後のスロットを占めるものの，その機能はまったく異なる。前二者の場合，凝縮された意味が直示表現にこめられていた。ここでの直示は，完成された発展型としての表現であり，間主観性を助長するのに用いられる無意味な標準値ではない。むしろこうした直示の使用は，やりとりがうまくいった標識となるのである。日本人事例と3歳半事例での直示には，「セル」や「タイヤ」といった表現に内在するすべての情報が含まれているが，2歳半事例における「この」には実質上情報がない。次の表3-4をみていただきたい。

表3-4　各連続体の形態と働き

2歳 母子	情況⇒直示	パズルを始め，相互主観性を**深め始める**ための引き下げ
3歳 母子	情況⇒直示	パズルを終えつつ，相互主観性を**深めていく**ための引き下げ
日本人	情況⇒直示⇒φ	パズルを終えつつ，相互主観性を**深めていく**ための引き下げ

　連鎖を構成する表現は，パズル課題に取り組んだ2つの事例でも，日本人研究者どうしのやりとりでも同じであったが，機能が異なっていたのである。

　2歳半事例の非発達的連鎖で，直示はその終点として機能していた。やりとりの「失敗」の標識となるとともに，続くはしごかけ連鎖という成功する可能性のあるやりとりの「始発点」も示していたのである。3歳半事例と日本人のトレーニングという2つの事例においても，それと「同じ」3つの表現から成る「同じ」連鎖が用いられていたのだが，そこで使用されていた直示表現は，やりとりが「成功したこと」の標識だったのである。加えて，日本人のやりとりからは，最終的には指し示すことすらなくなっていた（φ）にもかかわらず，やりとりは難なく続いていたのである。2歳半事例では直示が「始発点」として機能していたのに対して，日本人のやりとり

における無指示表現は，(内化が起こるために) 論理上要求される直示→共同指示→文脈報告というはしごかけ連鎖の次に位置する，一連の並びの「完了点」だったのである。

　より完全なひとまとまりの発達的連鎖を構成すべく連鎖どうしをつなぐには，すでに先でほのめかしておいたが，2歳半事例の結果についてまだ分析していない残りの部分をみればよい。やりとりにみられた表現をすべて観察すると，文脈報告から直示を経て再び文脈報告へいたる連鎖において，母親ははじめに文脈報告から直示への移行に失敗した後，「タイヤ」という文脈報告表現を用いて連鎖を「進め」ようとしはじめていたことがわかる。母親が文脈報告語を使うことにより，明示される情報量が (直示で提示されていたよりも) 増加するとともに，子どもにかかる認知的負荷も大きくなる。ワーチによる2歳半事例の分析では，「そもそも子どもが，文脈報告表現を理解できるようになる段階へと，いかにして到達するのか」という点が問われていない。直示表現から始めなければならないとしたら，文脈報告表現にいたる唯一の道はおそらく，直示→共同指示→文脈報告というはしごかけ連鎖である。はしごかけに関しては実にさまざまな定義があるが，ここでは，子どもや生徒がより高次の認知水準へ移行するのを手助けすることという中心的意味に従っておこう。直示→共同指示→文脈報告というはしごかけ連鎖では，表現に含まれる情報内容が多くなると同時に，学習者の負う責任が大きくなることを通じて，はしごかけがなされる (Wertsch, 1985)。もしも2歳半事例でのやりとりがその後成功していたなら，論理的にははしごかけ連鎖が続いていたはずである。これが唯一とり得る道なのだから。

　はしごかけ連鎖は，2歳半事例ではじめにみられた非発達的連鎖 (文脈報告→共同指示→直示) とは「逆向き」に進む (直示→共同指示→文脈報告)。つまり，情報の少ない表現から多い表現への移行である。しかしこれは，認知的な負荷のより高い文脈報告表現への「前進」となるため，逆向きというよりは，非発達的連鎖へと続くものとなる。

　この点を，ワーチからの引用で明確にしよう。

> 　一般に，情報量のより多い指示表現の使用は，間主観性の水準の高さと相関するものの，その必要条件ではない。(Wertsch, 1985, p. 171)

ここにみられるように，ワーチのこの記述は，表現の難しさと情報量が少しずつ増していく，直示→共同指示→文脈報告という古典的なはしごかけ連鎖に「のみ」あてはまるものである。

次の図3-3は，2組の母子と日本人の連鎖を総合したものである。図中，1～4は2歳半事例の非発達的連鎖を構成する。他方，形のうえではそれと同じだが，5～7は3歳半事例のやりとりを構成していた内化連鎖である。日本人の連鎖を分析した先ほどの結果から追加されたのが8である。3～5として示されたはしごかけ連鎖が，論理的に2つの連鎖を媒介して，より総合的な指示連鎖が成立する。

$$1\text{情況} \Rightarrow 2\text{共同} \Rightarrow 3\text{直示} \Rightarrow 4\text{共同} \Rightarrow 5\text{情況} \Rightarrow 6\text{共同} \Rightarrow 7\text{直示} \Rightarrow 8\phi$$

図3-3 包括的な指示の連続体

この連鎖の左端先頭にある文脈報告表現は，子どもに提示される最大限の情報量を表わす。しかしよく注意すべきだが，それは単に話し手が与える情報量なのではなく，聞き手が取り込むはずの情報量である。この表現では，実質的に子どもが理解する情報はなく，直示語に残された量だけが取り入れられる。直示表現が与えられ，受け入れられると，次の3～5にあるはしごかけ連鎖が始まるのだ。

3と5（直示と文脈報告）の表現を用いたことは，2歳半事例のやりとりでの母親が，はしごかけ連鎖を越えようと試みて，指示的視点の各段階をひとあしずつ探りながら情報を提示していた部分を表わしている。2歳半事例で2人は，図3-3での次の連鎖へ向かって進んでいたのだろう。なぜならそう移行せざるを得ないからである。

図3-3の結部にある5～8の表現は，パズル課題やトレーニングにおいて生起していた内化連鎖である。3歳半事例の母親と生化学者は，明示的に与える情報量を徐々に減らしていた。しかし，各ペアが理解しあえていたのは，残りの情報を内部的平面に保存していたからである。保存されたこの情報量は，参与者間の間主観性の水準を示している。「この」のように省略された表現が満足な意味をもち得るのは，この内化連鎖に沿って発達したとき「だけ」なのである。この連鎖においては，直示表現のもつ力も話し手の意図も，参与者が完全な文脈報告語を用いたのと同じくらいになるのだ。

注意しておくべきだが，省略が起こるのは，情報があらかじめ共有され，かつ理解されているときのみである。2歳半事例のやりとりにおいて，省略過程の起こる下地ができていたのは，省略の最も小さい表現5（文脈報告）の時点であり，これは省略が「始まり」得るところの標識となる。なぜなら，参与者がはしごかけ連鎖を通過したその時点から，省略の過程を機能させる了解ずみの表現がみられるからである。

3歳半と日本人の各事例において，省略過程は同じように動いていた。母親と生化学者がそれぞれの聞き手に提示する明示的な情報内容を減らすにつれ，潜在的な情報量はおそらく参与者の頭の中に「隠れていく」。しかし，文脈報告と直示の2つの表現に含まれる意味は等しい。3歳半の子どもはパズルを作れたので，あまり明示的ではない直示表現についての知識があるのだとわかる。助手は少なくとも，「んん」や「はい」と言ったりうなずいたりして，理解を表明していた。生化学者と助手とのやりとりは，後者がトレーニング全体を理解したと提示する必要がなくなるまで続いたというわけではない。むしろトレーニングを続けるのには理解の表明が必要だった。この連鎖では直示表現の使用に成功したことから，参与者の間主観性があらわになったのである。

　ここでの結論をヴィゴツキーの先行研究（Rieber & Carton, 1987）にどう組み込むことができるのか考えてみよう。ヴィゴツキーのいう連鎖の詳細を図3-4に示した。

　　　　書かれたことば ⇒ 外言 ⇒ ひとりごと ⇒ 内言 ⇒ 思考 ⇒ 意欲

図3-4　連鎖の詳細

　ヴィゴツキーの連鎖も，省略が大きくなる方向に進む。ワーチがしたことは，ヴィゴツキーの連鎖における外言の拡張であった。ワーチによる指示連鎖は，外言をより詳細に拡張したものだとみなすことができる。それに対して本研究は，このワーチの連鎖を拡張するものであった。

　最終的に，ヴィゴツキー，ワーチ，そして本研究におけるすべての要素をそれぞれ適切なスロットに置けば，完全な指示連鎖ができあがる。図3-5をみてほしい。

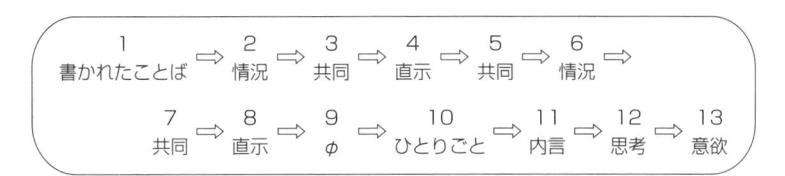

　　　　1　　　　2　　　3　　　4　　　5　　　6
　　　書かれたことば ⇒ 情況 ⇒ 共同 ⇒ 直示 ⇒ 共同 ⇒ 情況 ⇒
　　　　　　　　7　　　8　　9　　　10　　　　11　　12　　13
　　　　　　　共同 ⇒ 直示 ⇒ φ ⇒ ひとりごと ⇒ 内言 ⇒ 思考 ⇒ 意欲

図3-5　完全な指示の連続体

　1と10〜13は，ヴィゴツキーの連鎖にあった表現である。先頭にある表現は書きことばとなっているが，これは完全な指示連鎖の源泉とはならない。この連鎖が最も成熟し発達してからみられる形態にはいろいろあるのだ。続く2〜9にある表現は，外

言に関するワーチの研究を拡張した本分析から得られたものである。これらの要素から構成された連鎖は，内化のあらゆる局面を含む。省略が最も小さく，最も明示的な要素である書きことばから，間主観性が引き出される非発達的連鎖（2～4）へと進み，続く4～6のはしごかけ連鎖では，学習者の認知的負荷が大きくなっていくとともに，次の省略へ向けた下地ができる。6～8は内化連鎖であり，ここから内部的平面への扉が開き始める。ひとりごとは内面と外面の両方で機能する。しかし，残る3つの内言，思考，意欲という要素は完全に内面で機能するために，外言を通してうまくやりとりしてはじめて発生するものである。

付記
　本論の一部は，2000年に，明治学院大学で開かれた Mind and Activity ワークショップと，筑波大学大塚キャンパスで開かれたDEE（日本認知科学会：教育環境のデザイン分科会）においてすでに発表している。両会のメンバーに感謝いたします。また，明治学院大学の西阪仰先生と筑波大学の茂呂雄二先生から発表に関して有益なコメントをいただいたことに，深く感謝いたします。加えて，通訳として支えてくれたマリコ・バデューチと，実験室の録画を許諾して下さった富山県立大学の五十嵐康弘先生に，感謝いたします。
　当然ながら，本論のいかなる誤りもすべて筆者の責任である。

第4章

共変移

: 社会的組織化による知識とアイデンティティの
増殖としての一般化[*1]

　本章では，太古から存在する難問をまず取り上げることにしよう。人間の知的発達は，どのようにして時を超えた人格的，認識論的連続性の経験とともに生じるのか？これは有史の夜明け以来さまざまな領域で思案されてきた問題である。紀元前380年の『メノン』におけるプラトン（Platon）の哲学的対話も，概念の従属的発生（dependent origination）に関する紀元5世紀のディグナーガ（Dignaga）の仏教論説（Thurman, 1984）もこの難問に言及している。すなわち，知識とアイデンティティの起源，そして時間・できごと・世代を越えたそれらの一般化（generalization）を問題にしているのだ。発達心理学では，一般化は変化を伴う恒常性（constancy）と考えられてきた（Brim & Kagan, 1980）。教育心理学は一般化をさらに限定的にとらえており，それはワトソン（Watson, J. B.），ソーンダイク（Thorndike, E. L.），ジャド（Judd, C. H.）による転移（transfer）の概念によく表われている。

　転移とは，ある課題での学習がのちに新しい課題の学習に適用されることであり，ある場所から他の場所へ何かを移送するというメタファーを思い起こさせる。このメタファーは今日の教育心理学に影響を及ぼし続けている（Detterman & Sternberg, 1993; Mayer & Whittrock, 1996; Pressley, 1995; Bransford & Schwartz, 1999; Anderson, Reder, Simon, 1996, 1997）。このメタファーが歴史的に強固であるのは，それがいくぶん学校教育と結びついているためである。レイヴとウェンガー（Lave & Wenger, 1991）の『正統的周辺参加』の序文でハンクス（Hanks, L. M.）が指摘しているように，われわれの学校は，新しいできごとや活動や生徒の未来に対して知識や技術を移植できるという前提のもとでデザインされている。移植可能な認識論を研究するために適切なメタファーとして，転移は表面的な妥当性をもっている。このメタファーは，行動主義者や，教育心理学および多くのアメリカ教育における認知主義的伝統と，機能主義者の前提を共有している（Packer, 2001参照）。また，このメタ

ファーは，理論的構成概念や理論的メタファーとしての始まりから，それ独自の現象に具体化されてきた。こうして転移は，教育心理学が文脈を越えた個人の知識の一般化（恒常性と変化）を扱う際の原理であり続けている。いく重もの批判を受けながら転移の概念がもちこたえている理由もここにある。転移概念の明らかな欠陥を指摘するならば，

・転移は論理的に「（アイデンティティを変化させることのない）単なる学習」と同じであるか，もしくは学習の狭い孤立的な側面を指す。
・転移はそのエージェンシーを心的表象と外的環境に引き裂き，それらの関係を理解するための適当な方法をもたない。
・転移環境の形成は転移過程の実際的な一部とはみなされず，むしろそれとは区別されるものとして，転移過程を助けたり妨げたりするものとみなされる。

転移概念への最も強力な批判は常識に基づいている。それは，先に生じた課題やできごとから新しいそれらへの一般化は日常的にその時々で起こるはずではないかというものである。転移としての一般化を研究しても，それを見いだすのは難しく，意図的に促進するのはさらに難しい。

本章の目的は，筆者の論考（Beach, 1999）も含めてもうすでに多くある転移に対する批判（LCHC, 1986; Rogoff & Gardner, 1984; Pea, 1987; Lave, 1988; Guberman & Greenfield, 1991; Detterman, 1993; Gruber, Law, Mandl & Renkl, 1996; Greeno, 1997; Kirshner & Whitson, 1997; Cox, 1997; Lobato, 1996; Cobb & Bowers, 1999）を補足することではない。本章は，知識が社会的文脈を越えてどのように広がるのかを理解するために，現実味ある代替案を提案する。たしかに転移概念は多くの問題を抱えているが，一般化という現象の根底にある論点は，人々が行き来する学校，家庭，コミュニティ，職場の組織化にとって重要なのだ。

① 現象を拡大する：知識増殖としての一般化

文化-歴史的理論と活動理論は「一般化」の再概念化を可能にする。つまり，これらの理論のもとで，「一般化」は，学習者とその人を含む社会的組織化（social organizations）[*1]が相互構成的関係にあるような発達的概念として再概念化されるのだ。しかし，われわれはまず転移概念の制約から抜け出して，一般化の現象を拡大しなければならない。現象に境界を設ける過程は，それらを研究するための構成概念をつくりだす過程から完全に独立しているわけではないが，転移研究の歴史をみてもわ

かるように，現象と概念的道具の混同が分析力の喪失を招く危険性は高い。したがって本章ではまずはじめに，われわれが理解したいと思っている現象の特徴を記述することにしよう。これらの内容は，転移として研究されてきたことを含むだけでなく，それを越えている。そして次に，より広い現象の研究に活用できる概念として共変移（consequential transitions）*² を提案することにしたい。

　一般化，すなわちさまざまな形態の社会的組織化を越えた知識の連続性と変換（transformation）は，単一の一般的手続きというよりはむしろ複合的な相関過程である。転移を発達的－歴史的に分析したコックス（Cox, 1997）によれば，初期ゲシュタルト派でさえ転移の一般的手続きは存在しないと考えていた。第二に，知識の一般化は，時間とともに特定の社会的組織から距離を置くようになることはあっても，けっして社会的組織化から切り離されたり脱文脈化されたりはしない。弁証法的唯物論の立場からダヴィドフ（Davydov, 1990）は，概念の多様性の統合へと向かう一般化や，概念の多様性の内的関連を明らかにするような一般化を援助するのは，カリキュラムや教授の役割だと主張している。ものごとや現象のある１つの分類の中に普遍的性質を示すような抽象的で脱文脈化された表象は，現実の貧弱な記述（Falmagne, 1995），一般化の貧弱な記述である。

　第三に，一般化は個人と社会的組織の両方の変化を伴うため，一般化を理解するためには両者の互いに変化する関係が重要である。社会的組織化は一般化の単なる背景や補助ではない。第四の特徴は，歴史的に関係がある組織や活動を人々が移動する場合の一般化に関して，それを理解するための出発点をどこに置くかということに表われている。われわれの立場は，出発点に課題をもってくる転移研究，すなわち課題のレベルで理解されたことがのちに学校や仕事場のような大規模な社会的組織における知識の一般化に適用されるのだと想定する転移研究とは対照的である。われわれはこうした転移研究とは逆のことを主張する。一般化は何よりも，変化する個人と変化する社会的組織を関係づける一連の過程として理解されなければならない。そうしてはじめて，この大きな関係に埋め込まれた課題間の一般化も理解できるのだ。

　最後に，一般化は社会的組織間の結びつきから成り立っている。この結びつきは時に連続的で恒常的な性質をもつ場合がある。転移概念のもとでは一般化はそのように特徴づけられる。しかしこの結びつきは差異や矛盾といった性質をもつ場合もある。すべてのこうした社会的組織間の結びつきは，たとえそれが連続的な場合でさえ，知識の移送に比べて活動的である。それゆえ，転移概念のもとで狭くとらえられている現象とわれわれが関心をもつ現象を区別するために，一般化についてのこのような見方を増殖（propagation）とよぶことにしよう。

人と活動の出会い（interface）における知識増殖は，アーティファクトシステム，すなわち人間の意図をもってつくられた象徴的対象（Cole, 1996参照）なくしては起こらない。不適切な転移事例をパース記号論の立場から分析したウィトソン（Whitson, 1997）の研究，生徒の数学の熟達に関するウォルカーダイン（Walkerdine, 1988）の研究，レムケ（Lemke, 1997）の相互に結びついた生態社会システム（ecosocial systems），ノスとホイルス（Noss & Hoyles, 1996）の「銀行数学」研究を再分析したエヴァンズ（Evans, 1999）の研究，バーテンダーになっていく成人についての私の研究（Beach, 1993），小売店主になっていくネパールの学生についての研究（Beach, 1995a, 1995b）は，すべて社会的状況を越えた知識増殖ではシンボル，テクノロジー，テキスト，つまりアーティファクトシステムが中心であることを示している。

　アーティファクトシステムを伴う知識増殖は，人が新しい何者かになる経験をすることによって，変化する個人や社会的組織をともに織り込んでいく。これはデューイ（Dewey, 1916）の「生成（becoming）」の発達観に似ている。知識増殖の経験は，遊ぶ，勉強する，働く，育てる，愛するなどの，多様な社会的活動に参加する個人にとって重要であり，個人はこれを反省的に熟考し，真剣に取り組む。これらの経験は，生活が変容する限りにおいて，究極の目的（telos）や進歩に加えて，発達的な性質ももっている。サックス（Saxe, 1989, 1991）もこれについて言及している。

　算数を数年間学んだあとに代数学を学ぶ，旋盤工になる，共同体組織をつくる，第一子に歩き方を教える，小学校の学級が地方新聞に宛てて手紙を書く，教室プロジェクトでインターネットを介してNASAの科学者と共同研究する，生徒から教師へと移行する，家庭と学校の間でアジア系アメリカ人としてのアイデンティティを交渉するといった経験，これらはすべて，われわれが注目する「一般化」とよんでよいだろう。これらの経験はいずれも増殖——すなわち，新しい知識，アイデンティティ，知る方法，その世界での自分の新しい位置を構築すること——を伴っている。知識増殖は個人にとって必然的（consequential）であり，発達的な性質をもち，個人と社会的活動との変化する関係の中にある。知識増殖は明らかに一般化についての転移の考え方をかなり越えて拡張している。しかし，そこには転移概念が比喩的に課題間の知識の移送と適用だけに限定してしまった教育の領域も含まれる。

2　共変移の概念

　われわれが変移（transition）[3]という言葉で表現しようとするものは，個人と社会

的活動の関係の発達的変化である。こうした関係の変化は，個人の変化，活動の変化，あるいはその両方の変化によって起こる。変移は，社会的時空間を越えて知識がどのように一般化され増殖されるのかを理解するための概念である。変移が意識的に反省され取り組まれ，学習者個人の自分が何者であるのかという感覚（sense of self）や社会的立場を変えるとき，それは必然的で重大な共変移（consequential transition）である。このように共変移はアイデンティティと知識増殖を結びつける。教師になっていく大学生，経営方法が再組織化された仕事に適応しようとする労働者，生まれてはじめて数学に熱心に取り組んでいる中学生，ファーストフードレストランでアルバイトをする高校生といった例はすべて，個人にとっても特定の社会的組織にとっても必然的な共変移である。実践共同体とそれらの境界の交渉を描いたウェンガーの優れた著作（Wenger, 1998）は，同じような現象や関心に言及しているが，そこでは実践自体が考察や分析の単位になっている。

　われわれは共変移を4つの類型——側方変移（lateral transition），相互変移（collateral transition），包含変移（encompassing transition），媒介変移（mediational transition）——に区別する。側方変移と相互変移は，人々が既存の社会的活動間を移動する場合である。包含変移と媒介変移は，人々がある活動内に入っていく場合，あるいはある新しい活動を創造する場合である。こうした類型化は単純化されたものであり，実際は1つの類型から他の類型へと間をおかずに移行する。しかし類型化することによって，共変移の核心的特徴を共有しながら，個人と社会的活動の間の関係変化のさまざまな主要形態を表現することが可能になる。

- 変移は社会的時空間を越えた知識増殖を伴う。知識増殖は，アーティファクト（人工物）に具体化された社会的組織間の結びつき，連続性や不連続性や矛盾を含んだ社会的組織間の結びつきを通して行なわれる。知識は変移の途上で構成または再構成される。
- 共変移はアイデンティティの変化を伴う。すなわち，知識増殖とともに，自分が何者であるのかという感覚，社会的立場，新しい何者かになっていく感覚に変化が起こる。だから個人や組織（institution）は共変移をつよく意識し，時には，それらがなぜどのように起こるかについて，公然と議論されたアジェンダをもつこともある。したがって変移は，その個人にとっては進歩を含むものとなり，本来的に発達的なものとして理解される。
- 共変移は個人に起こる変化でも，社会的活動に起こる変化でもない。共変移はこの両者の関係の変化である。そこには，その再帰的関係が変わり得るような多様

な方法が常に存在する。

(1) 側方変移

側方変移（lateral transitions）[*4]は，1つの方向へ向いた歴史的に関係がある2つの活動間を個人が移動するときに起こる。たとえば，パイロットになる生徒のように学校から仕事場へ移動する場合，算数を何年か学んだあとで代数学Ⅰを履修する生徒のように，ある学科から他の学科へ移動する場合などである。側方変移では，ある活動への参加は他の活動への参加に先立ち，のちに他の活動への参加に取って代わられる。側方変移のもつこの一方向性は，典型的な転移とよく似ている。側方変移は，活動の特定のシークエンスに何らかの進歩観が埋め込まれており，活動間の個人の移動にも何らかの進歩観を伴う。側方変移ではしばしば，ある活動はそれ以前の活動よりも発達的に進んでおり，以前の活動は新しい活動のための準備であるとみなされる。たとえば，高校生は自分のことをたまたま小売商売について学んでいる学生だとは思っておらず，見習い期間を経て小売店主になっていく者だと思っている（Beach, 1995b）。側方変移と結びついた一方向的な進歩観は，小売店主になる過程で起こる生徒の計算法の変換を説明するために欠かせない。

レイヴとウェンガー（1991）の断酒会の研究では，直線的で不可逆的な側方変移と非直線的で交渉的な相互変移が区別されている。断酒会メンバーからみれば，アルコール依存症者になることには，知識とアイデンティティの大規模で不可逆的な変化が伴う。しかし脱アルコール依存症者になるということは，たとえそれが進歩であったとしても，非飲酒者のコミュニティと飲酒者のコミュニティに行きつ戻りつ並行的に参加することなのである。次にわれわれは，はるかに複雑な後者の変移形態について検討することにしよう。

(2) 相互変移

相互変移（collateral transitions）[*5]とは，歴史的に関係がある2つ以上の活動に個人が比較的同時に参加する場合である。相互性（collaterality）の概念は，家庭と学校を移動する子どもたちのホームワークを調査したレイニック（Reineke, 1995）により初めて提唱された。相互変移の例には，学校と家庭の日常的な移動，放課後のアルバイト参加，学校での人文科学授業と自然科学授業の移動があげられる。生活の中では側方変移よりも相互変移の方が頻繁に起こっている。しかし相互変移は多方向的な性質をもっているがゆえになかなか理解しづらい。活動間を行きつ戻りつする移動は，移動そのものと結びついた明白な発達的進歩観をもち得るのだろうか。次に述べ

る例からもわかるように，相互変移で起こる発達は，社会の進歩観と同じように進むこともあれば，それとは反対に進むこともある。

小売店主になっていくネパールの学生を研究したときに，われわれは成人教室に参加している小売店主の調査も行なった（Beach, 1995a, 1995b）。小売店主の学齢期には村に学校がなかったので，彼らにとってはこの夜間成人教室が学校教育への初めての参加であった。彼らは学校と仕事場に並行的に参加したが，自分たちを生徒になっていく者だとは考えなかった。彼らは，小売店主である自分に役立つ読み書き算数能力を獲得するために国語や算数の授業に参加したのだ。彼らはよい小売店主になったが，よい生徒になっていったわけではなかった。これは，学校への参加がそのまま発達的進歩の形態をなすネパール社会の観念とは異なっている。

ファーストフードレストランでアルバイト業を学んでいる高校生についての研究（Beach&Vyas, 1998）でも，相互変移はアメリカの既存の発達的進歩観とは異なっていた。生徒は学校で知った数学，科学，国語以上のことは何も学ばなかったし，ファーストフード会社は，生徒がサンドイッチづくりで獲得した技術は認知的にも低レベルにあり，その社会的地位も低いとみなしていた。学校と仕事場の相互変移が既存の発達的進歩観と合致しないのは驚くことではない。しかしわれわれの研究は，高校生がこの相互変移の中で発達することを示した。生徒は，学校教育とは違って，学習のための支援的アジェンダがない生産活動の中で，もがきながら学習能力を発達させるのである。

相互変移の最後の例はバワース（Bowers, 1996）の研究にみられる。バワースは9週間の教授実験を行ない，小学3年生が加減算過程の記号化の新しい方法を構築する様子を調べた（Cobb & Bowers, 1999も参照）。生徒たちは，正担任が紙・鉛筆を使った標準的な加減算のアルゴリズムを教える算数授業にも参加した。バワースによれば，2/3の生徒は計算過程の記号化の新しい方法を活用して，正規の算数授業のコラムアルゴリズムの数的意味を発達させた。しかし残りの生徒は，算数授業での標準的な計算アルゴリズムの道具的使用と実験授業で構築された加減算の記号化手段を単に切り替えただけだった。このように相互変移はある人にとっては知識の変換であったが，他の人にとっては数学的な符号交換にすぎなかった。相互変移の例は，共同体の知識と知恵を教室のリテラシー実践に引き入れる教師と生徒についての研究（Moll, 1992），子ども／生徒といっしょに数学の宿題を共同構築する親や教師についての研究（Reineke, 1995），社会的階級や家庭での親の介入と小学生の学校参加との関係についての研究（Lareau, 1989）にもみられる。

相互変移は他のどの類型よりも，既存社会の発達的進歩観に疑問を投げかける。こ

れらの発達的進歩観はたいてい，ある特定の社会的活動の始まりを起点としたヒエラルキーの中で，どの程度高い位置にあるとみなされるかに比例して，知識を価値づける。相互変移は，発達的進歩がこうした垂直的座標にかたよっていることを問題視する。

(3) 包含変移

　包含変移（encompassing transitions）は，それ自体が変化していく1つの社会的活動の境界内で起こる。広い意味ではすべての社会的活動は変化する。たとえ儀式，ルーティン，リバイバル，ルールによって活動の恒常性を維持するための共同的努力がなされたとしても，社会的活動は変化していく。包含変移の第一の形態は，レイヴとウェンガーによる正統的周辺参加の概念でとらえられている。活動は，その活動の十全な参加者になっていく変化する個人に比べて安定している。「つまり，学習者は否応なく実践者の共同体に参加するのであり，また，知識や技能の修得には，新参者が共同体の社会文化的実践の十全的参加（full participation）へと移行していくことが必要だということである」(Lave & Wenger, 1991, p.29／佐伯訳, 1993, p.1)。包含変移の第二の形態は，活動がその参加者の生活に比べて急速に変化する場合に起こる。たとえば，新しい教育改革に適応していく教師や，新しく導入されたCNC旋盤の操作を学ぶ伝統的旋盤工はこの変移形態を経験する。

　側方変移と同じく，包含変移には明白な進歩観がある。しかし包含変移の場合は，それは活動間を移動する個人の方向というよりはむしろ変化する活動の方向と結びついている。側方変移や相互変移と違って，包含変移は，たとえ活動の境界が個人と比較して異なる速度で異なる結果を伴って変化するとしても，その変化する境界をもった1つの活動内で起こる。だが，この境界の意味は絶対的なものでも隠れたものでもないことに注意しなくてはならない。むしろ活動の境界は発達的に越えられ得るものであり (Engeström, Engeström, & Kärkkäinen, 1995; Gutierrez, Rymes & Larson, 1995)，境界物（boundary objects）の使用によって多様な活動に適合される十分な融通性をもち得る (Star, 1989, 1996)。

　包含変移に参加する個人はしばしば，活動境界内に参加し続けるために現存の状況あるいは変化する状況に適応していく過程を経験する。包含変移は，専門家的役割や教授的役割に世代間の反転を引き起こす。参加者の新しい世代が古い世代の知識獲得を助け，古い世代よりも専門家であるようにみなされる。急速な社会変化に直面したときに起こるこのような世代反転を最初に記述したのは，マーガレット・ミード (Mead, M.) の古典的エスノグラフィ『サモアの思春期』である。今日のわれわれは，コンピュータソフトウェアの学習で生徒や子どもに助けを求めるときに役割の世

代間反転を経験する。

われわれは旋盤のコンピュータ化に伴って変化する旋盤加工活動を研究したが，これは包含変移のよい例である（Hungwe & Beach, 1995; Hungwe, 1999）。伝統的な旋盤加工とは，旋盤工が旋盤を使って，リンケージやダイアルやレバーやゲージで制御された金属を切削し研磨することであった。だが最近になって，アメリカ工業にコンピュータ計算制御（CNC）旋盤が導入され，旋盤工と部品製造の関係を媒介するシンボルベースのコンピュータプログラムがもたらされた。伝統的旋盤工は，従来の旋盤加工の知識をプログラムコードの組織的構造や表象へと変換し，プログラムを通して旋盤を制御するという非同時的行為に適応することによってCNC旋盤加工を学習する。それとは対照的に，次世代の旋盤工はCNC旋盤の学習に先だってカム旋盤加工（機械操作による旋盤加工）を経験していない。したがって，新世代の旋盤工と旧世代の旋盤工とでは，旋盤工になっていくことの本質，旋盤加工コミュニティ内の地位，職人としてのアイデンティティが異なるのだ。

旋盤加工活動の技術変換において異なった時期に旋盤工になることは，包含変移に特徴的な，変化していく人と変化していく活動との異時混淆的な関係の一例である。異時混淆性（heterochronicity）は，放課後のコンピュータクラブの発生（Nicolopoulou & Cole, 1994）や学校をもとにした裁判所の発達（Wilcox & Beach, 1996）の重要な特徴として研究されてきた。

(4) 媒介変移

媒介変移（mediational transitions）は，まだ十分に経験されていない活動への参加を見積もり模擬するような教育的活動内で起こる。この変移形態は特に職業教育や成人教育でよくみられる（Beach, 1993）が，学校のお店やさんごっこ（Walkerdine, 1988），書きことばの教授（Palincsar & Brown, 1984），面積概念の学習（Sayeki, Ueno & Nagasaka, 1991），共同体や仕事場の徒弟制（Lave & Wenger, 1991）などのさまざまな活動にも見受けられる。媒介変移は，学校を越えた世界と「あたかも」の模擬的関係をもつ，教室に基礎を置いた活動から，活動自体への部分的周辺的参加にいたる連続線上に存在する。しかし，その連続上のどこにあっても，媒介変移は常に，「第三の対象（third object）」，すなわち参加者が現在いる地点と発達的に向かっていく地点を媒介する地位を維持している。これはヴィゴツキー（Vygotsky, 1978）の最近接発達領域の概念とほぼ同じである。このように媒介変移は，参加している個人に特有の発達的進歩観を常に具体化するのだ。

バーテンダー養成所に参加した成人がどのようにバーテンダーになっていくかを調

べた筆者の初期の研究は，媒介変移の一例である（Beach, 1993）。そのバーテンダー教室は，生徒たちが現在いる地点――役者志望の知識人，レストランマネージャー，大学院生――と，彼らが向かっていく地点――バーテンダーやバーテンダー監督者として働くこと――の中間地点に位置していた。生徒たちは最初は書かれたメモを用いてレシピを記憶していたが，正確さに加えてスピードも求められるようになると，それまでの方略をやめて，ドリンク混合そのものに関連した記憶補助道具を用いて対処した。職業学校の活動は2つの異なった活動システム間の橋渡しとして存在し，それに参加する学生に対して発達のアジェンダを具体化した。

これら4つの変移形態――側方変移，相互変移，包含変移，媒介変移――はまったく別々のものにみえるかもしれないが，ひとまとまりのものとして扱える共通特徴をもっている。すなわち，どの変移形態もどこか別の場所で獲得されたものを適用し使用するというのではなく，知識増殖を伴いアイデンティティを巻き込む。また，どの変移形態にも学習者にとって1つ以上の進歩観が含まれており，どれもが発達過程として申し分ないものとして理解され得る。そして，どの変移形態も，サイン，シンボル，テキスト，テクノロジーなどのアーティファクトシステムに体現された社会的活動と人との変化する関係から成り立つ。このことは人と活動の再帰的関係を認めるだけでなく，その再帰的関係こそを明確な研究対象とする。

③ 共変移を研究する

共変移の研究には新しい方法論（methodology）が必要である。ここでいう方法論とは，われわれがすでに多くもっているような分析の実践的方法や道具のことではない。筆者は方法論に関するヴァルシナー（Valsiner, 1989; Kindermann & Valsiner, 1989）の広大な概念に依拠して，この言葉を次のような意味で使っている。すなわち方法論とは，データを組み立て，デザイン／メソッドについて検討し，共変移の構成概念と知識増殖（われわれが関心をもっている一般化現象）を関係づける適切な問いを生むような新しい方法のことである。筆者は共変移研究の方法論がもつ4つの重要な側面を取り上げる。そしてわれわれの研究から得られた知見を引用しながら，そのような方法論がわれわれに「もたらす」ものについて説明していく。

(1) 分析単位としての発達的カップリング

カップリングの概念はヴァレラ，トンプソン，ロッシュ（Varela, Thompson & Rosch, 1991）の研究とその著作『身体化された心（The embodied mind）』（1991;

Maturana, 1975; Varela, 1981 も参照）に由来する。彼らは種の特性や環境の特性，あるいは分離可能なシステム間の相互作用としてではなく，種と環境の変化していく関係，2 つのシステムの継時的な構造的カップリングとして共進化を説明するために，ポストダーウィニズムの進化生物学とコネクショニズムを援用している。われわれは発達的カップリングの概念をこれと同じように考えている。

　発達的カップリングは，変化していく個人と変化していく社会的活動の両面を含んでいる。個人や活動ではなくカップリングそれ自体が，研究の根本的単位であり関心なのだ。カップリングは，不変の文脈に個人が閉じこめられているとは考えず，時空間や変化する社会的活動間を個人が移動していると想定する。もし文脈が不変にみえるとすれば，それは文脈を一定に保とうとする共同的努力がなされているからであるし，もし個人が不変にみえるとすれば，それも恒常性を保とうとする努力が常になされているからである。カップリング自体が変換するし発達するのだ。カップリングの方向性と因果関係は，動因的（efficient）あるいは前件的／後件的（antecedent/consequent）ではなく，本質的に相関的あるいは関係的である。そして発達的カップリングは必然的にアーティファクトを伴う。アーティファクトとは，人の意図やエージェンシーが何らかの形に具体化されたもの，特定の時代の特定の社会的組織化に参加している特定の個人を越えたもの，のことである。

　面積の数学的概念は，分析単位としての発達的カップリングの説明に適している。面積には長さと幅という性質があり，両方の性質がなければ面積は存在しない。長さあるいは幅を変えると面積が変わるが，長さと幅の両方の変化が必ずしも面積の変化をもたらすわけではない。長さも幅も除外した数学上の点が研究可能であるように，理論的には長さと幅を個々別々に研究できる。しかし面積については，継時的に変化する長さと幅の関係から知るしかない。これと同じように知識増殖は，変化する人と変化する社会的活動の発達的カップリングとしてのみ理解されるのだ。

　分析単位としての発達的カップリングの第一の例は，ネパールの田舎の学校と仕事場の間の移動に伴う計算法の研究である（Beach, 1995a, 1995b）。ここには側方変移と相互変移の例が両方含まれている。第二の例は，巨大アメリカ自動車産業内で機械操作テクノロジーからコンピュータ化テクノロジーへの包含変移を成している旋盤工についての研究である（Hungwe & Beach, 1995; Hungwe, 1999）。

　研究の最初の目的は，ネパールのある村の学校と仕事場の間の移動において若者と大人の計算法がどのように変化するかを理解することであった。その当時，ネパールの田舎では，学校と仕事場の関係に 2 つの大きな社会的変化が進行していた。まず 1 つ目の変化は，地元の小売店主になる高卒者や高校中退者の増加である。農業以外の

仕事の獲得に対する高校教育の効力が薄れてくるにつれて，家族的自給自足農業を続けたくない人たちにとっては小売商売が選択肢の1つになった。もう1つの変化は，成人教室に参加する小売店主の増加である。彼らは自分の学齢期にはまだ学校教育が合法化されていなかったため，それまで学校に行ったことがなかった。小売店主たちは，成人教室では小売店の利益になるような読み書き算の方法が得られると考えた。こうした社会的レベルの変化は，地元の小売店主に高卒者を弟子入りさせたり，成人教室に小売店主を入学させたりすることによって，局所的（local）レベルで自発的に現われた。われわれは，生徒が小売商売に参加した数か月間，および小売店主が学校教育に参加した数か月間にわたって彼らの計算法の変化をたどった。

　生徒は小売商売への側方変移の中で新しい計算法を構築した。彼らはコラムアルゴリズムから金銭構造や計量構造を含む分解反復方略へと移行し，その方略を補助するような新しい表記システムをつくりだした。こうした計算法の変換は，学校教育活動あるいは小売商売活動に起源をもつのではなく，2つの活動間の変移過程で生じたのだ。そして，この変移および生徒の計算法には権力や地位が作用していた。村に学校教育が導入される以前には，学校外で考案された計算が「数学的計算（hisaab）」の地位にあったが，学校教育の導入に伴って，コラムアルゴリズムや筆算がしだいに「数学的計算」になっていき，他の計算形態は「概算（andaji）」へと格下げされていった。生徒たちは学校で「数学的計算」を10年間学んできたので，なかなか筆算から離れたがらなかった。それと同時に彼らは，自分自身を新しい何者か，つまり小売店主になっていく者だと思っており，多様な計量システムが絡める価格変更や顧客買入総計にとってはコラムアルゴリズムが非効率的であることを知った。そうして，研究に参加した生徒の半数以上が実際に小売店主になっていった。

　成人教室に参加している小売店主の変移は相互的であった。小売店主は商品の複雑さと品質を高めたいがために成人教室に参加した。彼らは自分がもっている計算方略レパートリーを筆記コラムアルゴリズムで補うために成人教室を利用したのだ。小売店主は生徒になっていく直線軌道上にいたのではなく，小売店主として経済的利益を高めていた。彼らの計算法がその明らかな証拠である。彼らは教室の授業が終わると計算操作記号を急速に忘れてしまって使用しない。なぜなら，活動内実践ではコラムアルゴリズムに操作記号が必要ないからだ。

　少なくとも計算法の事例において，側方変移と相互変移，そして個人と活動の間で発達したその特定のカップリングは多様であった。側方変移も相互変移も学校と仕事場の間の移動であることに変わりはなく，小売店主と生徒のいずれもが，書記化された，あるいは書記化されない，多様な方略やアーティファクトを活用できるようにな

ったにもかかわらず，それらは異なっていたのである。したがって，活動の性質からも参加者の個々の背景からも，これらの共変移を説明することはできない。また人と活動の相互作用も共変移の十分な説明にはならない。なぜなら，人と活動は常に生活において共起するにもかかわらず，相互作用という考え方はこの二者を分析的に分離してしまうからである。それによって，人と社会の再帰的関係がそのまま放置される「ブラックボックス」がつくりだされてしまう。

発達的カップリングの概念は人と活動の変化する局所的関係（local relations）を理解するには有効であるが，それだけでは共変移の部分的な説明にとどまっている。よりマクロなレベルの説明をするためには，さらに2つの方法論上の概念，すなわち主導的活動（leading activities）と異時混淆性（heterochronicity）が必要である。これらの概念については，包含変移における発達的カップリングを説明したあとに詳述したい。

第二の例は，アメリカの産業におけるカム旋盤加工からCNC旋盤加工への包含変移の途上にある旋盤工に関する研究である。これは約10年前にローラ・マーティンやシルヴィア・スクリブナー（Martin & Scribner; 1992; Martin & Beach, 1992）と共同で始めた研究を再考したものである。

過去30年間にわたって，アメリカの旋盤加工は外国からの経済的圧力を受けて激しく変化してきた。その大きな変化の1つは，金属やセラミックやプラスチックを切断するための方法が，カム旋盤による部品づくりからCNC旋盤やプログラムの使用へと移行したことであった。数年から数十年もの間カム旋盤を経験してきた旋盤工は，自分たちの参加する活動そのものが変化しているために変移の中にいると感じる。われわれは，これらの旋盤工におけるカム旋盤加工からCNC旋盤加工への変移過程を研究した。

ケドモン・ハンウィ（Hungwe, 1999）の学位論文は，アーティファクト，対象，旋盤工の役割といった3つの構成要素からなる発達的カップリングを記述している。3つの構成要素のうちのいずれか1つあるいは2つにおける変化が，変換すなわち旋盤工と旋盤加工活動の新しい関係の創造をもたらす。私は，各構成要素は一定ではなく，カム旋盤加工からCNC旋盤加工への包含変移の途上で変化すると考えている。

変移の過程でのアーティファクトの創造や使用は一次的なものから二次的なものへと移行する。一次的アーティファクトは旋盤の切断操作や製造部品と直接の物質的関係をもつ。金属を切断する道具の音や見かけや匂いはもちろん，レバーやダイアルや計器も一次的アーティファクトである。これらは旋盤操作にリアルタイムで配置される。だが表記プログラムコードの形をとる二次的アーティファクトへの移行によっ

て，それまで旋盤を制御していたアーティファクトシステムは，もはや旋盤の構造や切断過程の組織化を直接には行なわない。アーティファクト（人間の意図を具体化した社会的対象）の詳細な注釈は，三次的アーティファクトのみならず，一次的，二次的アーティファクトについても，ワートフスキー（Wartofsky, 1979）を参照するとよいだろう。プログラミングは旋盤と同時に作動するのではなく，旋盤操作に先だって，しかも工場から離れたオフィスで行なわれる。CNC旋盤加工を学習する伝統的旋盤工は，2つのアーティファクトシステムの組織化における見かけは似ているが実際には同じではない相違点に直面して苦労した。

　第二の構成要素である「対象（object）」は，旋盤工が生産する実際の部品から，数千の部品を生産できるコンピュータプログラムへと移行する。カム旋盤では一部分が変化するごとに長々しいセットアップが必要であったが，プログラムの場合はほんのわずかな調整だけで，古い部品を修正した新しい部品を旋盤に生産させることができる。このように長期的にみれば，会社にとっては部品よりもむしろ旋盤を制御しているプログラムの方が価値が高い。プログラミングを行なう旋盤工は，その対象となるプログラムの精確さと能率性に関心がある。CNC旋盤加工を学習してきた若い旋盤工にとってそれはきわめて自然なことだが，CNC旋盤加工を学習する以前に20年間もカム旋盤加工を経験してきた熟練旋盤工にとってはこうした対象の移行は困難である。

　第三の構成要素である旋盤工の役割は，旋盤工のもっている熟練工としてのアイデンティティに直接結びついている。CNC旋盤加工を取り入れるための活動の拡張により，旋盤工の仕事はオペレーターとプログラマーに分割された。オペレーターの仕事は旋盤をセットアップし，運転中にモニターすることである。プログラマーは旋盤加工過程の制御を引き受ける。オペレーターもプログラマーも部品製造に全責任を負うわけではなく，職人としてのアイデンティティの喪失も経験しない。この変移は，さらに熟練した一部の旋盤工たちにとってはたいへん重大なことであり，その結果，彼らは賃金は別として地位の低下につながったとしても，CNC旋盤加工を離れて工場でのカム旋盤加工に戻った。それとは対照的に，CNC旋盤に慣れている若い旋盤工たちは，CNC旋盤加工は会社内外での自分の地位や市場的価値を高める手段であると考えた。

　カム旋盤加工からCNC旋盤加工への共変移は包含的であった。旋盤工と旋盤加工活動の関係の発達的変化は，変化していく活動の境界内で起こった。そこには，知識とアイデンティティが完全に断絶した例はなく，またそれらが完全に連続した例もなかった。われわれが変移に見いだしたのは，アーティファクトと対象と役割の関係に

おける変換，つまり知識に加えてアイデンティティや経済的側面も織り込んだ発達的カップリングであった。

(2) 主導的活動と異時混淆性

人と活動の局所的な発達的カップリングのレベルだけでは共変移を十分に理解できない。活動は個人とだけではなく，もっと広い制度的，社会的，文化的諸力（forces）とも関係している。活動は，

> …物質的で身体的な主体の生活の全体的な単位であり，加算的な単位ではない。より狭い意味では，活動は心理的反映（mental reflection）に媒介された生活の単位である。この単位の現実的機能は主体を対象世界に向かわせることである。すなわち活動は反応（reaction）でもなければ反応の総体でもなく，それ自体の構造，それ自体の内的変換，それ自体の発達をもったシステムである。（Leont'ev, 1981, p.46）

旋盤加工をする，バーテンダーをする，学校教育を受けるといった活動は，それ自体が発達的である。しかし，これらの活動に参加している個人にとって，さまざまな活動タイプ間の関係は，中立的でもなければ単に加算的なものでもない。レオンチェフ（Leont'ev, A.N.）によれば人間の生活は，

> …個々別々の活動から機械的に築かれるのではない。ある特定の時期に主導的で，個人の後の発達に大きな意義をもつような活動もあれば，それほど重要ではない活動もある。発達に主要な役割をはたす活動もあれば，補助的な役割を担う活動もある。（Leont'ev, 1981, p.95）

たとえば，遊ぶ，学校教育を受ける，働く，引退するというのは，ヨーロッパや北米社会に特徴的な主導的活動カテゴリーのシーケンスである。それぞれの主導的活動は次の活動の準備となる。自給自足の農業社会における主導的活動のシーケンスでは，遊びの次には家族や共同体と深く結びついた仕事があるだけかもしれない。だが，このことは，個人の発達に順に影響を与える活動カテゴリーの発達的シーケンスを決めるのは所与の社会であるというふうに解釈されるべきではない。ある活動が他の活動に比べて個人にいちじるしい影響を与え「主導的」であるかどうかは，その社会に特徴的な活動カテゴリーのシーケンスと，その活動に参加する個人史の時期によって共決定されるのだ（Beach, 1995a）。人，活動，社会の変化は互いに関して異時混淆的である。つまり，個人の変化速度は活動の変化速度より遅く，活動の変化速度は社会の変化速度より遅い。上述のように，共変移の最もわかりやすい事例は，個人

が活動に参加している期間内に活動と社会が変化する例である。異時混淆性（heterochrony）（分散されたテクノロジーシステム内の概念の詳細については，Hutchins, 1995 参照），すなわち人と活動とよりマクロな社会的過程の関係のタイミングが，しばしば共変移や発達的カップリングの性質を決定する。

さて再びネパールの研究を概観しながら，共変移の理解にとって主導的活動と異時混淆性の概念が有効であることを示そう。研究が実施された時期の村には，学校と仕事場間の変移に対して根本的に異なる関係をもつ2つの世代が生活していた。新しい世代は小売店主への弟子入り以前に長期間の学校生活を送り，小売商売の経験はしてこなかった。古い世代は学齢期に学校に通う機会のないまま，成人教室に参加する以前に小売店主として少なくとも4年間は働いてきた。この2つの世代を比べると，学校教育を受けることと小売店を経営することの時間的関係，およびネパール社会の大きな変化との時間的関係が異なっている。村人の生活と活動と社会の異時混淆性は，学校教育と小売商売との変移で実際に起こっていることを理解するためにきわめて重要である。

小売店主に弟子入りした生徒たちは，ネパール社会に入っていく世代に特徴的な〈学校-仕事〉のシーケンスに従って，ある主導的活動から別の主導的活動へと側方変移をしていた。しかし，少なくともネパールの農村では，この2つの活動の動機は互いにほとんど関連しない。学校では卒業証書取得が動機となり，活動対象は勉学の向上であるが，仕事では小売店主になることが動機となり，活動対象は商品の売り上げの向上である。このように関連しない複数の動機によって，学校教育とそれに結びついた学校的計算法は，村の仕事活動に埋め込まれた計算法とは切り離された上位の地位を獲得する。生徒たちが小売店主になることを学びながらも，学校で習った計算手続の表記方法をなかなか省略したがらない理由の1つはそこにある。

他方，成人教室に入学した小売店主は，ネパール社会の2～3世代前に特徴的な〈仕事-学校〉のシーケンスに従った，主導的活動と非主導的活動との相互変移に参加していた。小売店主が成人教室に参加する動機は，さらに店の経営や拡張に役立つ知識を獲得することであった。こうした動機は，小売店主になっていく生徒とは対照的に，小売店主が成人教室で計算のアーティファクトや組織化や操作の柔軟なレパートリーを発達させたことにあらわれている。

学校と仕事は明らかにネパールの田舎では主導的活動のカテゴリーである。しかし，ある活動が活動の社会的シーケンスとして主導的かどうかは，その活動への参加がなされた時点の個人発達の時期や世代発達の時期と大いに関係している。このように活動は，個人と活動の局所的なカップリングと大規模な社会的変化を媒介する。同

じような異時混淆的な関係が旋盤加工に関する研究でもみられる。CNC旋盤加工が活動に導入される以前にカム旋盤加工に携わっていた人と，アメリカ産業内にCNC旋盤加工が浸透したあとに旋盤工になった人では，CNC旋盤の学習における発達的カップリングが異なっていた。

(3) 水平的発達観

　もしわれわれが共変移を発達的現象だと考えようとするならば，共変移において何が究極の目的や進歩を構成するのかを説明しなければならない。現実の世界から抽象性の高いレベルへと垂直的ヒエラルキーを移動することを進歩だとみなすのが，人間発達についての主流な考え方である。この進歩観をもつ最たるものは発生的認識論であるが，エンゲストローム（Engeström, 1996）やファン・オアース（van Oers, 1998）も指摘しているように，ヴィゴツキーの文化歴史的理論もこういう進歩観をもっているという点では例外ではない。進歩観は研究や批評にとって重要である。進歩観はしばしば実践的行為の焦点になるので，どの発達理論でも真剣に取り上げられるべきである。しかし，これは，ある特定の進歩観を促進する理論とは異なる。単一の発達的進歩観しかもたない理論は，分析の道具であることからかけ離れて，行為規範や進歩尺度や改革要請になってしまう危険性がある。特に教育の領域ではそうである。社会が制度や活動によって個人の進歩のアジェンダを示すのだとすれば，その進歩観を学習や発達の理論に埋め込むことは，理論と現象との分析的緊張力，ひいてはあらゆる分析力の低下を引き起こすだろう。最悪の場合には，その社会で支配権をもつ人たちから受け継がれた発達的進歩のものさしとなって，他の人たちを沈黙させ抑圧し非難することになるかもしれない。したがって共変移の概念は，1つの発達的進歩観をアプリオリに特権化することなく複数の発達的進歩観を含まなければならない。

　ファーストフードレストランのアルバイト店員になっていく高校生の研究（Beach & Vyas, 1998）には，共変移において何が発達的進歩を構成するのかについての対照的な考え方が示されている。この事例は長期的に結びついた2つの活動間（高校とファーストフードレストラン）の相互変移である。ファーストフードレストラン産業はアメリカ合衆国の高校生たちの主要な雇用主だが，逆説的なことに，ファーストフードレストランの店員になるということはアメリカ社会の個人的進歩についての実際の考え方とは相反している。ファーストフードレストランはアメリカ合衆国の高校生にとって唯一最大の雇用主であり，多くの生徒たちに家庭外で最初の仕事経験を与えている。こうして，学習を活動対象とする学校に参加している生徒たちは，生産を活動

対象とするファーストフードレストランで，仕事活動の中にある学習要求に出会う。

　アメリカ合衆国は近年，〈学校－仕事〉の移行の問題に対して関心を高めてきている。1988年にW.T.財団（W. T. Grant Foundation, 1988）によって刊行された『忘れられた半数の人々：アメリカにおける大学に行かない若者たち』は，アメリカの若者の50％以上が4年制大学に行かないという事実を指摘している。このレポートは，アメリカの若者の過半数がわれわれの社会に支配的な知的経済的進歩のモデルと合致していないことに言及し，人格的経済的成功へのもう1つの道，すなわち4年制大学の学位取得を含まない道を促進賛助し，定式化するための一連の〈学校－仕事〉プログラムに，豊富な資金を提供して着手した。

　ファーストフードの仕事は，〈学校－仕事〉の移動の中でも望ましくない例，つまり知識も技術も賃金も低い雇用だとみなされている。アメリカ合衆国労働省（U.S. Dept. of Labor, 1991, p. 22）が1991年に発行した報告書『仕事が学校に求めるもの』は，アメリカ社会の経済の未来は「高い技術，高いテクノロジー，高い賃金，知識主導の」仕事にあると述べている。このレトリックはアメリカの産業政策担当者や教育政策担当者によって広く用いられてきている。これは知識や技術のヒエラルキーを上昇することが個人の進歩だとするメタファーに埋め込まれている。報告書の最終章では，大学への進学や将来の職種にかかわらず，すべての生徒が学校で獲得すべき，仕事に関係した一般的な技術と能力が描かれている。そこには，個人の認識は抽象度や脱文脈化度の高いレベルへと進歩するのだという前提がある。

　アメリカ社会や上述の主要な発達理論に支配的な進歩観は，知識と技術のヒエラルキーを上へ向かい，人間の活動の具体性からかけ離れている。われわれはこのような単一の発達的進歩観は有益ではないと考えている。われわれの研究で観察した生徒たちは，この支配的な進歩観をまとった学校教育とその反対に位置するファーストフードレストランとの間で相互変移した。これによって，個人と活動のカップリングや，活動と社会の関係には，支配的な進歩観とは反対にある発達的なものとして検討する機会が提供される。

　会社が計画したファーストフードの店員の訓練は，持場ごとのビデオテープと，各ビデオの視聴後に実施される筆記習熟テストから構成されている。ある持場のテストに合格したならば，次は実際の持場で経験豊かなクルーメンバーとの訓練が行なわれる。会社のもっている知識観や技術観は，アメリカの職業の知的ヒエラルキーにおけるファーストフード産業の位置と合致している。つまりそれは底辺に近い場所である。訓練ビデオは持場の仕事を一連の行動要素に分解し，その流れを3回くり返して見せる。会社の知識観によれば，ファーストフード業務の知識は，数学や科学や国語

といった特定教科の理解を進めるわけではないという理由で，学校で獲得される知識とは発達的に区別される。このように会社の知識観は職業についての社会的ヒエラルキーと合致し，学校教育との間に発達的境界を設けている。しかし，われわれは店員になっていくことと学校への参加が無関係だとは思わない。実際に学校での学習活動の構造は，ファーストフード業務のような生産活動で学ばれるべきこととすべて関係しているのだ。

　会社の訓練カリキュラムは，ファーストフードの店員になる途上で実際に起こっていることとはほとんど関連していない。従業員の雇用回転率が高いので，たいていの新人従業員は即席の欠員補充として雇われ，訓練ビデオを見ることはなかった。なかには訓練用の導入期間があった人もいたが，ほとんどの人は店員の共同生産を維持するために最初から持場の仕事を任された。活動は時間に追われており，店員は仕事を迅速に正確に遂行するよう圧力をかけられる。ある製品の不足により店員の他のメンバーの生産が遅れている場合には，正確さより早さの方が重視されることもある。こうして生徒たちは，学校教育への参加とは異なる，生産を維持しつつ学び方を学ばなければならない立場に置かれる。生徒たちは生産を維持しつつ学ぶための新しい手段を発達させ，訓練担当者かどうかにかかわらず経験豊かな店員がそれを助けた。生徒たちは，生産活動の中で学ぶことを学ぶのを簡単に達成したわけではなく，生産の最中に学ぶ機会をつくり出すことに苦労して取り組んだ。

　学校とファーストフード労働の相互変移を発達や進歩とは無関係だとみなすのには，さまざまな理由がある。たしかに，垂直的発達観からすればそれは真実である。学校の教科について新しく学ばれることもなければ，数学や科学や国語の知識を仕事に使う機会もあまりない。会社の考え方はこれと同じである。すなわち，ハンバーガーにのせるピクルスやマスタードの量を知っていても，それは発達的進歩のヒエラルキーの底辺に位置する狭い宣言的知識にすぎない。レストランで得た知識は，より社会的価値のある活動へと一般化する抽象的かつ概念的なものだとはみなされない。

　われわれはこれに替わる水平的な発達的進歩観を提案する。水平的な発達的進歩観を最初に提唱したのはエンゲストローム（1996）であるが，われわれの定義する水平的発達は，共変移，発達的カップリング，主導的活動，異時混淆性の概念と密接に結びついている。変移のいくつかの地点では参加者によって連続性や不連続性が経験されるが，水平的発達は個人と社会的活動の新しい関係の変換や創造から成り立つのであって，連続性や不連続性から成り立つのではない。このように水平的発達はけっして社会的活動から切り離されない。社会的活動から切り離されたり，脱文脈化されたり，垂直的発達が現われるのは，水平的発達の1つの特別なケースなのである。こう

したケースでは，新しいレベルの象徴的媒介物が加わっても指示対象は変化しないと想定されているため，そこに含まれる新しいレベルの象徴的媒介物は発達に見せかけの一般性を与える。しかし旋盤工に関するわれわれの研究からもわかるように，新しいレベルの象徴化が加わると指示対象は移行する。つまり部品に替わってプログラムが，旋盤工プログラマーの行為にとっての指示対象になる。

垂直的にみえる水平的発達は，たいてい人間の進歩についての社会の支配的な考え方と結びついているが，そのような進歩観はただ解体され無視されるべきだというわけではない。では，ファーストフードの店員になる過程で高校生がいかに学ぶことを学ぶのかに発達を「見いだす」こと，それはいったい何を意味しているのだろう？第一に，もしわれわれの理論的枠組みに社会の支配的な進歩観が埋め込まれていたならば，水平的発達の一形態として相互変移を理解する可能性は排除されていたに違いない。第二に，水平的発達が起こるという事実は，ファーストフードの店員の活動と結びついたきわめて局所的な進歩観に対応しているが，それとは正反対でさえある他の発達的進歩観や活動とも関係している。最後に，生徒たちが生産活動の中で学び方を理解しようと努力していることや，発達的カップリングが存在することをもって，ファーストフードの店員になるということは社会が認めているよりもずっと価値があるとか，生徒にとって未来の仕事の準備となるやりがいある仕事だとか，経済的にきちんとやっていける仕事だと述べるのは不誠実であろう。しかしわれわれは，それによって，水平的発達が共変移の途上でどのようにして垂直的進歩の特徴をもち得るのかという新しい問題を提起できる。さらには，人間の進歩についてのわれわれの信念は単なる背後にある心理学理論ではなくなり，研究され，批判され，必要な場合には変えることもできる教育的，社会的な問題となる。

④ 今後の課題

知識増殖（われわれが関心をもつ一般化形態）の理解と実践におけるその促進を共変移として概念化するにあたっては多くの生産的挑戦が求められる。1つめの課題は，社会的な時間や文脈を越えてどのように連続性が生み出されるかを説明することである。連続性はしばしば，個人の特性の強さ，耐性，安定性，一貫性の指標とされる。それとは逆に，変化は困難に満ち緊迫した挑戦的なものとみなされる。教育心理学ではこの区別がなくならないままである。教育心理学は認識の変化について多様な過程や複雑な説明を提案するけれども，個人による知識の移送と適用こそが文脈や課題を越えた連続性を可能にするのだという単純な前提に立っている。だが実際には，

個人や組織は，時間や文脈を越えてアイデンティティの安定や科学的概念や日常の習慣的行為を維持するために相当の努力をしている。この事実をみれば，教育心理学の単純な前提がまちがいであることがわかるだろう。共変移は，知識が文脈を通して増殖されるとき，変化だけでなく連続性も生み出す相互関係的な過程の適切な記述や説明を必要としている。

　もう1つの課題は，共変移において，アイデンティティ形成あるいはレイヴ（1996）のいうアイデンティティ創作（identity craftwork）が，どのように知識増殖と個体発生的に結びつくかを理解することである。知識の変化がすべて自分が何者であるのかという感覚や社会的立場に直接の影響を及ぼすとは限らない。1 + 1 = 2 を学んだあとに 2 + 2 = 4 を学ぶことは，その人のアイデンティティに直接には影響しないだろう。しかし，これは単にその知識のみにかかわるのではなく，その知識を一部に含んだ社会的状況の関数なのである。クラスの「頭の悪い」生徒が皆の前で黒板の数学の問題を正しく解いたというような状況を考えてみよう。少なくともこのできごとは，クラスの中でのその生徒の社会的位置はもちろん，その生徒の自分が何者であるのかという感覚を揺るがすだろう。このように共変移の概念は，アイデンティティ創作が知識増殖によって形成されたり揺るがされたりすることについてわれわれに考えさせるが，それと同じく，アイデンティティ創作が知識増殖を促進することについても考えなくてはならない。3人の知識人（社会評論家のリチャード・ロドリゲツ，ジャーナリスト兼編集者のマイク・ローズ，ハーバード大学前学長のジル・カーコンウェイ）の自伝にみられる共変移を分析したガヴァー（Gover, 2001）によれば，自分が何者であるのかという感覚や社会的立場の崩壊が，過去と可能未来をつなぐ新しい知識形態を通して活動の探索や創造をもたらすという。

　知識増殖を複雑な結びつき，つまり類似性だけでなく矛盾や差異も含む弁証法的結びつきの構築として理解することはまた別の課題である。われわれは，電気見習い工教室において検定試験と労働実践に結びつきが形成されていく様子を調査している（Beach, 2001）。電気符号体系の標準化へと向かう国家的な流れは，局所的な労働実践でのその使用と上級電気工国家試験合格の両方に役立つよう電気符号の解釈に専念する見習い工教室，つまり媒介変移の必要性をつくり出した。

　このようにわれわれの研究は，個人にとって年代順につながっている共変移に焦点を当ててきた。しかし知識増殖は，個人の観点からは年代的に離れているできごとの間でも起こる。小学校低学年で加減算を学ぶことと青年期に初めて小切手帳の差引勘定をすることは，個人の人生においては非連続的なできごとである。だが銀行による小切手帳の差引勘定の発達と普及は，学校への多くの市民の参加に基づいている。つ

まり，学校で計算を学ぶ活動と後に小切手帳を差引勘定する活動は，個人の直線的時間においては互いに離れているが，学校教育と銀行の小切手発行は歴史的に連続している。したがって，共変移としての知識増殖を十分に理解しようとするならば，活動間の歴史的連続性の分析が必要となってくる。

学校，家庭，共同体，仕事場のいずれにおいても，教育は人々が現存する社会に適応するように準備し，世代を越えた共同的な知識，価値，信念の連続性を維持する。だが同時に教育は，個人が社会の変換に関与するようにも準備しなくてはならない。共変移が向けられるのは後者だが，後者は必然的に前者の存在と正統性を前提としている。それはデューイやヴィゴツキーの著作から語り継がれてきた問題である（Dewey, 1985; Vygotsky, 1987; Prawat, 1999）。共変移は，新しい何者かになっていく個人にとっては必然的なものとして，また社会の発生（社会的活動，最終的には社会の創造や変容）に貢献するものとしても，アイデンティティと結びついた知識を増殖しようとする，意識的な反省的取り組みである。それは文化の再生産であるばかりでなく文化の生産である。家庭から学校，学校から仕事といった，制度から制度への円滑で「継ぎ目のない」変移の達成をめざす教育政策や経済政策は，変換を越えた知識の連続や再生を重視している。だが，仕事場的学校や学校的家庭をつくってその過程を円滑にしようとするよりも，これらを共変移とみなす方が，その豊かな発達的性質の利用の仕方を考えることにつながる。それと同時に，共変移は，個人から成る集団がともに変移することをまったくあきらめ，その結果不利益を被ってしまうほどに挑戦的であったり，破壊的であってはならない。これはおそらくわれわれの研究にとって未来に置かれた究極の課題となる。

---

* 1　本稿は，Engeström, Y. & Tuomi-Grohn, T. (Eds.) 2002 *Developmental and activity perspectives on transfer.* NY: Wiley. 所収の論文を改訂したものである。

★ 1　原題の "social organizations" は社会的に組織化される事態を表わしているので，通常は「社会的組織化」と訳しているが，本文において，学校や職場などの具体的な組織を指し示している場合や，個人と対比して記述されている箇所では「社会的組織」と訳した。

★ 2　"consequential transitions" に正確に対応する日本語はないが，著者との協議の結果，意味的に近似した訳語として「共変移」をもちいる。「共変移」は，"consequential transitions" という概念の重要な諸側面を表わしている。"transitions（変移）" は，個人と社会的組織の相互変換（mutual transformation），すなわち，これらの関係の変化を含む。個人と社会的組織の相互変換が，参加している個人の「自分が何者であるのかという感覚（sense of self）」や社会的立場の移行を含むとき，そ

れは"consequential transitions（共変移）"になる。
- ★3　"transitions"は個人と社会的組織の関係の変化を指す概念として，通常は「変移」と訳しているが，具体的に個人が複数の活動間を移動する状況を指し示しているときには「移動」と訳した。
- ★4　"lateral transitions"は，一方向的な順序性をもつ2つ以上の活動間を個人が移動するときに生じる，個人と社会的組織の関係の変化を指す概念である。現象的に想定されているのは，個人がある活動Xに参加して何かを習得し，それをもとに用意された活動Yに参加するような状況である。個人と社会的活動との関係は，活動Xから活動Yへの移動とともに横滑りするだけで，両者の関係に本質的に変化は生じないことが多い。「側方変移」という訳語はこのような関係変化の特徴を表わしている。
- ★5　"collateral transitions"は，関連する2つ以上の活動に個人が並行的に参加するときに生じる，個人と社会的組織の関係の変化を指す概念である。現象的には，個人がある活動Xと活動Yに同時並行的に参加する状況が想定されている。この場合，個人と活動Xとの関係，個人と活動Yとの関係は，相互に影響を及ぼし合う。このような関係変化の相互性を表わすために，訳語として「相互変移」をもちいた。

謝辞　本論文を翻訳するにあたって，石黒広昭氏と柳町智治氏にたいへんお世話になった。特に編者の石黒氏には，著者との連絡をはじめ，新しい概念の理解や訳語創出の過程で，示唆に富む多くのアドバイスをいただいた。また，柳町氏には，原文の表現や構造に対して貴重なご意見をいただいた。ここに記して感謝いたします。

PART 2　学習活動の変革
：学習活動の新しいデザイン

第5章 留学生のための日本語教育の変革
：共通言語の生成による授業の創造

1 はじめに

　日本の中学校や高校で行なわれているような外国語（具体的には英語がその大部分）の教育とは異なり，大学進学あるいは大学院進学を希望する外国人に対する日本語教育は，第二言語教育の性格を有し，それぞれの進学先で勉学や研究活動等を遂行できるようになることをめざして行なわれる[1]。こうした教育では一般に，学習開始から約300時間の教育を初級段階とよび，日本語の基本的な構造にかかわる言語事項（一般に，基本的な文型・文法事項とよばれる）を中心として教育が行なわれる。すなわち，それらを構造的な要素とする基本的な日本語表現による，話す・聞く・読む・書くの各技能ができるようになることをめざして教育が行なわれるのである。

　80年代には，第二言語としての英語教育をはじめとする外国語教育の新しい流れとなったコミュニカティブ・アプローチが日本語教育にも多大な影響を与え，各種の新しい教育や学習活動の試み，そして教材の開発が行なわれた。その結果，中・上級段階の教育はシラバス，教材，学習活動のいずれの面においても大きく様変わりした。しかし，基礎段階，すなわちいわゆる初級段階の教育の基本的な枠組みはほとんど変わることなく，おおむね従来通りのままとなっている（西口，1998）。

　本章では，これまでの基礎段階の日本語の教育方法を批判的に検討し，それに代わる新たな方法として，筆者自身のもとで構想され，実施された自己表現中心の入門日本語教育の実践について論じる。

② プロローグ

　旧ソビエトの文芸評論家であり言語哲学者であるバフチン（Bakhtin, M.）は，その主要な著書の１つである『マルクス主義と言語哲学』の中で次のように述べている。

　　言語＝ことばの現実となっているのは，言語形態の抽象的体系でも，孤立した発話でも，その実現の精神生理学的行為でもなく，発話によって実現される言語的相互作用という社会的出来事である。つまり，言語的相互作用こそが言語の基本的現実なのである。(Bakhtin, 1929／桑野訳, 1989, p.145)

そして，ソシュールを代表とする現代の言語学に対して次のような批判をしている。

　　現代の言語学が発話そのものに対するアプローチをもたないことはすでに指摘した。その諸要素より先へは分析を進めないでいる。だが実際には，言語＝ことばの流れの現実の単位となっているのは発話である。しかしこの現実の単位の形態を研究するためには，それを発話の歴史的流れから孤立させてはならない。ひとまとまりの全体である発話は言語的交通の流れのなかにおいてのみ実現される。(Bakhtin, 1929／桑野訳, 1989, pp. 147-148)

　外国人に対する日本語教育に強い関心と深いかかわりをもつ筆者には，バフチンの現代の言語学批判は，そのまま日本語教育を含む現代の第二言語教育に対する，その根幹にかかわる批判となっているように思われる。以下は，上記の引用の「言語学」の部分を「第二言語教育」に，そして「分析」と「研究」の部分を「指導」に書きかえたものである。

　　現代の第二言語教育が発話そのものに対するアプローチをもたないことはすでに指摘した。その諸要素より先へは指導を進めないでいる。だが実際には，言語＝ことばの流れの現実の単位となっているのは発話である。しかしこの現実の単位の形態を指導するためには，それを発話の歴史的流れから孤立させてはならない。ひとまとまりの全体である発話は言語的交通の流れのなかにおいてのみ実現される。(筆者による先の引用の改作)

　バフチン自身が第二言語教育（あるいは外国語の教育）に直接言及している部分もある。次のような行である。

われわれが提出した命題は，…現代外国語の教育の健全なあらゆる方法の基礎となっている。これらのすべての方法の本質は，学生たちが各言語形態を具体的なコンテクストと具体的状況においてのみ習得する，ということにある。たとえば，ある語を，その語があらわれるさまざまなコンテクストを通してのみ習得する。このために，同一語の再認という契機は，その語がコンテクストに応じて変化し多様化し新しい意味をもちうるという契機と，最初から弁証法的にむすびつき，後者の契機に吸収されている。一方，コンテクストから抜き出され，ノートに記入され，そのロシア語の訳とともに記憶された語は，いわば信号化する。それは，一定の確定したものとなり，再認の契機が，それを了解する過程のなかで強くなりすぎてくる。簡単にいえば，実用的教育の健全で賢明な方法のもとでは，形態は，自己同一的形態として抽象的な言語体系のなかで習得されるのではなく，変化しやすく柔軟性のある記号として具体的な発話構造のなかで習得されねばならない。
(Bakhtin, 1929／桑野訳, 1989, pp. 268-269)

　ある言語形態が信号でしかなく，そのような信号として了解者に再認されている限りは，その言語形態は了解者にとって言語形態とはなりえない。……記号としての言語形態にとって構成契機となっているのは，その信号的自己同一性ではなくその特殊な可変性である。また，言語形態の了解にとって構成契機となっているのは，「おなじもの」の再認ではなく，本来の意味における了解，つまり所与のコンテクストと所与の状況における定位なのであり，それも生成の中の定位であって，不動の状況における「定位」ではない。
(Bakhtin, 1929／桑野訳, 1989, p.101)

　バフチンの第二言語教育への批判はまさに的を射たものであると思われる。また，バフチンが提案する第二言語教育の方法の原理も，感覚的にはまさにその通りだと筆者には感じられ，そうした原理が作動するような第二言語の学びの経験を編成したいと考えた。しかしながら，そうした第二言語の学びの状況は具体的にはどのようなものなのか，また，それを現実の教育現場に構成するにはどのようにすればよいのか，それが第二言語教育の研究者であり実践家でもある筆者に課せられた課題であると思われた。

３ オーソドックスなアプローチの問題点

(1) 基礎段階のオーソドックスな日本語教育

　オーソドックスなアプローチによる基礎段階の教育の目標は，日本語の音声言語と文字言語に関する基礎的な能力を習得すること，であるといわれる（『日本語教育事典』p. 633）。そして，そうした目標を達成するための教育の方略として，日本語の基本的な構造にかかわる文型と文法事項というものが中心的な教育内容として設定され，それらの系統性に基づいてカリキュラムが編成される。それぞれの授業は，当該

時に配当された学習言語事項を首尾よく学習者に習得させることを意図して，計画され，実施される。授業では英語等の媒介語は原則として使用しないで，日本語のみでできる限り行なうことを建前としていることが多い。こうした方法は，日本語を日本語を使って教えるということで，しばしば直接法とよばれる★2。

(2) 教育内容の自己目的化

オーソドックスなアプローチでは，基本的な流れとして図5-1のような要領で教育的経験が編成される。

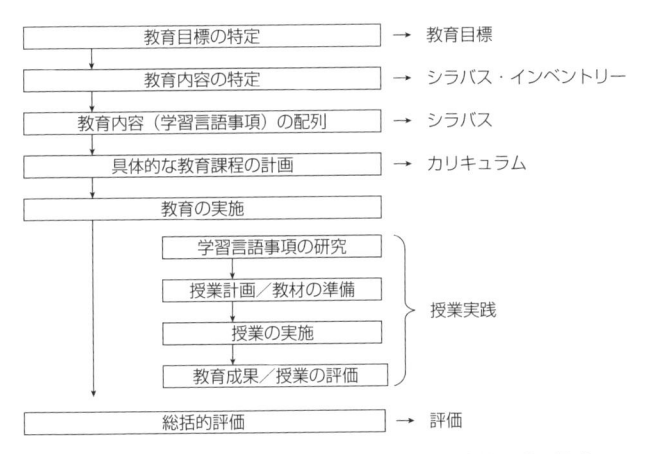

```
教育目標の特定     → 教育目標
教育内容の特定     → シラバス・インベントリー
教育内容（学習言語事項）の配列  → シラバス
具体的な教育課程の計画  → カリキュラム
教育の実施
  ┌ 学習言語事項の研究  ┐
  │ 授業計画／教材の準備 │
  │ 授業の実施      ├ 授業実践
  └ 教育成果／授業の評価 ┘
総括的評価        → 評価
```

図5-1　オーソドックスなアプローチによる教育的経験の編成

　この図はいわばカリキュラムも教材も開発するという場合のチャートになっている。しかしながら実際にはそうしたことは稀で，通常は教育課程計画の段階で当該のプログラムに合った適当な市販の教科書が選定される。そして，カリキュラムは，選定された教科書に沿って，各課ごとあるいは各学習言語事項ごとに，「導入」「練習」「応用練習」といった授業が各時に割り振られる形で作成される。

　こうした形で教育的経験を編成しようとすると，教室での活動は畢竟個々の学習言語事項の学習に集中したものとなり，各授業の教育成果や授業の評価も「当該の学習言語事項が身についたかどうか」をめぐって行なわれることになる。すなわち，こうしたカリキュラムのあり方は，そもそもの教師の関心を学習言語事項およびそれを首尾よく習得させることに集中させ，そうした意図のもとに授業を計画させ，実施させる。そして，カリキュラムが課する学習事項という制約とそれに随順する教師の授業

第5章　留学生のための日本語教育の変革　　99

運営は，学習者を「本日の言語事項」の虜にし，自律性のある行為主体として言語的相互行為を行なう機会を奪い去ってしまう。

(3) 「本日の言語事項」をめぐる相互行為

次の3つの日本語授業における相互行為の例をみてほしい。いずれも森本（1999）で提示されている例である。わかりやすくするために，「本日の言語事項」が，不完全な場合や修正されている過程も含めて，出現する部分を下線で示すことにする★3。

例1　初級，文型練習，教師C，使役形の練習
　1T：先生は学生に本を読みな，読みなさいと言いました。<u>先生は学生に本を読ませました</u>。はい，じゃあ一番，Dさん。先生は学生に電話をかけなさいと言いました。
　2D：<u>先生は学生に電話をかけーさせました。</u>
　3T：はい。先生は学生に辞書を引きなさいと言いました。
　4H：<u>先生は学生に辞書を引かせました。</u>
　5T：先生は学生にゆっくり話しなさいと言いました。
　6I：<u>先生は，学生に，ゆっくりを一はなせーました。</u>
　7T：<u>ゆっくり一</u>
　8I：<u>ゆっくり一，はなせーました。</u>
　9T：<u>はなー</u>
　10C：<u>せ，させ</u>
　11I：<u>はな</u>
　12C：<u>させました</u>
　13I：<u>はなー（3.3）話させました。</u>
　14T：そうです。

例2　初級，文型練習，教師B，「〜たいです/〜たがっています」という文型の練習
　1T：わたしは音楽家になりたいです。<u>弟は新聞記者になりたがっています</u>。はい，たいです，がっています，違いますね。じゃ，一番，わたしは〜です。えー，Iさん。
　2I：わたしは先生になりたいです。
　3T：あーわたしは先生になりたいです。はい。(1.7)
　4T：えーそれからもう一度同じ，Cさん。
　5C：わたしはエジプトへ行きたいです。
　6T：エジプトへ行きたいです。{笑い}　はい，エジプトはわかりますかー？　国の名

前です。ピラミッドがある，ふるーい古い国ですね。わかりますかー？　はい。｛「わたしはエジプトへ行きたいです」と板書しながら｝わたしはエジプトへ行きたいです。
   7 T：はい，みなさーん，Cさんはエジプトへ？
   8 ク：思って
   9 T：ん，もう一度？　行きたい，ではありません。行き？
  10 S：たがって
  11 T：行きたがっています。そうですね。Cさんはエジプトへ行きたがっています。

例3　初級，文型練習，教師B，「～ようと思います」という文型の練習
   1 T：Sさんは？　夏休みに何をしようと思っていますか？
   2 S：(3.1) 夏休み。｛笑い｝
   3 ク：｛笑い｝
   4 S：夏休み，仕事を，(2.9) しょう，しよう
   5 T：え？　仕事をしようと，思います。
   6 S：(しようと) 思います。
   7 T：あー。
   8 S：日本へ，来ます。
   9 ク：あー。
  10 T：だ，だれが日本へ来ますか？
  11 I：Sさん，が，今から，こんが，今月
  12 T：あー帰りますね，うーん，そして
  13 I：アルバイトして，//給料もらって
  14 T：うーん。
  15 T：うーん。もう一度，日本へ。
  16 S：うーん。
  17 T：日本へ。うん。
  18 S：来た。
  19 ク：｛笑い｝
  20 T：日本へ，えー，日本へ，来ようと思っています。来ようと思っています。そうですかー，はい。来てくださいね。うーん，皆さん待っていますから。はい。

　例1は，教師が内容を提示し，学習者がそれを「本日の言語事項」の形に変換するいわゆるパターン・プラクティスという形態の活動で，例2は，教師の誘発によって内容が学習者から提示されているものの，やはりその内容を「本日の言語事項」の形

に変換する活動になっている。また例3では，教師と学習者の「自然なやりとり」の中で目標の構造が使用されることが期待されるシークエンスが展開されている。

例1や例2は，目標の構造を使用して文をつくる練習として一定の価値を見いだすことはできるかもしれない。しかし，例3はどうであろうか。オーソドックスなアプローチを実践するベテラン日本語教師はしばしば「学習者とのやりとりを通して，学習者の思考を（学習言語事項に対応するように）追い込む」という発言をする。そうした観点からみると，例3の1Tから6Sのシークエンスはそうしたことが比較的首尾よく行なわれているようにもみえる。しかし，15Tから20Tは，学習者の思考を「追い込む」というよりも「押し込めている」ようにみえる。そしてそのような観点からすると，例2の7Tから11Tのシークエンスも学習者の思考を「押し込めている」ようにみえてくる。すなわち，7Tから8クへの流れをみると，学習者クは「Cさんはエジプトに行きたがっています」ではなく「Cさんはエジプトに行きたいと思っています」と言いたいように思われ，かつその思考と表現の方がこの部分のシークエンスにはふさわしいと思われるのである。以下の例4も，学習者の思考を「押し込めている」例とみることができる。

例4 中級，文型練習，教師E，「～ては～ている」という文型の練習
 1 T：なになにをしてはなになにを思い出しているもできましたか。{Aと目を合わせる}
 2 A：(14.0) この本を見ては，(8.2)
 3 T：この本を見ては？
 4 A：(4.7) 漢字を思い出している。
 5 T：漢字を思い出している。そう？ いつ習った漢字？
 6 A：初級。
 7 T：初級で習った漢字？ あ，そう。(6.7)
 8 T：{Hと目を合わせる}
 9 H：日本語を，日本語を勉強しては，籠の―中に―いる―鳥を，思う出して―いる。
10 ?：ん？
11 T：日本語を勉強しては？ いつ勉強するの。

これらはすべて，目標の構造を使った例文づくり（あるいは，「例発話」づくり）として受容すべきものなのだろうか。そうなると「例文づくり」という活動はそもそも何なのかという問題を提起しなければならなくなる。

そして，そうしたことよりも根本的な問題は，ベテラン教師のいう「学習者の思考

を追い込む」という教授方略が，ある程度の経験と学習言語事項の教授方法の研究を重ねた教師（森本（1999）が観察した授業を担当している教師の半数は日本語教育経験7年以上で，残りの半数は10年以上）においてさえ，かなり多くの言語事項において，必ずしもうまくいかないということである。そして，そうした教師の中から徐々に「根本の教授方略がどうも違うのではないか」という声があがってきているのである[*4]。

(4) 知識の物象化

次の点も同種の問題であるが，より一般的な教育実践者の根元的な意識の問題にかかわるものである。オーソドックスなカリキュラムでは，カリキュラムの中心で積み上げ方式になっている文型・文法事項の指導があまりにも焦点化され，カリキュラムに組織的に設定されていない語彙や音声等の側面の指導がしばしばないがしろにされるという問題がある。この点はもっと一般的にいうと，カリキュラムの中で学習事項として即物的に指定されているものこそが，授業担当教師が自らの責任として引き受ける指導内容であり，指定されていないものは自らの責任外であり，指導内容とはならないという意識の問題である。この問題は根本的には，授業で取り扱われる言語事項や言語的側面を事前にカリキュラムの段階で特定するのが有効なカリキュラム作定のストラテジーであると考えるのか，言語事項は教室で行なわれる相互行為の中で立ち現われてくるものであり，カリキュラムでは活動の中で言語的な側面が顕在化するような，実施可能で言語発達を促進すると思われる言語活動を設定した方が有効であると考えるか，という問題に行き着く。本章で論じるプログラムでは，後者のカリキュラム・ストラテジーを採用する。

(5) 個体主義的で表象主義的な学習観

オーソドックスなアプローチは，人間の営みから即物的な何物かを取り出して物象化し，それを教育内容として教育的経験を編成しようとするやり方である（石黒，1998）。そして，そのように教育内容を物象化すると，その「物」が教師の意識と行動を規定するように働き，さらには学習者の意識と行動をも規定するように働いて，その「物」自体が目的の中心に移行してしまうのである。

ここで問題となるのは，人間の営みの中から物象化された「物」の総和は，もとの営みを可能にしていた「能力」と同等のものであるかという問題である。また，そのような「能力」というもの自体，各主体の社会的なあり方や自己認識と切り離して扱うことができるかということも同じく問題となる。

また学習観の側面からみると，オーソドックスなアプローチの背景には伝統的な個体主義的で表象主義的な学習観がある（石黒，1998）。つまり，知識は個人の「頭の中」に体系的に貯蔵されているものであり，そうした知識を習得するには，まず知識の内容と構造を明らかにして，その知識の系統性に沿って各個人が学習を進めるのが学習というもののあり方である，という考え方である。日本語教育でもこれまでのオーソドックスな方法を実践する教師の間では「あの学生はテ‐形が入っていない」あるいは「あの学生は『～ています』が入っていない」というふうに学習者はあたかも何かを詰め込む容器のように語られる。スファード（Sfard, 1998）は学習に関する叙述をする場合の見方には，学習を何かを獲得するというふうにみる「習得メタファー」と，学習を何かに参加する過程とみる「参加メタファー」があると言っている。上記のオーソドックスな教師の見方はまさに習得メタファーによって学習を語っている。そして，このような伝統的な学習観は，最近になってさまざまな観点から見直しを迫られているのである。

④　第二言語教育における新しい学びの経験の創造にむけて

(1)　第二言語学習者という行為主体と第二言語場面

　すでに第一言語を習得している成人第二言語学習者は，目標言語で言語活動を行なうとき，非常にアンバランスな状況に置かれる。つまり，彼（女）らは第一言語では十全に言語的相互行為ができ，また言語を獲得したことに伴うさまざまな精神活動も十全に行なうことができる。また，第一言語においてリテラシーを身につけている学習者の場合は，オング（Ong, 1982）がいうような，リテラシーを身につけたことに伴う付加的なさまざまな精神活動を行なうことができる。さらには，自分はそうしたことができる成熟した教養ある成人であるという自己認識ももっている。しかしながら第二言語を使用すると取り決められた状況では，主として当該の言語的リソースの制約のために，「限られた範囲の言語活動を」「しばしば洗練されない形で」しか言語的相互行為を行なうことができず，教養ある成人としての相互行為が極端に制約されるのである。このような状況に置かれる成人第二言語学習者にとって，第二言語使用の状況は常に羞恥と自己卑小化の脅威を内包する「できれば避けたい」という気持ちを抱かせる場面であるといえる。

　第二言語学習者というのは，第一言語だけではなく，当該の新たな言語によっても言語的相互行為ができるようになることをめざして，そうした困難な状況にあえて身を投じる者である。そうした人たちを対象として第二言語教育という建前で特別に設

けられる第二言語教育の教室活動は，彼（女）らが「第二言語でも相互行為ができるわたし」という新たな熟練のアイデンティティを有効に形成するための学びの経験を提供すべき場なのである。

(2) ZPDと言語発達促進活動

　第二言語場面で行なうことができる言語活動は，言語的リソースの制約により制限される。言語的な制約条件をはるかに越えた言語活動は成立し得ないであろうし，十分すぎるほど言語的な制約条件内にある言語活動は学習者の言語的発達を促進するものとはならないであろう。言語的な発達を促進する潜在力をもつ言語活動は，共感的他者との協働によって遂行できる程度の課題によって方向づけられた言語活動である。

　言語的なリソースの制約は，遂行可能な言語活動を制限するだけでなく，遂行の仕方の洗練度にも影響を与える。すなわち，十分に言語的な制約条件内にある言語活動における相互行為のあり方は比較的洗練されたものになるであろうが，言語的な制約条件の上限に近い言語活動における相互行為のあり方は談話的にも言語的にも洗練度の低いものとなるだろう。そこには，言語的なリソースの制約に起因する心理的要因も当然働くであろう。

　ヴィゴツキー（Vygotsky, 1934; 1981）は，子どもが独力で問題解決ができる現在の発達水準と，大人の指導下あるいは自分より能力の高い仲間と協働で行なう問題解決でみられる潜在的な発達水準との間隔を最近接発達領域（the zone of proximal development; ZPD）とよんだ。そして，この領域に結びついた活動の中でより有能な他者の媒介（mediation）を得て，それが内化されることで発達が進むと考えた。先に述べたような，共感的他者との協働によって遂行できる程度の課題によって方向づけられた言語活動は，成人の第二言語発達のためのZPDを開く活動であるといってよいであろう。

　スカーセラとオックスフォード（Scarcella & Oxford, 1992）は，第二言語習得研究においてこれまでに提出されている諸仮説とヴィゴツキーのZPDの概念を統合したような第二言語発達に関する仮説を提出している。言語発達促進活動（language-promoting interaction）の仮説である。彼女らによると，言語材料が提供され処理される受容活動（input）と言語を発することを要求される産出活動（output）とインターアクション（interaction）が，言語が発達する直接的な言語的コンテクストを構成する。これらは第二言語習得研究で提出されている，インプット仮説（Krashen, 1982 など），アウトプット仮説（Swain, 1985 など），そしてインターアクション仮説

(Long, 1981など）に対応する。しかし，第二言語の指導を最も有効なものにするのは，そうした活動そのものや，特定の特質をもったその種の活動ではないと彼女らは主張している。

　言語指導を最も有効なものにするのは，種々の言語的援助（language assistance）を組み合わせたものである。この援助は，学習者が言語能力を伸張しなければならないまさにそのときに，言語能力の伸張をうながす。そうした言語的援助は，言語発達をうながすインターアクションとわれわれが定義する言語発達促進活動（language-promoting interaction）のコンテクストで生じる。具体的な言語的コンテクストが言語発達促進的であるとすれば，それは特定のタイプの英語の受容処理や産出処理をさせるようになっているからではなく，その具体的な言語的コンテクストが学習者が援助を必要としているまさにそのときに学習者を適切に援助するからである。（Scarcella & Oxford, 1992, p. 30）

そして，具体的な言語的コンテクストにおいて教師が学習者に寄り添う姿を次のように記述している。

　教師は，学習者と個別にインターアクションすることで，その学習者の実際の言語運用を診断することができる。学習者とインターアクションすることで，教師は学習者の進行中の「飛行中の」言語運用を精密に観察することができる。「飛行中の」という言葉を使ったのは，学習者のコミュニケーションのニーズと実際の言語産出は，それらがインターアクションのコンテクストに埋め込まれているために，常に変化するということを表現するためである。学習者の言語産出は，学習者の気分，コミュニケーションの目標，話し相手との関係，会話の話題などの無数の要因によって変化する。また，そのような要因自体も会話の進行の中で変化していく。タペストリーの教師は，このような学習者の「飛行中の」コミュニケーション・ニーズを正確に診断して，それに適合するように提供する援助を微妙に調整していくのである。（Scarcella & Oxford, 1992, p. 35）

受容活動や産出活動あるいはインターアクションはもちろん，言語が発達する具体的な言語的コンテクストを構成する。そうしたコンテクストに限られた言語的リソースで対応している参加者は，大きな問題であれ小さな問題であれ，しばしばコミュニケーションを遂行することが困難な状況に直面する。熟練した教師はそうした状況を敏感に感知して，即興的にタイミングよく的を得た援助の手を差し伸べる。そうした援助をスカーセラとオックスフォード（1992）は言語的援助（language assistance）とよんでいるのである。そして，具体的な言語的コンテクストにおいてそのような援助が必要に応じて提供されるような活動を言語発達促進活動といっているわけである。具体的な言語的援助のタイプとして彼女らは【資料1】のようなリストを提示し

ている。

　ヤング（Young, 1999）は，接触場面において母語話者と非母語話者が行なう言語的相互行為をインターアクションの協働的構築（co-construction）の過程とみて，そうした行為を実現するために動員される知識や能力を相互行為能力（interactional competence）とよんでいる。ヤングによると，相互行為能力は，これまでの個人主義的な能力観に基づく言語能力（linguistic competence）や伝達能力（communicative competence）とは異なり，「参加者個人の心や脳の中にあるものではなく，むしろ，相互行為において協働的に構成されるものであり，…相互行為の具体的な事例の中に見いだされるものだ」（Young, 1999, p. 118）と論じている。スカーセラとオックスフォードのいう言語発達促進活動に参加することによる第二言語発達の見取り図は，ヤングのいうような協働的に構築され得る（と予想される）言語活動を言語的コンテクストとして，そこで実際に協働的に構築される相互行為において相互行為能力が発現されて，その具体的な過程の中で相互行為能力が共有され，獲得（appropriate）★5されるというものであると考えられる。

(3) 第二言語教育における教育的経験の編成について

　いかなるアプローチをとろうとも，学習者が具体的な教育的経験を通して学び，変容していくという事実に変わりはない。教室外で教育的経験を編成することをとりあえずは考えないこととすると，具体的な教育的経験は，教室内における教師と学習者あるいは学習者どうしの相互行為により構築されることになる。そして，授業における活動がカリキュラムによって方向づけられることを考えると，カリキュラムが提供する課題と，それを具体的に展開する教師と学習者の（方向づけられた）意識と言語的リソースを含む利用可能なリソースが，学習者が経験する具体的な教育的経験を規定しているとみることができる。

　妥当な教育目標のもとに策定されたカリキュラムが提供する課題は，一連の教育的経験に整合性を与え，同時に授業という第二言語場面の活動を適正なものに調整するための指針を与える機能をもつ。カリキュラムとして示されるこうした教育の計画性と活動の適正化機能は，適正な教育的経験を一定の一貫性をもって編成するためにぜひとも必要なものであり，複数以上の教師が授業を担当する場合にはその必要性はいっそう高まる。

　先に論じたオーソドックスなアプローチにおける言語中心のカリキュラムは，外国語の授業という第二言語場面の言語活動を，相互行為で使用する言語事項を指定することによって制御しようとするカリキュラム方略の1つであるとみることができる。

そうしたカリキュラムの問題点についてはすでに論じた。一方，言語事項に基づかないカリキュラム方略には，テーマ中心のカリキュラムや話題中心のカリキュラムなどがあるが，日本語教育の基礎段階や入門段階ではこうしたカリキュラムを採用した教育実践はこれまで報告されていない。以下で論じる自己表現中心の入門日本語教育のプログラムでは，テーマ中心のカリキュラム方略が採用される。

5 自己表現中心の入門日本語教育

(1) 概要
1) 教育目標
　先に論じたような問題意識と考え方を背景として，筆者がかかわる大学院進学希望者を対象とした日本語集中コース（一般に，日本語研修コースとよばれている）では，その15週間のプログラムの当初の6週間において，自己表現中心の入門日本語教育を実施している★[6]。この6週間の入門日本語プログラムの口頭言語に関する教育目標をごく簡潔に述べると次のようになる。
　①日本語の口頭表現の基礎的能力を身につける。
　②一定のテーマの範囲で自分のことについて話せるようになる。
　③同様のテーマの範囲で相手が自分のことについて話すのを，必要に応じてコミュニケーション・ストラテジーを使って理解しつつ，会話ができる。

2) シラバス
　シラバスでは，仮定的な日本語能力発達の段階に沿って無理なく自己表現能力の発達が促進されるようにということを意図して，テーマが配列されている。シラバスは12のモジュールで構成される5つのユニットからなる。各ユニットでは自己表現に関するテーマが設定され，その下に話題（下位のテーマ）を中心としたモジュールが配置されている。各モジュールでは，そこで強調される話題と言語活動が特定され，教育目標として学習者にも教師にも提示される。その内容は【資料2】の通りである。

3) 学習資材
　教育的実践と学習を支援するために，リソース型の学習資材"A Reference Manual for Learners of Japanese: Speaking Personally and Learning to Use Japanese"（以下，RM）が準備された。そのタイトルの通り，RMは，特定の話題について話したいときに，学習者が語彙や表現方法などを学習参考書あるいは話し方のマニュアル的に参考にできる学習資材である。いわゆる教科書ではない。
　RMの各モジュールの内容は5つの部分からなる。セクション1では，その話題を

表現するために必要な語彙が語彙グループごとに提示してある。セクション2では，その話題をめぐって教師と学習者あるいは学習者どうしがクラスで行なうであろうと予想される，言語的にいく分調整された会話が提示されている。そして，セクション3は，同じくその話題をめぐって，自然な場面で行なわれるであろうと思われる会話の例である。セクション4には，おもにセクション1で提示した語彙を使った発音練習の材料が提示してある。そして，最後のセクション5には，その話題を表現するために必要な追加的な語彙がやはり語彙グループごとに提示してある。文型や文法を提示するための例文や，それらを学習するための練習はRMにはまったく含まれていない。

　カリキュラム・デザインの観点からいうと，学習資材の内容は，教育目標の細目ではなく，到達目標の概要を具体例で示すものである。たとえばセクション2の会話は，中間的な目標である，教師主導の調整された日本語での会話の例を示している。そして，セクション3は，最終的な目標として，当該の話題について教室外で行なわれるであろうと期待される自然な会話の例を示している。教師と学習者はこれらの例をみることで，具体的な形で教育目標を知ることができる。

　これらの会話の例で使われている文型や文法事項は，参考のために一覧表にして担当するすべての教師に配布した。しかしその一方で，その文型や文法事項をそのモジュールの学習言語事項と考えてはならないということは確認した。それらは，その話題をめぐる自己表現能力が順調に発達したときに使えるようになることが期待できる表現を示唆するものであり，学習言語事項を示すものではないからである。文型や文法は，協働作業的なコミュニケーションが成立するための必須事項ではない。それはむしろ，わかりやすい発音がコミュニケーションを円滑にするのと同様に，文法的に洗練された発話はコミュニケーションを正確にまた円滑にするという性質のものである。自己表現のための教育では，発話を洗練するために文型や文法の習得を促進してもよいが，文型や文法自体を教育目標としてはならない。

　セクション1とセクション5についても同様である。そこに示されているのは学習すべき語彙のリストではない。それは当該のモジュールの語彙的な教育目標の目安を示すものである。学習者にはこのリストを参考にして，当該の話題に関して自分の必要や希望や言語発達の状況にあわせて，適当な語彙を選択して学習を進めることが期待されている。また，セクション4の発音練習の材料も，特定の音声的な問題点を改善するための材料ではなく，それを学習者に言わせてみて，調音的な言語処理上の問題点を発見しては適宜指導するための材料を提供している。

4) 知識と技能の概要

　有効な言語発達促進活動を構成するためには，授業担当の各教師が，どのような活動をしているときでも，言語発達のあらゆる側面について有効と思われる言語的援助を適宜与える役割を担っているという自覚をもたなければならない。そのためにカリキュラム・デザイナー（筆者自身）は，語彙，会話的技能，音声的技能，音声の知識，おもな文法知識について，本プログラム中におおむね期待される言語発達の状況を，必要な言語的援助を与えるための一定のガイドラインとして作成し，各教師に配布した。また，授業実施途上においても，指導が文型・文法事項にかたよらないように注意をうながした。

(2) 授業の構想

　1つのモジュールの授業時間としてはおおむね90分授業6コマが想定されている。実際の授業実施においては，この6コマの授業を1人の教師がすべて担当するわけではなく，複数の教師がこれを担当する。そのため，モジュールの話題と学習資材と知識能力の概要だけでなく，1つのモジュールを構成する各コマの位置づけが一定の形で明らかにされなければならない。そこで，授業実施にあたって以下のような記述を提示した。

発達段階に対応する言語的コンテクスト

　以下の記述は1つの話題に関して想定された言語的な発達段階に対応する言語的コンテクストである。これらはいわば作業仮説的なものであり，各段階の境界も明確にあるものではなく，具体的な言語的コンテクストも相互行為の展開によっては交錯するであろう。しかしながらこのような記述は教室で行なわれる言語活動を計画し実施する際の一定の目安を提供することができるであろう。

①教師に主導された従属的な参加形態による，形式に焦点を置いた語彙項目の獲得
　　学習者は言語活動のコンテクストの概要を意識し，肯定か否定かを求める相手の誘発をやや曖昧性を残しながらも同定し，その応答として自らの発話を構成する。そしてその中で，主として特定の語彙や語彙句 (lexical phrase)★[7]に注目し，その発音方法をなぞったり，声を出して再生したりする。このような活動により，学習者は言語を使わない応答しかできない段階から，直接的なコンテクストにある語彙や語彙句を使って受動的に応答できる段階に移行していく。

②教師に主導された能動的な参加形態による，意味と形式に焦点を置いた語彙項目の獲得

語彙や語彙句の模倣がある程度できるようになった学習者は，言語活動のコンテクストをはっきりと意識し，肯定か否定かを求める相手の誘発や，内容を求める誘発を同定し，その応答として自らの発話を構成する。そしてその中で，学習者は，相手に主導されながらも徐々に対話らしい形で言語的相互行為ができるようになる。このような活動により，直接的なコンテクスト内にある語彙や語彙句を使って従属的に応答できる段階から，直接的なコンテクストにない語彙や語彙句を使って能動的に応答できる段階に移行していく。

③応答の洗練と主導性の萌芽
　対話に能動的に参加できるようになった学習者は，その中で，助詞や活用語尾や述部末の補助的要素等の発話の周辺的要素や，音声等のその他の発話の側面について，教師や他の学習者から必要に応じて援助を受けながら相互行為を行ない，言語活動のあり様を洗練していく。言語活動の参加形態も相手に主導された形から徐々に自ら相互行為を主導する形に移行していき，積極的な自己表現もできるようになってくる。

④主体的な言語活動と言語精神機能の洗練
　主体的な言語活動ができるようになってきた学習者は，積極的に自己表現しようとするようになる。これまで教室における相互行為の主導者の立場に置かれていた教師はその立場から免れ，学習者どうしで，あるいは学習者が１人で言語活動をする中で学習者を臨機応変に援助することができるようになり，学習者による主体的な相互行為がより洗練された形で行なわれるようになる。

⑤新たな心理的道具を使った実際の言語的相互行為
　主体的に言語活動ができるようになり，話題をめぐる各種の言語表現を新たな心理的道具として備えた学習者は，当該の話題で日本語母語話者と接触をもち，新たな心理的道具を媒介として実際の言語的相互行為を経験する。この段階になると，学習者どうしでも言語活動の中で相互に援助できるようになり，共通の言語をいっそう共有するようになる。教師の援助は言語的なものから，心理的，社会的なものになっていく。

(3)　各モジュールの授業の構成
　自己表現能力の発達のためには原理的には上述の言語発達段階に対応する授業だけで十分であると思われるが，学習者が成人の場合は，文型や文法に関する意識的な知識を事前に与えておくことは，その後の学習の実質的な負担および心理的な負担を軽減するという点で一定の価値があると思われる。そこで，これから学習するモジュー

ルで出てくる文型や文法について意識的に学習する授業をモジュールの授業として事前に1コマ設けることとした。その結果、1つのモジュールの授業は、図5-2のように、文型/文法事項中心の授業1コマと前節で論じた言語的コンテクストの①から⑤におおむね対応する5コマ、あわせて6コマ（1コマは90分）で構成された。

授業		言語的コンテクスト
授業1	主な文型／文法事項の理解	
授業2	語彙の練習と対話による理解中心の練習	①
授業3	対話による理解中心の練習から発話へ	②
授業4	会話の演習	③
授業5	会話の演習と発表	④
授業6	プロジェクト・ワーク	⑤

図5-2　モジュールの授業の構成

授業5の発表では、モジュールの話題について各学習者が自分のことを話す。発表はビデオに収録され、その後、より有効な自己表現能力の育成に向けて必要に応じて適切と思われる処置が行なわれる。授業6のプロジェクト・ワークの基本的なコンセプトは「日本語を使った言語活動により、教室外の世界を教室内に取り込み、クラスで共有する」というものである。学習者はチームになって教室外に出て、日本語母語話者と接触をもち、当該の話題に関する情報を収集してくる。収集した情報は、ポスターにまとめて、クラスの壁面に掲示し、コミュニティの活動の足跡として残していく。そして、これらいずれの活動も日本語を主要な使用言語として行なう。

⑥　新しい学びの経験をめぐる断章

(1)　相互行為の実践

円滑に行なわれる言語活動というのは、発話に対して即座に応答が行なわれ、その応答がそのまま次の発話となって、それに対してまた即座に応答が行なわれるという形で、すなわち、バフチンのいう了解の過程が間断なく行なわれる言語的相互行為という様態をその実際の姿として具現化される。母語話者と非母語話者が参加する言語活動では、言語的相互行為は、言語的リソースの制約のためにしばしば滞りのあるものとなる。そして、そうした「滞り」で観察される過程の大部分はバフチンのいう

「再認の契機」上の問題である★8。バフチンがいうように,形態が「自己同一的形態として抽象的な言語体系のなかで習得され」ていると,「再認の契機が,それを了解する過程のなかで強くなりすぎて」,その形態は「信号化する」(Bakhtin, 1929／桑野訳, 1989, p. 269)。ある言語形態が信号でしかなく,そのような信号として了解者に再認されている限りは,「その言語形態は了解者にとって言語形態とはなりえない」(同上, p. 101)。同じくバフチンはいう。記号としての言語形態にとって構成契機となっているのは,「その信号的自己同一性ではなくその特殊な可変性である。また,言語形態の了解にとって構成契機となっているのは,『おなじもの』の再認ではなく,本来の意味における了解,つまり所与のコンテクストと所与の状況における定位なのであり,それも生成の中の定位であって,不動の状況における『定位』ではない」(同上, p. 101)。それゆえ,言語形態は,「変化しやすく柔軟性のある記号として具体的な発話構造のなかで習得されねばならない」(同上, p. 269)。

ヤング(1999)は相互行為能力について論じている箇所で,相互行為能力が見いだされる相互行為の具体的な事例(specific instances of interaction)は,ホール(Hall, 1995)のいう相互行為の実践(interactive practices)であるといっている。相互行為の実践とは,一定の構造を共有し,話し手のコミュニティにとって社会文化的な意義がある,くり返し行なわれるトーク(talk)の実際の例(episodes)である(Young, 1999, p. 118)。そして,いずれの相互行為の実践も,参加者がその実践を遂行するために,言語的なリソースを含む相互行為のためのリソースを動員して協働的に構築される。ヤングは,こうした相互行為の実践を通した相互行為能力の習得について次のように述べている。

> 知識と相互行為技能は局所的で個々の実践固有のものなので,相互行為の実践の協働的構築には,同じ実践の先行する事例で習得されたリソースを参加者が利用するということが伴う。このことを敷衍すると,人は一般的で,実践とは独立した伝達能力を習得するのではなく,むしろ,具体的な相互行為の実践により経験のある他者といっしょに参加することにより相互行為能力を習得するのだ,ということになる。(Young, 1999, p. 119; 強調は原著)

本章で紹介した自己表現中心の入門日本語教育は,第二言語学習者という萌芽的な第二言語使用者のコミュニティにおいて,カリキュラムで指定されたテーマをめぐって,このような相互行為の実践を濃縮した形で実現するためのスキームなのである。

(2) 日本語教室の共同体

相互行為の実践を解説する中でヤングは,「話し手のコミュニティにとって社会文化的な意義がある」という限定をつけている。ここで第二言語学習者の集団と「話し手のコミュニティ」あるいは「社会文化的な意義」ということが問題になる。状況的学習論の代表的な理論である正統的周辺参加論を論じた論考の中で,レイヴとウェンガー (Lave & Wenger, 1991) は,実践共同体について次のように述べている。

> 成員はさまざまな関心をもち,いろいろな形で活動に貢献し,さまざまな考え方をもっていると考えられる。われわれの見解では,多層的レベルでの参加が実践共同体の成員性には必ず伴っているとみられる。また,共同体ということばは,必ずしも同じ場所にいることを意味しないし,明確に他とは区別される,これとはっきりわかる集団を指しているわけでもない。さらには社会的にはっきりとわかる境界があることを意味するわけでもない。しかし,共同体ということばには,自分たちが何をしているのか,またそれが自分たちの人生や共同体にとってどういう意味があるのかについて,参加者の共通理解があるような活動システムに成員が参加することは,確実に含まれている。(Lave & Wenger, 1991, p. 98; 強調は原著)

本プログラムに参加する学習者は,国籍,民族,興味や関心,専門分野等が多様なメンバーで構成されている。テーマを中心とした本プログラムのカリキュラム方略は,それぞれの背景を背負って日本語教室という新しい場所に参集した学習者たちが,おのおののアイデンティティや世界観を協働的な相互行為の中で表明して,それを教室の仲間の間で共有することにより,日本語教室という場に個性豊かな諸個人で構成される「わたしたちの共同体」を構築するという実践を行なうためのスキームにもなっている。

(3) 共同体と成員と共通言語

こうした共同体はあらかじめ存在する共同体ではないので,当初は事前的に確立された共同体の実践というものはないし,共同体の歴史や文化や習慣などもない。こうした共同体では,成員が行なう具体的な活動やそのやり方が,共同体の歴史や文化や習慣となって,共同体を形成していくのである。つまり,教室集団の成員は,具体的な活動を行ないつつ,同時に共同体をも形成するという実践に参加するのである。具体的な実践は共同体の「ものごとのやり方」を生成し,それに続く実践はそれ以前のやり方を参照枠としながらもそれに改編を加えながら構成されていくのである。そして,このようにして共同体の実践が展開され共同体が発展するのと連動して,各成員も「日本語ができる非日本語母語話者であるわたし」という新しいアイデンティティ

を形成していくのである。
　こうした実践においては，共同体で使われる言語も共同体の成員にとってけっして事前的に存在するものではない。共同体の言語は，共同体の目的を遂行するための相互行為の中で使用されつつ，同時に共同体の共通言語として相互の了解のもとに徐々に形成されていくのである。つまり，日本語という目標言語は，事前的に設定されるのではなく，現実（具体的な個人の背景や状況，また個人に起こったできごとなど）を共有する活動の具体的な言語的コンテクストの中で使用されることで，一方で再認の契機により概念的な理解を獲得しつつ，もう一方で，使用された具体的なコンテクストや共同体と共同体の成員の現実を言語形態に編入しながら，共同体の共通言語として成長していくのである。このように，具体的な実践の中で共同体が形成される一方で，共同体の言語も，教師から一方的に与えられるのではなく，共同体の活動の相互行為の実践の中で形成されていくのである。

７　相互行為の実践の記述

（1）　相互行為の実践としてのプロジェクト・ワーク

　森本（1999）は，経験ある日本語教師が実施したオーソドックスな日本語の授業をビデオとテープレコーダーを使って収録し，授業の相互行為分析を行なった。その結果，初級段階の授業では，①９割以上のシークエンスを教師が開始していること，②教師の誘発の７割は応答において学習者が使用すべき言語表現（文型あるいは文法事項）を事前に規定していること，そして，③そのうちの半数以上は表現すべき内容も指定されていること，を明らかにした[*9]。この結果は，オーソドックスな初級段階の授業では，実際に教師中心の授業が行なわれており，「本日の言語事項」を引き出すためのIREのシークエンス（Mehan, 1979）が教室における相互行為の大部分を占めていることを明らかにしている。本章で紹介した自己表現中心の入門日本語教育では，このような相互行為とはまったく違った相互行為が展開されることが予想される。本節では，その中でも当該のモジュールの最終段階，つまり当該のテーマでどのような活動ができるようになっているか（あるいは，なりつつある）を知ることができるプロジェクト・ワーク（授業６）における学習者の活動あるいは相互行為の様子を，１つのチーム（A，S，Hの３人の学習者からなる）を中心として点描的に紹介し，若干のコメントを述べることとする。取り上げるのは，ユニット２のモジュール３のプロジェクト・ワークの授業である。このモジュールの中心的なテーマは「週末・休日の過ごし方」である。

プロジェクトワークの授業は，大きく3つの部分に分けることができる。はじめの部分は教室の外の日本人にインタビューをするための準備段階，次がインタビューの実施，そして最後がインタビューのまとめのポスター作成の段階である。本授業は，1999年11月9日に実施され，ビデオ収録されたものである。日本語学習開始後16日目に行なわれた授業である。

(2) 準備段階の活動

　以下のプロトコル1と2は，SとAとHがこの順でテーブルに着き，インタビューの準備をしているときのやりとりの一部である。全般的な状況としては，比較的日本語がよくできるAがこの準備活動を先導し，その次にできるHが時おりアイデアを出し，Sはもっぱら記録係になっている。

プロトコル1
 1 A：So, so, we say，週末は，何を，しますか。And they will answer，アルバイト。(笑い)
 2 S：(笑い)
 3 A：ですね。They will usually answer アルバイト。
 4 H：(横から割り込む感じでAの二の腕を取って) Then we will ― アルバイトは，おもしろいですか。
 5 A：(態度と表情で不賛成を示して) アルバイ，何，アルバイトは何ですか。
 6 H：ああ，どうですか。
 7 A：どうですか。

プロトコル2
 1 A：Talking about first time about TV. Then we say something about (　　)，テレビを見ますか。
 2 H：::映画。
 3 A：週末はテレビを見ますか。So, Instead of, instead of the, (　　), you should, (　　) 週末はテレビを見ますか。

　プロトコルの1と2でAらは，教室外の日本人相手のインタビューのシミュレーションを行なっている。この活動でAらは，間もなく教室の外で自分たちが行なうであろう日本語による言語的相互行為の場面を英語を使って仮想的に教室内に設定し，その中で模擬的に日本語を使用している。また，プロトコル1の5Aから7Aやプロト

コル2の1Aと3Aで観察されるように，そうした模擬的な日本語使用の中で，日本語を洗練したり，その後に続く質問を提示したりもしている。

プロトコル3でも，YとWとPの3人は同じようにインタビューのシミュレーションを行なっている。しかしながらここでは，「(週末は,) スポーツと, musicと, しますか」というふうに1つの誘発にいろいろな要素を入れようとしているWと，もう少し小刻みに質問をしていくべきであると主張するYとPが，双方具体的な質問を日本語で提示しながら，これから教室の外で行なうインタビューの適当な展開方法を検討している。

プロトコル3
1 Y : We have to adapt, adapt to what he answers.
2 W : OK, so, —,
3 Y : We have to make uhh, uhh,, specific questions, 音楽が好きですか。(「たとえば」というように，指を立てて)
4 W : OK, so, so, after, after the weekend, シュウガツは, 何を,
5 Y : 週末は，どこへ，行きますか。
6 W : So, so, スポーツと，スポーツと，musicと，ああ，しますか，します，いいですか。
7 P : Then we ask specific question.
8 W : どんな，どんなスポーツをしますか。

これらの事例は，インタビュー準備段階で行なわれる典型的な相互行為の様子を示しており，英語という使用可能な媒介手段を巧みに使って，ヤング(1999)のいう「同じ実践」を仮想的に事前に実践しているものとみることができる。そして，このような準備段階の活動を通して，学習者らはインタビューをするための相互行為の母体(matrix)[10]とそれを遂行するための具体的なリソースとしてのインタビューのためのノート(ローマ字あるいは日本語表記で書かれる)を得て，戸外に出かけるのである。

(3) インタビューの実施

プロトコル4とプロトコル5は，Aらが大学の中庭に出て，日本人学生を相手にインタビューを実施している様子である。これらのプロトコルでは，注目すべき点がいくつかある。まず第一に，準備段階では非常に発言が少なく，「記録係」に回っていたSが，相互行為を主導している点である。時系列的にみると，AやHとの準備セッ

ションの活動を通してＳは，仮想的なインタビューの相互行為の実践をＡらと共有することができ，具体的なインタビューの活動では，インタビューのためのノートをもリソースとしながら，教室内で仮想的かつ代理的に実践した相互行為を実際に再現したとみることができるであろう。次に注目すべきは，プロトコル４の17の「サッカー」である。日本語の促音というのはこの段階の日本語学習者の大部分にとって習得が困難な事項であり，Ａらもうまくはできていなかった。しかしながら，16Ｊがみごとな促音で「サッカーです」と言ったのに魅せられたかのように，Ａらはほとんどの声をそのまま獲得するかのように「サッカー」と声をあわせて美しくくり返した。この瞬間はどのような発音指導にもまさる音声習得の契機となっていると思われる。

プロトコル４（Ｊ＝相手の日本人）
　１Ｓ：に？
　２Ｊ：に行きます。
　３Ｓ：に。
　４Ｊ：に，（メモ）
　５Ｓ：い，き，ま，す。うーん，how about，趣味は，何ですか。
　６Ｊ：趣味はねえ：：：えーとね，スポーツ，，スポーツ，見る（ジェスチャー）ことです。見る。
　７Ａ：ああ，watch！
　８Ｊ：watch。
　９Ａ：watch，he likes to 見る。
　10Ｊ：見る。
　　　　（不明）
　11Ｓ：うーん，あーん，どんなスポーツが好きですか。，
　12Ｊ：ええとー，いちばん好きなのは，（ゆっくり。指でジェスチャーをしながら）
　13Ａ：はい。Nu, Numer //one
　14Ｊ：//一，いちばん，Number one.（指でジェスチャーをしながら）
　15Ｓ：favorite, favorite.
　16Ｊ：は，ええ，サッカーです。
　17Ａ，Ｓ，Ｈ：サッカー（Ｊの声をくり返すように。口々に）（「サ，ッ，カ，ー」と言いながらメモを取る）

プロトコル５（Ｋ＝相手の日本人）
　１Ｋ：音楽，するとか。
　２Ｓ：そうですか。どんな音楽，

3 K：音楽は，だいたい，邦楽？ 日本の音楽。
4 A：にほんの：：：（メモ）はい。
全員：（沈黙）
5 S：スポーツ，が，好きですか。
6 K：スポーツは，はい，好き。あのこいつは，見るのが好きやけど，ぼくは，やるほうが，
7 A：ああ，そうですか。同じのスポーツ？ サッカーとbaseball,
8 K：そうですね。バレーボールとか,
9 H：ああ。volleyball，はい。
10 A：（メモ）
11 S：毎日，勉強しますか。
12 K：まあ，学校には来てますけど。
13 A：あ，そうですね。
14 K：家で，勉強するのは，あんまり，毎日は，しない。（首を横に振る）
15 A：うーうー，そうそうそうそう。わかりました。
16 H：毎日，新聞ノ，読みますか。
17 K：毎日は，読まないです。
18 H：うーん，毎日，ちょっと—。

今1つ注目すべき点は，プロトコル4の6Jから10J，12Jから15Sならびにプロトコル5の14Kから15Aにみられるように，ジェスチャーや身振りによって相互行為が支えられ協働的に達成されている点である。「見る」（「見ます」という動詞の辞書形），「いちばん（好きなのは）」，「（勉強）しない」（「します」という動詞の否定形）はこれ以前には，学習者が経験した相互行為には出現していないと思われる。話し相手のJやKの記号的なふるまいが，他の相互行為のリソースと協働して相互行為を支えたといえるだろう。ここにまさにヤング（1999）のいう相互行為の協働的構築の契機をみることができる。とりわけプロトコル4の6Jの「スポーツを見る（ジェスチャー）こと」の部分に関しては，次のポスター作成のセッションでAらはプロトコル6のようなやりとりをしており，ヤング（1999, p. 119）のいうように「同じ実践の先行する事例で習得されたリソースを参加者が利用」していることをうかがわせる。

プロトコル6（T＝教師）
1 A：He likes to watch, watch,
2 S：スポーツを見：：：
3 T：「スポーツを見ます」でいいです。

第5章　留学生のための日本語教育の変革　　119

```
4 S：スポーツを::
5 T：見ます。
6 A：He said something different，と，見，見//見る
7 T：//見る//こと
8 A：//見ること
```

　同様の例は他のチームでも観察された。質問に対する答えで「酒，飲んだり:::」や「酒，飲んで寝る」といった応答を聞いたYは，ポスター作成のセッションでWが日本人の答えとして「お酒を飲みます」と書いているのを横に見て，やや不満そうな顔をして，次のようにつぶやいている。やはり，同じ実践の先行する事例を利用している例とみることができるであろう。

　プロトコル7
　　Y：「お酒を飲んで」。They don't say「飲みます」．

　また，これもAら以外のチームでの事例であるが，すでに習得した日本語表現の微妙な意味を実際の相互行為において経験することができたと思われる事例がある。

```
プロトコル8（L＝日本人）
　1 M：よく，（　）お酒を飲みますか。
　2 L：飲みます。え，「よく」，じゃないけど。
　3 M, L：（笑い）
　4 M：時々？
　5 M, L：（笑い）
```

　このプロトコルでは，「よくお酒を飲みますか」という質問に明瞭に「飲みます」と答えると，「お酒が好きだ」とMが理解してしまう可能性を感じたLは，直後で「え，『よく』，じゃないけど」というふうに多少のはにかみを含みながら「よく」の部分を否定することによりそうした含意を否定しようとした。そして，そうしたLのふるまいをLとMの両者が相互に了解して，両者とも3のように笑ったと理解できる。それに続く4Mの「時々？」にも，そうした含意に関連づけて「そこそこ好きでしょ」というニュアンスが含まれているように思われる。5で再度両者が笑っているところに両者間のそうした微妙な意味の了解を読み取れるのではないだろうか。そして，4Mの「時々？」は，すでに身につけた言語的リソースの新しい発話場面での創

造的な活用の例の1つであるとみることができるであろう。

　そのほかに特に注目すべき事象は，ポスター作成のためのメモを取るために，日本人に名前をくり返し，ゆっくりと言ってもらって，場合によっては代わりに書いてもらって，ようやくメモを取るという行為を達成しているという状況，また，やはりメモを取ろうとしてカタカナが書けなくて，書き方を教えてもらったり，場合によっては代わりに書いてもらったりしている状況などである。このような行為は，本インタビューに続くポスターを作成するという言語活動のための言語的なリソースの準備を協働的に行なっているという点で興味深い。

　最後に，インタビューの実践で最も重要なことは，教室で一定の程度まで習得した言語的リソースを活用して，教師という特別に訓練を受けた者ではない「ふつうの日本語話者」と一定の目的をもって実際に協働的に相互行為を構築していく経験をするということである。今回収録された実践でも相互行為の協働的構築がほとんどすべてのチームにおいて首尾よく行なわれていることが観察された。バフチン（Bakhtin, 1929／桑野訳, 1989, p. 102）は「言語獲得の理想とは，信号性を純粋な記号性によって，また再認を純粋な了解によって吸収してしまうことである」といっているが，インタビューの実践は，学習者の相互行為の実践がそのような状況に最も近づく瞬間なのである。

(4) ポスターの作成

　図5-3はAらが作成したポスターである[*11]。ポスター作成のセッションではこのようなポスターの作成に向けて，学習者相互，時に教師をも巻き込んだ協働的な活動が行なわれる。

	しゅうまつ	しゅみ	スポーツ	おんがく	ほん（本）
1.かみむらさん	あそびに行きます	スポーツをします	サッカーやきゅう	サンバ	よみません
2.ほんまさん	アルバイト	スポーツをします	バレーボール	日本のおんがく	よみません
3.とくすえさん	あそびに行きます	アルバイトおんがくききます	サッカー	ドラムたたきます	SF
			S（サイン）	A（サイン）	H（サイン）

図5-3　Aらが作成したポスター

　プロトコル9は，ポスターに「baseball」を書こうとしているのを教師が発見し

て，Aらの活動に介入したところである。

プロトコル9
    1 A：Baseball．
    2 T：Baseball，日本語で何ですか。
    3 A：うーん，わかりませんですけど。
    4 H：Baseball，日本語，あります？
    5 T：ありますよ。
    6 A：あります，yeah．
    7 T：勉強しませんでした？（少しポーズ）やきゅう，やきゅう。
    8 A：やきゅう。
    9 H：ベースボール。

　この相互行為で重要な点は，ここでは単に「baseballは日本語では野球である」ということを教えられているのではなく，このプロトコル9の背後に先行するインタビューでの実際の相互行為があるということである。その相互行為は先のプロトコル4に続くものであり，残念ながら実際のデータは手許にないが，その中で「かみむら（プロトコル4のJ）」はどんなスポーツが好きかという質問に対して，「野球」あるいは「ベースボール」と答えているはずである。プロトコル9で教師にこのように教えられることで，学習者は心の中で「かみむらさん」が「野球が好き」と生き生きと語るのを聞き，その声をポスターに書き込んだことであろう。Aらはこのほかにもインタビューで聞いてきて内容はすでに承知している「play the drum」，「science fiction」について，おのおの「ドラムをたたきます」，「SF」というふうに教師に教えてもらい，そのように語った人の名前のもとにその事項を書き込んでいる。

　このほかに，ポスターに書き込む過程で，表現の確認と修正や，表記の確認と修正などの活動が協働的に行なわれて，1つの言語作品としてポスターが完成するのである。最後に，プロジェクト・ワークに参加したチームのメンバーがポスターの片隅に名前を書き，サインをして，ポスターは教室の壁面に貼り付けられる。こうしたポスターは15週間のプログラムが終了するまで，「わたしたちのコミュニティ」の実践のモニュメントとして教室に掲示されるのである。

[8]　結びに代えて

　本章で紹介した実践の教育的な成果の一部（口頭表現能力の発達）については，西

口（1998）で紹介している。しかしながら，言語技能的な側面のみでこうした実践を評価するということでは，すでに特定のパラダイムに基づいた評価活動だということになるだろう。レイヴとウェンガー（1991）は正統的周辺参加論において知性的に熟達した人（knowledgeably skilled persons, Lave & Wenger, 1991, p. 62）という観点を提出している。日本語集中コースを終えた学習者たちはそれぞれの大学院に進学し，勉学や研究室での活動を始める。しかし彼（女）らが日本語研修期間中に身につけ得る日本語力は，そうしたことを円滑に実践するためには必ずしも十分なものとはいえない。このような学習者が，本章で論じたような学びの経験を通して得た教育的な成果を正当に評価するためには，言語技能的な側面だけではなく，レイヴとウェンガーがいうような「日本語で自分にとって必要なコミュニケーションができるようになりつつあるわたし」の，社会的な位置や熟練のアイデンティティを含めた各種の側面をみる必要があるであろう。

【資料1】言語的援助のタイプのリスト

1．学習者を励ます。
　(1) 学習者をほめる。
　　「ああ，いい言い方ですね」
　(2) 学習者が話すのをうながす。
　　「うん，それで」「もう少し，話して」
　　「ほかの人は，どう思いますか」
　(3) 学習者が非言語的手段を使ってコミュニケーションするようにうながす。たとえば，相手の話を聞きながら微笑んだり，「そうだ」「なるほど」というように頷いたりする，など。
2．提供された言語資料（教材）を学習者が理解できるように援助する。
　(1) やさしく話す。たとえば，必要に応じて，ゆっくり明瞭に話したり，主要な点をいろんな言い方で言い換えたり，重要な言葉や概念をくり返したり，言葉を説明したり定義したり，長めの発話を使ったりする。
　(2) 学習者が理解していることを確認するためにいろいろな方法で確かめる。たとえば，質問をしたり，小テストをしたり，書かれている内容に対応して体を動かしたり物を指さささせたり，授業の内容について書いたものやジェスチャーで返答させたりするなどの方法で。
　(3) 理解できないときに気楽に質問ができるように訓練する。質問の仕方には，「え

っ」「何ですか」「すみません。わかりません」「すみません。もう一度」「どういうことですか」などの言い方がある。
　(4)学習者の背景知識を引き出し，関連のあるスキーマ（認識の図式）を心の中に描かせる。また，議論を理解するためのそのような前提的な背景知識を学習者がもっているかどうかチェックする。そのような知識をもっていない場合は，これを与える。
　(5)教材の内容を事前にざっと解説する。
　(6)学習者が理解できない言葉を具体的な形で示す。たとえば，絵，図，表，グラフ，イラスト，実物などを見せたり，演演して見せたりして。
　(7)授業の手順をわかりやすくする。
3．キーワードや要点を覚えておくのを援助する。
　　黒板にキーワードや要点を書く。学習者がいつも注意を向けるように，キーワードや要点に関して質問をする。
4．学習者がインターアクションをするのを援助する。
　(1)教師は以下のような会話方略を使う。また，このような会話方略の使い方を学習者に教える。
　　・相手の言っていることを確認する：「こういうことですか」
　　・自分の言っていることについての理解を確認する：「わかりますか」
　　・はっきりわからないときに再度説明を要求する：「どういうことですか。もう一度話してください」
　(2)教師はいろいろな話の引き出し技術（elicitation technique）を使う。たとえば，質問したり，相手の言ったことをくり返したり，間をおいたり（つまり，相手が話すのを通常よりも待つ），（「それで」などと言って）もっと話を続けるようにうながしたりする。
　(3)学習者はみんなインターアクションに参加するようにうながされる。教師はみんなが参加できるようにいろいろな方略を使う。しかし，いつも教師が次に誰が話すかを決めるわけではなく，学習者もふつうの会話のように自然に話す順番を代えていくようにうながされる。
　(4)答えを事前に知っているような質問をすることもあるが，教師の質問のほとんどは1つ以上の答えがあるような質問である。
　(5)教師は正しい言い方をモデルとして提示する。
　(6)教師はどんな学習者でも参加できるような協同的なグループ活動をよくする（ゲーム，ペアによる会話練習，協同学習活動など）。

5．何かを直接に教える。

　必要に応じて，教師は何かの技能や概念や言語事項を直接に教える（たとえば，「今日は"a"と"an"の使い方を復習します」と言って，この文法事項の説明をして例を与えることもある）。

6．学習者の興味を維持する。
　(1)教師は，授業を各学習者に合うようにする。
　(2)教師は，学習者が興味をもつ，テーマに関連した話に集中する。
　(3)学習者は好きなことを話すようにうながされる。つまり，学習者は話す内容をある程度自由に選ぶことができる。
　(4)教師は言語形式よりもむしろ第一に意味に焦点を置く。
　(5)教室，学校，地域社会，国，世界など，それぞれの中の学習者の文化を特に取り上げる。

(Scarcella & Oxford, 1992, pp. 32-33)

【資料2】自己表現中心の入門日本語教育の話題シラバス

ユニット1：知り合う
　モジュール1　・名前を言う。
　　　　　　　　・初対面のあいさつをする。
　モジュール2　・出身を言う。
　　　　　　　　・職業，所属，専門等を言う。
　モジュール3　・家族や自分の町などの写真を見せて，その中の人物や物などについて説明する。
　　　　　　　　・写真を見て，いいコメントを言う。
　　　　　　　　・写真の中の人物や物などについて簡単な質問をする。

ユニット2：わたしの生活
　モジュール1　・起床時間，就寝時間などを言う。
　　　　　　　　・出社/登校時間，帰宅時間などを言う。
　　　　　　　　・営業日，営業時間，勤務時間などを言う。
　　　　　　　　・時間を尋ねる。
　モジュール2　・食生活（飲み物を含む）について話す。
　　　　　　　　・好きな食べ物/飲み物/スポーツ/音楽を言う。
　　　　　　　　・好き/嫌いを言う。

モジュール3　・日常生活について話す。
　　　　　　　　　・帰宅後/休日などの過ごし方について話す。
　　　　　　　　　・前日/休日などに何をしたか話す。
　　　　　　　　　・翌日/次の休日などに何をするか話す。
ユニット3：日本人の質問に答える
　　　モジュール1　・京都や奈良などに行ったことがあるかどうかを言う。
　　　　　　　　　・行ったときの話をし，何を見て，どう感じたかを話す。
　　　　　　　　　・行きたいという希望を言う。
　　　　　　　　　・儀礼的に人を誘う。
　　　モジュール2　・すし，さしみなどの日本の食べ物を食べたことがあるかどうか言う。
　　　　　　　　　・食べてどう思ったかを言う。
　　　　　　　　　・食べたいという希望を述べる。
　　　　　　　　　・歌舞伎，能，相撲などの日本の芸能やスポーツを見たことがあるかどうか言う。
　　　　　　　　　・それらを見てどう思ったかを言う。
　　　　　　　　　・見たいという希望を言う。
　　　　　　　　　・日本の生活や食べ物に慣れたかどうかを言う。
　　　　　　　　　・ある種の音楽を聞いたり，ある食べ物を食べたりしたことがあるかどうかを言う。
　　　　　　　　　・音楽や食べ物などをすすめる。
ユニット4：日本と日本人
　　　モジュール1　・日本と自分の国について概括的に話す。
　　　モジュール2　・日本と自分の国について少し詳しく話す。
　　　　　　　　　・日本人と自分の国の人について話す。
ユニット5：家族の紹介，人の状態，人や物の所在
　　　モジュール1　・職業を言う。
　　　　　　　　　・覚えているかどうか，知っているかどうか言う。
　　　　　　　　　・結婚している/婚約している/疲れている/酔っているかどうか等を言う。
　　　　　　　　　・行為を終わったかどうかを言う。
　　　　　　　　　・誘う
　　　モジュール2　・何をしているか/どういう状態にあるかにより人を指定し，その

	人が誰かを尋ねる。
	・建物がどこにあるか尋ねる/答える。
	・部屋や店などが建物の中のどこにあるかを尋ねる/答える。
モジュール3	・行為を申し出る。
	・申し出を受け入れる。
	・人にものを頼む。
	・許可を求める。
	・指示に従う。

★1　本稿ではそうした外国人に対して，日本国内にある大学や日本語学校等の日本語教育機関で行なわれている集中日本語教育をおもな興味の対象として念頭に置いて議論を進める。

★2　このあたりの事情については，『日本語教育事典』（日本語教育学会，1982）や『日本語教育学』（木村ら，1989）などを参照のこと。

★3　トランスクリプション中の（　）内の数字は沈黙（単位は秒）を表わしている。各例の見出しは森本（1999）のまま。

★4　本来的にいうと，そうした教授方略で首尾よく有効な学習が達成できる言語事項と，そうでないものとを振り分ける作業が必要とされているともいえる。

★5　獲得（appropriation）についてはニューマン（Newman et al., 1989）を参照。

★6　実際には第1週目は準備的な学習期間として，日本語によるコミュニケーションの基本的な特徴を知ること，日本語の音声およびひらがなとカタカナの学習に費やされるので，本稿で論じられるプログラムは第2週から第6週にわたる6週間に行なわれることとなる。

★7　語彙句（lexical phrase）については，ナッティンガーとデカリコ（Nattinger & DeCarrico, 1992）やルイス（Lewis, 1993）を参照。

★8　コミュニケーション・ストラテジーの研究で明らかにされている種々の現象を参照。最近の同研究の動向についてはキャスパーとケラーマン（Kasper & Kellerman, 1997）を参照。。

★9　3人の教師によって行なわれた「導入」の授業と「練習」の授業で，計6コマ，300分のデータに基づく結果である。森本（1999）は，同時に中級段階の同様の授業の相互行為分析も行ない，両者を比較している。

★10　ここにいう母体（matrix）とは，具体的な相互行為が形成される基盤のことである。状況的学習論では，学習の母体（matrix for learning）ということがしばしばいわれる。たとえば，レイヴとウェンガー（Lave & Wenger, 1991）は，徒弟制における学習の母体について次のように述べている。

「親方が徒弟に効果的学習をつくり出せるかは，徒弟に自分の概念表象をうまく教え込めるかどうかによるのではない。むしろ，徒弟自身が自分で成長できるように，親方が参加の仕方をうまく仕分けてあげられるかによる。やはり，学習の母体を提供するのは，協同的な参加を可能にしているこのような共有された能力であって，記号や

指示対象がもつ構造の共通性ではない。」(Lave & Wenger, 1991, pp. 21-22; 強調は筆者)

★11　ポスターに出る日本人の名前は仮名にしてある。

第6章 対話的関係の交渉と歴史としての「声」
：ある脳梗塞患者の社会的機能の障害から考える

　われわれは生まれてから死ぬまでの間に，実にさまざまな社会的活動への参加や人々との出会いがあり，そしてそのことがわれわれの人格に影響を与え続ける。たとえば発達がいちじるしい幼児期，学童期，さらには思春期とよばれる時期には，学校をはじめ集団で教育を受けるためのシステムへ参加する。そのことは家庭において形成された人格を強化したり，あるいは修正したりする機会となる。

　特に子どもから大人へと心身ともに急速に発達する思春期の子どもたちは，発達に伴って変化する自分を複雑な気持ちで経験している。それだけでもたいへんである時期に多くの他者と出会う場に居続けることは，子どもたちにとっていかに心のエネルギーを要する営みであろうか。

　学校の教師としてカウンセリング的アプローチを実践する松田（2000）は，学校が「自分自身・他者・自分と他者のかかわりへの気づきや受容，そしてアイデンティティ獲得のためのフィールド」であるからこそ，子どもたちにとって学校に「居場所感」が必要であることを指摘する。松田の「居場所感」とは，心理的な「居場所感」を含み，「安心し・おちつけてリラックスすることができる《リラックス》・自分の能力を発揮でき・自分の存在を認めてもらえる・受け容れてもらえる《やりがい》・自分について振り返って考える《プライベート》」が可能な空間である。

　不登校の子どもたちと接する機会の多い筆者は，子どもたちが学校に居続けるためには，松田の指摘する「居場所感」の必要性を，また実際に子どもたちがそれを獲得していくことに相当のエネルギーを費やしており，またその営みの容易ならぬことを痛感する。

　しかし子どもたちにとってそのような「居場所感」が必要であることは，学校に限られたことではない。生活のどこかにそれがあることが，現実の子どもたちの日々の活動を生き生きとさせている。そしてそれは大人もまったく同様である。

本章では,「居場所感」がたとえばどのように獲得されていくのかについて, 1つの事例をあげて考える。これから紹介する事例の主人公は, 脳卒中により突然, 言語と歩行の機能に障害をもった男性である。この記録は, その男性の入院から退院後, 自宅での生活を含めたおよそ5年間を, 介護者（娘）兼研究者として参与しながら観察・記録したものである（土屋, 1997）。病いと障害によって変容した自分をどのように経験し, またそれをどのように受け止めていくのか。その過程は同時に, 自分の「居場所感」を他者との交渉によって築いていく過程でもあった。本章はそのような一例について, 特にヴィゴツキー（Vygotsky, L. S.）, バフチン（Bakhtin, M. M.）, そしてワーチ（Wertsch, J. V.）らが与えてくれた視点を中心にして考える試みである。

1　病いによる自己の変容

(1)　違和感と怒り

　石田氏（男性, 発病当時64歳）は, 自宅で激しい頭痛を訴えたあと, まもなく意識障害となり, 救急車で総合病院に運ばれた。検査の結果, 小脳梗塞であると診断された。昏睡状態で入院したが2日後には意識がもどり, 発語が困難になったことを知ったが（以下の石田氏の発話はすべて発音がいく分か不明瞭である）, 1週間後には, 発音が不明瞭ながらもはっきりと自分の意思を示すことができた。
　ところがそれと同時に石田氏は,「押さえつけるな！」「ほっといてくれ！」といった激しい怒りのことばを周囲の者にぶつけ始めた。その様子をみた医師からは,「それは脳の血管障害によるものです」という説明が家族に対してなされた。そして家族は, 医師のその説明によって石田氏の怒りを理解した。
　しかし, しだいに家族は, 石田氏の怒りにはそれ以外の理由もありそうだと思い始めた。家族が病院生活に慣れてきて気持ちに余裕が出てきたことも背景にあるのだろう。石田氏がある特定の人々に対してのみ, 激しい怒りを向けていることに気づいたのである。そしてその怒りを向けている対象とは, 自分たち家族と若手の看護師であった。
　意識をとりもどした石田氏は, さまざまなところで以前とは違う自分を経験していた。ろれつが回らなくなり, 発音が明瞭にできなくなった。立ち上がったり歩いたりするときに, バランスをとることが難しくなった。箸や鉛筆を使うといった, 手先のこまかな動作ができなくなった。
　しかし石田氏が感じていた違いは, そういった身体的機能の変容だけではなかっ

た。たとえばその1つに,若手の看護師から自分に向けられることばがあった。「石田さーん,お熱はかりましょうねぇ」。1日に何度も病室にやってくる若手の看護師たちは,誰もがまずそう石田氏に声をかけた。このようなことばかけは,おそらくどの病院でもごくあたりまえに,看護師が病室にやってきたときに患者に対してなされているだろう。ただ石田氏の場合,若手の看護師から自分に向けられるそのことばは,不思議なまでにみな同じ特徴をもっていた。上がり調子で語尾がのばされたそれは,石田氏にとって自分が幼子のごとく扱われているように感じられた。そして石田氏は,その語り口をする者に対してほとんどことばで返答せず,時にはあからさまに背を向けることで応対した。その語り口は端から聞いていれば愛らしくも聞こえる。しかし入院当初の石田氏には,そう受けとめることができなかった。そのころの石田氏には,以前にはできたことができなくなったことを発見し落胆する毎日が続いていた。そのような日々の中で,彼女たちの語り口を笑ってやり過ごすことができなかった。

さらに石田氏は自分の一挙一動に対して,家族から敏感に反応されるようになった。たとえば,ちょっと身体を起こそうとすれば,(石田氏いわく)「訳も聞かずに」いきなり家族に身体を押さえつけられる。そしてすぐさま家族は医師に連絡をとり,身体を動かしてもいいのかどうかの確認をとる。そして家族は,医師から言われたことを石田氏に告げる。そのように自分の一挙一動が誰かによってすぐさま反応され,しかもそれが自分にとってなじみのない世界,いわば「医療文化の意味世界」の中で次つぎと解釈されていく。それはあたかも,自分の身体の責任者は自分ではないのだ,と言われているかのごとくであっただろう。

このようなことは,特に重症の病者をとりまく状況においては,あたりまえのことのように思われるかもしれない。しかしたびたび続く,いわば一方的な「医療文化の意味世界」への翻訳作業のもどかしさに,石田氏は「押さえつけるな!」「ほっといてくれ!」「何を言ってるんだ,自分がいちばんわかっているんだ!」と,激しい怒りをその相手にぶつけた。そのように,意識がしっかりしてまもなくのころの石田氏にとって,他者の自分に対する応対は,病気以前とは異なっていた。そしてそのような他者からの応対による「違和感」を,激しい怒りによって表現した。

(2) 家族:「第三者としての障害者」

しかしこの時期の家族についていえば,突然襲った病いによる石田氏の身体的機能の変容と,さらには石田氏の自分たちに向けてくる激しい怒りに対する動揺は大きかった。医学的知識の「素人」であることに加えて,そのような動揺が,石田氏の発言

やふるまいをどう解釈したらよいかの判断を鈍らせた。しかし，かといって，わからないという不安な状態をそのままにしておけるだけの気持ちの余裕もなかった。曖昧なままでなく，何らかの意味づけがほしい，誰かにこうだとはっきりと教えてほしい。また，それがもし石田氏の新たな病いの徴候なのであれば，一刻も早く治療してほしい。この時期の家族は，そのような不安を抱えた心理状態にあった。

しかし家族が敏感に反応したのは，石田氏の一挙一動だけではなかった。医師や看護師のちょっとした発言にも一喜一憂した。石田氏の症状についてよいことを言われれば非常に喜び，悪いことを言われれば非常に落ち込んだ。その中間の感情はないかのように，両極の端を大きく揺れ動いた。また医師や看護師の顔の表情や態度のわずかな変化にも深読みをし，たいていその解釈を悪い方向へともっていった。それは石田氏にさらに悪いことが起こった場合，少しでも自分たちが受けるショックが軽くすむようにという心の準備のようでもあった。

このような石田氏の家族の状態は，障害者の家族が「第三者としての障害者 (third party handicapped)」とよばれていることの一面を表わしている。それはたとえば，身体障害者本人が社会的・物理的・心理的な環境の喪失を経験しているそのかたわらで，その家族も何らかの喪失を経験していることを意味する。石田氏の入院当初に家族が喪失していたことの1つは，突如見舞われた病いと障害により変容した石田氏の発言やふるまいを，どう解釈したらよいかを判断する基準あるいは文脈である。

ところで病院は，治療を受ける個人を「患者」としてのみ扱うと非難されることがある。それはたとえば，医療人類学の草分けで精神科医のクラインマン (Kleinman, 1988／江口ら訳, 1996) が指摘するように，治療を受ける個人の職業や社会的地位，ときには性別までもが，治療者によって何の意味もなさない，あるいは小さな効力しかもたないとして扱われることを意味する。さらに「患者」としてのみ扱う病院では，あたかも生物学的医学の知識体系に照らし合わせた病名が，治療を受ける個人の個性であるかのようにみなされる。加えて，治療者の前に従順な「患者」であることは，病院というシステムが効率的に機能することにも寄与している。

以上のように，病者を生物学的医学の文脈に加え，病院というシステムの中で治療を受ける「患者」という文脈の中で意味づけようとする行為を，議論の便宜上「医療文化の声」と名づけることにする。

たしかに石田氏の入院後まもないころの家族は，石田氏の行為を「医療文化の声」の中で意味づけることに強く依存していた。しかしこれまでみてきたように，そのころの家族は，目の前で次つぎと起こる自分たちにはなじみのない，それゆえに強い不

安をかき立てられるできごとの意味づけを,とりあえず明確に思える「医療文化の声」による解釈に委ねたい,そうでもしなければ,その不安な気持ちを抱える自分をどう支えたらよいのかわからない,という心理状態にあった。

そして家族は,そのような自分たちの不安な気持ちを支えるために「医療文化の声」に依存しようとしていた。しかしまたその一方で,自らより積極的に「医療文化の声」を利用することもあった。

家族の1人が数本の点滴の管でつながれている。しかも一時期は暴れて点滴がはずれるために,手足は紐でベッドの柵に縛りつけられていた。それらは治療のために止むを得ないことだと誰もが重々承知していた。にもかかわらず,家族のメンバーのそのような姿を見ることは,他のメンバーにとって,気が動転してしまうほどのできごとなのである。

また家族が石田氏を見守る病室は,時おり,突如として治療室に変わることがあった。石田氏は一時期,紙オムツを利用していたのだが,たびたびオムツかぶれに悩まされた。そのころの石田氏は身体を動かすことによる病変が心配されたため,病室で皮膚科の医師による往診を受けた。医師は看護師といっしょに病室へ入ってくるやいなや,その場で石田氏の患部の治療を行ない始めた。その行為は,病院だから当然といえば当然である。しかしその時その場には,石田氏にとって恥ずかしさを保護するものが何もなかった。突如として始まったその治療行為は,家族が石田氏の恥ずかしさを気づかって,その場を離れることを考える余裕すら与えなかった。

そのようなとき家族は,石田氏を「家族」というよりも「患者」としてみようと努めた。すなわち,病者となった「家族」の一メンバーを,あえて「患者」として「医療文化の声」の中で意味づけることによって,「家族」としてみてしまうと辛くなる場を切り抜けていたのである。それは病者の家族が,病者のかたわらに居続けるために自然に身につけていく方略の1つなのであろう。

いずれにせよ,石田氏の家族が「医療文化の声」に極度に依存していたのは,石田氏の内科的症状が安定し,歩行と言語の機能訓練が始まる時期までのことであった。

(3) 「生物学的機能の障害」と「社会的機能の障害」

これまでみてきたように,石田氏の激しい怒りは,病気以前には経験したことのないような他者からの応対に対して向けられていた。それはたとえば,自分の一挙一動が,たとえ「ああ」というため息でさえもすぐさま誰かによって捕らえられ,しかもそれが「医療文化の声」の中だけで意味づけられるときに現われた。そこではすなわち,石田氏なりの意味を尋ねられることはほとんどなく,自分に期待されていたのは

治療を受ける「患者」であることだけだった。

　このことは，石田氏が「生物学的機能の障害」と同時に「社会的機能の障害」を経験しているといえるのではないか。ヴィゴツキー（大井ら訳，1982）は障害児の発達を論ずる中で，身体的欠陥が「きわめて重要な社会的機能の脱落，社会的関係の変質，すべての行動の系の変化を意味する」こと，さらに盲児を例にあげ「盲は盲児にとって正常な状態であって，病的な状態ではない。盲は盲児には，自分に反映される社会的経験の結果として，間接的に，二次的にのみ感じられる」ことを述べている。すなわち，身体的欠陥（本論では「生物学的機能の障害」）が障害として経験されるのは，社会的環境の中で（「社会的機能の障害」として）二次的に経験されるということである。

　ヴィゴツキーの関心事は，生得的に身体的欠陥をもった子どもに対する社会の側の教育の重要性であった。しかし「生物学的機能の障害」が同時に「社会的機能の障害」を伴うことは，生得的な障害に限らず，後天的な障害そして大人の障害者にもあてはまることは，石田氏の例をあげるまでもないだろう。

　石田氏の「社会的機能の障害」についてさらにみれば，それはたとえば，病いと障害によって，それ以前に自分がもっていたさまざまな意味や価値が侵害されることが含まれている。より正確にいうならば，それらが以前から明確にあったというよりも，むしろ他者からの応対が違和感として感じられたときにそれらに気づかされ，しかもそのいくつかは，すでに現在の自分にとって無効となったことにも気づかされたのである。

　「社会的機能の障害」については，石田氏が退院後の日常生活においてしばしばつぶやいていた，次のような発言にもよく表われている。「わたしが話してもわからないんだなあ。相手が『はあ？』って奇妙な顔をする。笑ってごまかされたり。声を出すとみんなこっちを向く。返事だってわたしにじゃない。質問だってわたしにじゃない，つき添いの顔を見る。わたしがわかっているかどうか確かめるみたいに。半人前だな。本当に情けないなあ。話したくない」。

　しかし石田氏のこの発言についてさらに注目したいのは，全体に強い語気でもって話されたことである。文字だけ読めば内容から判断して，石田氏は弱々しい語気でもって話していると思われるかもしれない。そしてそれによって，石田氏が他者から受けた反応を，ただ受け身的にあるいは被害者的な気持ちで経験していると思われるかもしれない。ところが，この石田氏の発言は全体的に力強く，特に最後の「話したくない」は，自分にそのような対応をしてくる相手を，きっぱりと払いのけるかのような強さでもって発せられた。つまり石田氏のこの発言には，障害を負った自らを受け

入れきれない気持ちと，さらにはその強い語気から，他者から得た反応に対する強い反発の気持ち，そして自らそういう相手とは話をしたくないという決意さえ含まれているように感じられるのである。

すなわちこの発言には，石田氏が自分の「居場所感」を他者との関係の中で，けっして受け身的だけでなく，自らの反応を返しながら探っている姿が垣間みられる。以降では，そのような例についてさらに具体的な会話場面を取り上げ，より質的な分析によってみえてきたことを紹介する。

② 分析の視点

(1) 「声」と「特権化」

具体的な会話場面のより質的な分析を行なう前に，その分析に用いる視点について確認しておきたい。さて，これまで用いてきた「医療文化の声」の「声」とは，バフチンの用語である。バフチンはことばについて，自己完結的な体系を想定し言語要素間の関係に還元するいわば研究者が抱く関心ではなく，むしろ使用者の「内側からの理解」に注目しようと「言語コミュニケーションの実際の単位」として「発話」（書き言葉も含む）を設定した（Bakhtin, 1979ほか／新谷ら訳, 1988）。そして「発話」は実際，ある特定の社会文化的な状況において固有の話す主体によって，まさに「声」として実現される。

ある特定の社会文化的状況と表現したのは，バフチンが単一の国語内にもさまざまな活動領域に分化した，固有のある程度安定した形式があることを認めていたからである。これを「社会的言語」とよぶ。「社会的言語」には，たとえば「社会的諸方言，集団の言葉づかい，職業的な隠語，ジャンルの言語，世代や年齢に固有の諸言語，諸潮流の言語，権威者の言語，サークルの言語や短命な流行語，社会・政治的な日付，さらには時刻の諸言語（毎日が自らのスローガンを，語彙を，自己のアクセントをもっている）等」（Bakhtin, 1975／伊東訳, 1979）がある。

そして話し手が「声」を実現させるためには，いずれかの「社会的言語」を借りなければならない。「社会的言語」はそれぞれに，制度，歴史，文化的に意味や価値の異なる視点をもち，その意味において，音韻規則や統語法といった文法とよばれる形式と同様に，話す主体の自由を制限する。そしてわれわれはいずれかの「社会的言語」という，いわば「他者のことば」を借り，そこに「自分の志向とアクセントを住まわせ，言葉を支配し，言葉を自己の意味と表現の志向性に吸収し…自己のものとしなければならない」（Bakhtin, 1975／伊東訳, 1979）。

話し手はそのように，「声」として実現させる過程において借りた「社会的言語」に独自の表情を付与し，自分固有の意味や表現（イントネーションやアクセントによる表現も含めて）をのせて再びそれを社会に返すのである。バフチンはその過程を「腹話術」とよんだが，そのように「社会的言語」の規範性は柔軟で可塑性に富んでおり，一方実現された「声」には，話し手の意識や人格の意味合いが含まれる。

　ゆえに「社会的言語」は客観的に，たとえば辞書の中に存在するのではない。それはある具体的な社会文化的状況において，ある特定の時間と空間に制限された固有の話す（あるいは書く）主体を通して，まさに人格つきの「声」として実現される。そのように話す主体を通してその都度，新しい様相を帯び得る「社会的言語」は，「声」と相互作用的な関係にある。

　しかもバフチンは，その「声」が常に「誰かに向けられている」ことを前提ととらえる。すなわち，どの「声」にも「宛名」があるととらえ，現実のコミュニケーションにおいて，他者が決定的な役割を担うことを強調した。しかも他者とは直接的な聞き手に限らない。バフチンは会話でなく「対話（dialogue）」という表現を用いたが，「対話」とは2者間のやりとりに終わらず，より一般的な具体的にならない他者をも含み，また他者との関係が明らかになるという意味において会話とは異なる（バフチンの「対話」の概念はさらに広い。先に示した「腹話術」の過程，さらにはさまざまな「社会的言語」が互いに他を意識しながら共存している状態（「異言語混交」）も含まれる）。

　ところでヴィゴツキー（1934／柴田訳，1962）によれば，個人の内言の意味論的システムは，言語を媒介手段として社会的諸関係（精神間機能）が個人の心理機能（精神内機能）へと転回されることによって構築される。ワーチはこのヴィゴツキーの考えをバフチンの「発話」，「声」，「社会的言語」，そして「対話」といった概念を援用することによって，より具体的により豊かに分析できる可能性を示している。

　それに関するワーチの研究の1つに，学校教育の正規の教授場面の分析がある。そしてワーチは，そこで「脱文脈化された声」が他の「声」よりも「特権化」されていることを指摘した。「脱文脈化された声」とは，「形式的で論理的，できれば定量可能なカテゴリーによって対象や出来事（つまり，指示的意味内容）を表象」（Wertsch, 1990／石黒訳，1991）し，その意味は文脈から独立して引き出すことが可能であるという特徴をもつ。

　ここでは特にワーチの提示した「特権化」という概念に注目したい。これはバフチンの「権威的な言葉」をもとにしている。バフチンは「権威的な言葉」になる傾向があるとして，宗教，政治，道徳上のことば，父親や大人，教師のことばなどをあげ次

のように説明する。「権威的な言葉がわれわれに要求するのは，無条件の承認であり，自由な適用や，自分自身の言葉との同化などではまったくない。…権威的な言葉は，われわれの言語意識の中に，密集した分かち難い統一体として侵入してくるのであって，それに対する態度は無条件の是認か，無条件の拒否のどちらかでなければならない。それは，権威――政治権力，制度，人物――と分かち難く一体となっている。したがって権威的な言葉はそれらの権威と消長をともにするのである。ある部分には賛成し，また別の部分はある程度まで受け入れ，また第三の部分は無条件で拒否するという風にそれを分割することはできない。…権威的な言葉は不活性なものであり，その意味は完結し，硬化している」(Bakhtin, 1975／伊東訳，1979)。

バフチンによれば，意味は「声」と「声」の応答の積み重ねである「対話」において構築される。しかし「権威的な言葉」は他の「声」との接触能力を欠いており，他の「声」との「対話」によって相互活性化されることを極力拒むのである。ワーチはそのような「声」の権威性の考えを援用し，固有の社会文化的状況における「声」と「声」の関係を，よりダイナミックにとらえる概念として，「特権化」という用語を提示した。

> たとえば社会的言語といった1つの媒介手段が，ある特定の社会文化的状況では，他の手段よりもより適切ないし効果的だとみられているという事実を意味している。私が，優勢ないし支配といった用語の代わりに特権化を使うのは…まず第一に…それにまつわる理論的しがらみが少なく，より限定された意味で使えるからである。その上，…特権化は心理的な過程に焦点をあてているということがある。これは，原則としては他の媒介手段を想定することができたとしても，ある特定の媒介手段がその使用者に対してそれが適切であること，さらには唯一の可能な選択とさえ思わせてしまうことがあるという事実にかかわっているのである。…もう1つの理由としては，支配はしばしば暗にある種の制止状態を意味しているのに対して，特権化はよりダイナミックなものと考えられることにある。(Wertsch, 1991／田島ら訳，1995)

ところで，ワーチが学校の教授場面に「特権化」されていると指摘した「脱文脈化された声」とは，いわば1つの「社会的言語」である。われわれは多様な社会的実践にかかわることによって多様な「社会的言語」と接触している。そしてその「社会的言語」と，さらにはその固有の使用者との「対話」において，自らも多様な「声」を獲得する（ただし「声」とは本来一回性のものであるが，本章においてはワーチと同様，時に「声」と「社会的言語」を互換可能な用語として用いる）。

さらにワーチの「特権化」という用語には，バフチンが「声」にはイデオロギー性あるいは評価的態度が付与されていると指摘したことの意味合いも生かされている。

バフチン（1930／桑野訳，1994）によれば，われわれが耳にしているのは言語形態の正しさではなく，むしろ「真か偽か，善か悪か，重要なことか重要でないことか，愉快なことか不愉快なことか等」であり，そのように「つねに言葉は，イデオロギーや日常生活の内容や意味で充たされている」のである。さらにバフチン（1979ほか／新谷ら訳，1988）は「絶対的に中立な発話というものは不可能なのである」と断言する。すなわち，発話することは他の発話に対しての情動的な評価を下すことであり，そのような意味において「能動的な応答」（以下「応答」）なのである。

(2) 「特権化」の心理学的視点

　ワーチの「特権化」の視点から石田氏の激しい怒りをとらえれば，石田氏は入院当初の生活において「医療文化の声」の「特権化」を経験し，それに対して怒りを向けていたと考えることができるかもしれない。そして実際に病院は，病気を治すというそれ自体の目的ゆえに，たいていの人にとっては未知であるところの生物学的医学という専門的な「声」と，加えて病院というシステムにかかわる特殊な「声」とが「特権化」されてこそ，その役割を果たし得るといえるだろう。

　しかしながら，「病院」イコール「医療文化の声」が「特権化」されているところと指摘するだけでは，そこで生活する者にとっての具体的な経験がみえてこない。その指摘ではたとえば，石田氏がなぜ「特権化された声」に対して怒りを向けていたのか，しかもなぜすべての人に対してではなく，ある特定の人物に対してのみ怒りを向けていたのか，などについては知ることができない。

　すなわち，どのような「声」が「特権化」されているかを知ることと，そこでの生活者にとってどのように「特権化された声」が経験されているかを知ることとでは，分析の視点が異なってくる。前者は「特権化」を観察者の側からみようとするより社会言語学的視点に立った分析であり，後者は「特権化」を経験する主体の側からとらえようとする，より心理学的視点に立った分析である。

　本章では後者の視点に近づき，「特権化」という用語について，前者のように「特権化された声」が主体の外側にすでにあるというのではなく，それが主体によって具体的にどのように経験されているのかという，主体と「特権化された声」との関係においてとらえる視点として使用する。

(3) 「特権化された声」との関係

　ところで，医療技術の進歩のいちじるしい現代は，ますます専門家による閉じた世界をつくり出しているかに思われる。しかし石田氏を取り囲む人々の中で，「医療文

化の声」の「特権化」に最も貢献していたのは，その専門家よりもむしろその「素人」である石田氏の家族だったことに注目したい。

どのような「声」が「特権化」されるかは，その時，そこで，どのような実践が中心になっているかによるだろう。たとえば，病院では集中的に生物医学的な治療が必要な時期には，何よりも「医療文化の声」が「特権化」されなければならない。

しかし石田氏はその時期でさえ，「医療文化の声」を「特権化」して自分に押しつけてくる者，特に家族に対して激しい怒りをぶつけた。石田氏にとって家族は，病気で倒れる以前の自分を最も知る者である。いうなれば，家族は「医療文化の声」ではない「声」を自分に向けてくれる可能性が最も高いはずである。そうであるにもかかわらず，そうではなかったことに，石田氏は納得がいかなかったに違いない。

それは見方を変えれば，石田氏にある「医療文化の声」以外の「声」に対しては，ほとんど「応答」がなされないままだったということである。そのように，「特権化」という用語は，ある「声」の「特権化」の背後に，「応答」されない「声」があることを示唆する用語として有益であると筆者はとらえている。

そして「特権化」について，そこで生活する主体の側により近づいてみえてくることは，たとえば，どのような「声」で相手が「応答」するのか，あるいは自分のどのような「声」が相手によって「応答」されやすいのかなど，「応答」という他者との意味づけ，価値づけの相互的行為によって経験されることである。

さらに「特権化」という概念は，われわれに次のような視点をもたらしてくれると筆者はとらえている。われわれが何らかの社会的実践の場に身を置いたとき，そこで居心地の悪さを感じることがあるとすれば，それはそこにおいて何らかの「特権化」された「声」があるということ，さらにその「特権化された声」と自分の「声（複数）」のいずれかとの関係において違和感が生じているのではないか，と考えてみる視点である。

③ 「声」の歴史性

ところでヴィゴツキー（1934／柴田訳，1962）によれば，個人は内言の意味論的システムを，社会的役割やそれに基づく行動領域に従って独自のものを発達させるという。突然の病いと障害は，石田氏にそれ以前とは非常に異なる社会的役割と行動領域での生活を余儀なくし，またそれは同時に，石田氏がそれまで築いてきた意味論的システムを大幅に変更させ，しかもある部分はまったく無効にした。

本章ではさらに石田氏の長期の入院生活と，その後の通院生活の様子を紹介する。

そこにおいては，石田氏が新たな社会的役割や行動領域を模索している姿を垣間みることができよう。そしてその過程はまた，「特権化された声」との関係づくりの歴史でもあった。本章では特にその関係づくりの歴史に焦点を当て，それによって石田氏が変容した自分をどのように受容していくのか，またそれと同時に，どのように周囲との新たなる関係を編み直していくのかをみていく。

(1) 新しく生まれた「声」：「ていねい語」

　内科的症状（心臓の不整脈，高血圧，頭痛，めまいなど）がある程度落ち着き，車椅子で病棟のトイレに行けるようになったころから，石田氏には歩行と言語の機能訓練が始められた。そしてそれをきっかけにして石田氏は，病棟を離れて広い病院内を「散歩」することを楽しむようになった（石田氏が入院していた総合病院は，病院内の各施設——売店，3つの食堂，書店，花屋，美容院，簡易郵便局，自販機コーナーなど——がそれぞれに充実していた。また病院は周囲を田畑や池，林などの豊かな自然環境に囲まれ，さらにそれを十分楽しめるぐらいの大きなガラス窓が多かった）。

　石田氏の散歩は，病室にもどりたくないという理由から始まった。広い病院内を何日もかけて少しずつ探索し，自分の好きな場所をふやしていった。そしてその散歩には，毎日1時間くらいが費やされた。

　散歩の途中で石田氏は「いろんな人がいるなあ」と，しばしばため息混じりにつぶやいた。ゆっくりとゆっくりと娘が押す車椅子に乗りながら，石田氏は通りすぎる人々にしばしば目をやる。「忙しそうだな」と，足早に自分の車椅子の脇を通りすぎる医師や看護師を目で追いかけた。「わたしよりも気の毒だな」と，自分より若い人がもっとたいへんな障害のある姿を見て彼らの将来を案じた。「ああいうふうになりたいな」と，おじいさんの乗る車椅子を押すおばあさんの姿を見て，仲むつまじい老夫婦をうらやましがった。そのようなつぶやきからは，しばらくのあいだ生活が病室の中だけに限られていた石田氏にとって，散歩が実にさまざまな新鮮な出会いをもたらすと同時に，散歩で見かける人々から，自分が置かれた今の状況をいろいろな角度から眺める機会となっていることがうかがえる。

　しだいに散歩を通して，病院の中でも行きたい場所と行きたくない場所が出てきた。そしていつの日か，次のようなお決まりの散歩コースができあがっていた。「訓練室」→「売店」→「芝生の広場」→「自販機コーナー」→「診察室裏の廊下（秘密の特訓場）」→「薬剤部前の廊下」→「病室」。そのように，病院という大きな1つの建物が，石田氏にとってそれぞれに意味のある空間として区分化されていき，それらは入院生活にそれぞれ異なる色を添えていた。

中でも診察室裏側の廊下は，2人にとって特別な場所となった。その廊下は，さまざまな外来診察室の並ぶ廊下と診察室を挟んでちょうど反対側に位置している。狭い廊下ではあるが，壁の3分の2ほどが窓ガラスになっており，そこからは日中の日差しが入り込むだけでなく，建物周辺の豊かな自然を眺められるため開放的な雰囲気がある。けれどもそこは診察室前の廊下とは対照的に，人であふれかえる診察時間内でもほとんど人が通らない。その裏通り的雰囲気を象徴するかのように，そこには使用済みのタオルや，時には職員が食べた弁当のおりなどが置かれている。そしてそのような廊下が，石田氏いわく「ほとんど誰にも見られずにホッとする場所」となった。
　さらに石田氏がその廊下に行く目的がある。歩行の練習をするためである。石田氏は病気で身体のバランスをとることが難しくなり，歩くと前後左右にふらふらするのであるが，特に誰かに見られていると緊張してますますその程度がひどくなる。そのため，ほとんど人が通らないその廊下が，歩く練習をするには最適の場所だった。石田氏と娘はその場所を「秘密の特訓場」と名づけ，毎日のように立ち寄った。
　ところで，入院する以前の石田氏は，娘にとって厳格で怖い父親であった。そして娘はそのような父に対して反発を感じていた。石田氏の入院によって，そのような父（64歳）と娘（25歳）との間に新しい関係が生まれた。家庭の事情により，娘が父親の介護を全面的に任せられることになり，介護される父と介護する娘という関係が生まれたのである（病院は完全介護の体制であったが，石田氏が看護師に向ける怒りが激しかったこともあり，娘が朝から消灯時間まで付き添う形をとっていた）。
　しかしその新たに生まれた関係は，互いにすぐになじめるものではなかった。特にその関係が顕著になる病室では，石田氏と娘の関係は非常にぎくしゃくしていた。特に入院当初の石田氏が，家族や若手看護師に対して激しい怒りを向けるとき，娘は複雑な気持ちになった。娘は父親の怒りをみると，どうやって今までと同じように父親としての威厳を傷つけないようにしながら，排泄や入浴，食事などの介助をしたらよいのか，その難しさを痛感するのだった。すなわち，娘にとって厳格で怖い父親との関係は，娘が介護する側で父親が介護される側という，2人の間に新しく生まれた関係と共存することが困難だった。
　娘のそのような気がかりは，特に父親が「情けないなあ」とつぶやく声を耳にするときいっそう大きなものになった。そのつぶやきはたとえば，若手看護師が病室から出ていったあとや，自分がうまく話せないとき，排泄や入浴の介助を受けたあとなどに多く発せられた。その石田氏のつぶやきは，自分が障害をもつようになったこと，それによって介護される側になったことへの，どこにもぶつけようのない悲しみや怒りの表現として，娘には感じられるのだった。

入院してからまもなくの石田氏と娘は，そのように互いの間にぎくしゃくとした違和感が生まれていることを感じていた。ところが不思議にも「秘密の特訓場」は，そのような違和感が和らぐのを感じられる場所であった。そこでは娘が父親に対してリハビリの指導者，あるいは介護者であることを全面に押し出しても，2人の関係がぎくしゃくとしなかったのである。しかしそれでもなお，娘はそのような立場になることに少し遠慮があり，この廊下で父親に話しかけるときには，「石田さん」と他人に話しかけるように，そして全体的にていねいな口調になった。たとえば，次のような「対話」がその廊下でなされていた。

　　1　娘　：石田さん。手をまっすぐのばしてください。もっと力を抜いてください。手の
　　　　　　先に力が入っていますよ。
　　2　石田：はい，わかりました。(何を言われても素直に「はい」と答える)

　このような「ていねい語」での2人の「対話」は，しばらくこの廊下でしか使われなかった。それはどちらかがはじめに用い，そしてそれに対して相手もていねい語で「応答」することによって，しだいに2人に分かちもたれるようになった対話形式だった。
　しばらくすると「散歩」の中で生まれたこのていねい語が，病室の中にも取り込まれていた。病室ではたとえば次のように用いられた(特に＊の7石田，8娘)。

〈昼食後，2人でテレビドラマを見ている〉
　　3　娘　：このドラマつまらないね。
　　4　石田：変えろ。(ぶっきらぼうに言う。娘がチャンネルを変えていると，)
　　5　石田：ちょっと。(言いながら，ベッド脇にある屎尿ビンを手に取る。娘は急いで部
　　　　　　屋の外に出る)
　　6　石田：終わったよ。(部屋の外にいる娘に合図する。娘が病室に入ると，)
　　7　石田：＊これをかたづけてもらえますか？(屎尿ビンを手渡す)
　　8　娘　：＊はい，わかりました。(屎尿ビンを受け取る)

　これは文字通り，石田氏が屎尿ビンで用を足したあと，それを娘にかたづけてもらおうと手渡すときになされた「対話」である。このようなていねい語での「対話」に筆者が注目するのは，それが発せられる直前と直後とでは，明らかに異なる雰囲気をその場に漂わせるからである。それが発せられた瞬間には，その場に緊張した雰囲気が漂うのだが，しかしその後すぐさまその緊張した雰囲気が和らぐのである。

ていねい語はまた，ことばがうまく話せないときや，発音の仕方を娘から示されたあとなどにも使われた。石田氏のていねい語への切り替えとその後の娘のていねい語での「応答」（またその逆）は，そのように父と娘とで共有している実践が，互いの間に緊張を感じさせるときに現われている。すなわち，病気以前からの父と娘の関係においては容易に相容れることのできない行為を，互いに分かちもつときに現われている。そのようにその違和感は，2人が分かちもつ二重の関係（父であり介護される側であること，娘であり介護する側であること）が共存することによる葛藤から生じていた。
　このていねい語での「対話」への切り替えによって，その場に緊張した雰囲気と，すぐさまそれを和らげる雰囲気とが生まれる。このことは，言い換えれば，ていねい語が両者に葛藤する関係があることを気づかせるだけでなく，同時に両者がその葛藤する関係をある程度受け入れるような雰囲気をつくり出す。
　ただし2人の間に生まれたこの新しい「声」は，石田氏が娘に対して父親であることも，また介護される側であることも，たとえ一時的でさえも，そのいずれかを忘れさせたりはしない。つまり，あたかも仮面を取りかえるかのごとくに，違和感を覚える異質な「声」のそれぞれを単純に切り替えたり，あるいはいずれかを無理やり押し殺したりできないでいる。ていねい語が成し得たことは，ただその葛藤のある「声」どうしを一時的に共存可能にしただけである。
　ところが，ていねい語が異質な「声」どうしの共存を可能にしたからと言って，石田氏と娘の間にある互いの違和感が完全になくなったわけでもない。異質な「声」どうしは葛藤を抱えたままである。すなわちていねい語は，葛藤を静めるというよりも，むしろ葛藤を葛藤としてしっかりと経験する足場となっている。

(2)　「ていねい語」の変遷

　病室に取り入れられたていねい語での「対話」は，その後，退院後の家庭においても使われるようになった。しかもそれは娘に対してだけでなく妻や息子，そして親しい友人に対しても向けられた。そして自宅にもどってからまもなくの間は，病院と同様に，ていねい語が発せられた場には緊張した雰囲気が漂った。しかしいつのまにかそのていねい語には，異なるイントネーションが付与されるようになっており，それはどこかユーモラスな雰囲気さえ感じさせるものだった。以下では，そのような変遷をたどったていねい語についてみていく。
　石田氏は病院から自宅にもどるやいなや，「石田家のあるじ」であることを再確認させられるあれやこれやに囲まれた。たとえば，地域の連絡事項を伝える回覧板の世

帯主名，公共料金の領収書に記載された契約者名，株や不動産の勧誘の電話や手紙の宛て名，息子が部屋を借りるための保証人名などである。しかしそれらのさまざまな「石田家のあるじ」の証明は，退院後の石田家にとって奇妙なアンバランスを感じさせるものとなっていた。なぜなら石田氏は入院と同時に仕事を辞めざるを得ず，石田家の生計はほぼ全面的に妻の稼ぎに頼ることになったからである。そしてまもなく「石田家のあるじ」の証明のいくつかは，実際に妻の名義に変えられることになった。

そのような退院後まもなくの石田氏の家庭に再び，すでに病室ではおさまっていた石田氏の激しい怒りが，時には大きな爆発となって現われるようになった。石田氏は退院後も同じ病院の言語訓練に通っていたが，その課題として与えられた日記の中にも，その怒りの激しさが，たとえば次のように記されている。「病前と比べ自分への接し方がかわった。けんかして急須を投げて割った。夜間外出して家族が探した」（19＊＊年6月17日）。

そのような家庭生活の中で，石田氏は病院と同様に，相手と緊張するような実践を共有するときにはていねい語を用いた。たとえばそのていねい語は，ことばがうまく言えずにそれを教えてもらったときや，衣類の着脱を手伝ってもらったときなどに現われた。

ところが石田氏のていねい語に対して，まだ慣れないうちの妻や息子は，その語り口に違和感を感じたようであり，石田氏に対して「何それ？」「変だよ」というような「応答」をした。しかししだいに妻も息子も，そのていねい語が自分に向けられたときには，自然にていねい語に切り替えるようになった。やがて石田氏のていねい語は，家庭の中で使われても違和感をもたれなくなっていった。ただし違和感をもたれなくなったというのは，石田氏のていねい語に対して家族がていねい語で「応答」しなくなったということではない。ていねい語での対話形式が，家族の自然なコミュニケーション形態の1つになったのである。

その後，ていねい語にはいつからか，それが使われはじめたころとは異なるイントネーションが付与されるようになっていた。それは1語1語，文の終わりまでわざとらしいくらいにゆっくりと，しかも少しおどけた調子で話すという特徴をもつ。家族もそのていねい語に対しては，少し笑いを含んだふざけた調子のていねい語で「応答」した。そのように，退院後しばらくたってから一時期の石田氏のていねい語は，家族の間でユーモラスでむしろ好ましい対話形式として受けとめられるようになっていた。

ところが退院して4年たったころ，そのユーモラスなていねい語は，再び緊張を伴う「声」に変わった。そのころ，石田氏は右足に痛みを訴えるようになっていた。検

査の結果，それは右足の血管に詰まりが生じたことが原因であるとわかった。その痛みは時おり激しく，歩くのも困難になるほどだった。そこで問題になったのが，石田氏がトイレに行くことだった。まもなくそれについて家族で話し合いが行なわれ，自宅では小便であればトイレに行かず屎尿ビンを使おうということになった。そして石田氏が日中過ごす時間の多い場所の3か所それぞれに屎尿ビンを置いた。それは人目にすぐにそれだとわからぬよう，蓋付きの箱（ごみ箱として売っているもの）の中に入れて置かれた。そして妻が仕事で留守の間の屎尿ビンのかたづけは，引き続き娘の仕事となった。屎尿ビンを使い始めたころの石田氏と娘の典型的な会話を次に紹介する。

〈石田氏と娘はダイニングの椅子に座っている〉
 9 石田：ちょっと。（言いながら，脇に置かれた箱の中から屎尿ビンを取り出す。娘は慌ててその場から立ち去り，隣の部屋に移動する）
10 石田：終わったよ。（隣の部屋にいる娘に声をかける。娘が戻ってくる）
      はい。（屎尿ビンを手渡す）
11 娘　：＊はい。わかりました。（屎尿ビンを受け取る）
12 石田：＊はい，お願いします。（足早にトイレに向かう娘の背中に向けて言う）

上記のような，石田氏が屎尿ビンで用を足し，それを娘が受け取ってかたづけるという実践は，やはり2人の間に緊張した雰囲気を漂わせた。そのため娘は屎尿ビンを見ないようにしながら，足早にトイレに向かった。このようなとき再びていねい語（＊の11娘，12石田）が使われたが，そこにはユーモラスな雰囲気はまったくなかった。また上記の屎尿ビンをめぐる2人の「対話」はしばらく，事務的で機械的な雰囲気をもつ紋切り型で，そのやりとりが1日に数回行なわれていた。

しかし1週間ほど過ぎたころから，娘に屎尿ビンを渡すときに，新しい対話形式（＊の14娘，15石田）が加わるようになった。

13 石田：終わったよ。（隣の部屋にいる娘に声をかける。娘が戻ってくる）
      はい。（屎尿ビンを手渡す）
14 娘　：＊きれいな色してるね。健康なしるしだね。（屎尿ビンを受け取り，じっとそれを見ながら言う）（以前，体調が悪いとき尿が濁っていたからだ）
15 石田：＊そうですか。（少し嬉しそうな顔をして，いっしょに屎尿ビンを見つめる）
16 娘　：はい。じゃあ，かたづけてきますから。（言って，トイレに向かう）
17 石田：はい，お願いします。

新しく取り入れられるようになったのは，14娘，15石田の「対話」である。娘が何気なく取り入れ，石田氏が嬉しそうに同意を示した「応答」（やはりていねい語）によって，2人の間に「尿の状態を見て健康をチェックする」という新しい実践が生まれた。それまでの2人にとって屎尿ビンは，それが透明であるからこそ，それを互いに見ることには気まずい思いがあった。石田氏にとっては自分の尿を人に見られるのには抵抗があり，一方，娘にとっては他人の尿をじっと見ては失礼だという気持ちがあったからである。したがって，屎尿ビンは2人の目にふれる時間ができる限り少なくなるよう，とにかく早くかたづけられるべきものだった。ところが尿をめぐる新しい「対話」はていねい語とともに，屎尿ビンはむしろ透明だからこそじっくりと中味を観察すべきなのだと言わんばかりに，屎尿ビンを前にした2人から気まずさを取り除いた。

④　バフチンの視点からみえてきたもの

(1)　対話的関係の交渉とその歴史

　この節では，これまでみてきた石田氏の「ていねい語」とその変遷をもとに，バフチンの言語論からみえてきたことについての考察を試みる。まず第一に対話的関係の交渉とその歴史について，第二に前者の考え方に基づいたアイデンティティについて取り上げる。

　バフチンは，コミュニケーションをある「発話」に対する他の「発話」による能動的な「応答」の連鎖であるととらえる。つまり，ある「発話」（これもまた他の「発話」に対する「応答」である）の意味は，それに対する「応答」との関係において構築される（これもまた次の「発話」による「応答」の連鎖に続く）。そしてそのような相互的な「応答」の連鎖は，バフチンが「了解」とよぶ過程を経る。

> 　了解の主要目的は…話し手が使用する言語形態を既知のものとして「おなじ」形態として再認するということにはない。そうではなく了解の主目的は，使用された形態の再認ではなく，所与の具体的なコンテクストにおけるその了解，所与の発話におけるその意味の了解，つまりあたらしきものの了解にあるのであって，その同一性の再認ではない。
> (Bakhtin, 1930／桑野訳，1994)

　これまでわれわれは石田氏のていねい語の変遷をみてきた。そこにおいては，石田氏がていねい語を使用する対話相手や場を広げたり，イントネーションを変化させて場に与える印象を変えたりと，自分なりのことばとして利用していった歴史がみてと

れたであろう。

　バフチンの「応答」という視点から石田氏のていねい語の変遷をとらえるとすれば，それは対話者との間で「了解」の過程を経，まさにその意味において互いに能動的な「応答」をくり返してきた歴史であるといえよう。言い換えれば，ていねい語の変遷は，それが用いられるたびに，その都度の意味の新しさが対話者どうしの間で吟味・再吟味されてきた歴史を表わしているということである。

　さらにバフチン（1930／桑野訳，1994）は，「了解」する主体を「言葉をもたぬ存在ではなく，内言に満ちた人間である」ととらえる。われわれはそれぞれにさまざまな「社会的言語」とかかわることによって（そしてその歴史を積み重ねることによって），その言語あるいはその言語の使用者との関係において獲得した「声（複数）」を内言として獲得する。常にわれわれは，あくまでもそのような主体として，互いに「応答」をくり返している。

　そのようなバフチンの内言の理論からワーチの「特権化」について考えるとすれば，それはたとえ「特権化された声」を使用しているときであっても，その話者には「特権化」されていない内言としての他の「声（複数）」があることに注目することになるだろう。言い換えれば，「特権化された声」は，内言としての「声（複数）」どうしの関係の中から選ばれ使用されているということである。

　しかし「特権化された声」がまさに「権威的な言葉」になる場合，そこではただ「特権化された声」に期待された「声」のみでの「対話」を強いられる。なぜなら「権威的な言葉」は，他の「声」との接触能力をもたず，他の「声」と相互活性化することを極力拒む「声」だからである。

　しかしながらそのことは，酒井（1990）が指摘する「他者性」を無視することにつながりかねないと筆者は懸念する。酒井によれば，われわれは元来相互に「他者性」を保有している。その他者とは，「期待の連関の中で考えられた，予想された期待に沿う限りで考えられた他者」ではない。すなわち他者とは，「『自』と対照的な間柄における対立項としての『他』である者のことではなく，自・他の互換性に解消することのできない他者」のことである。

　「特権化」との関係において，その「他者性」について考えるとすれば，次のようになるだろう。「特権化された声」は，互いにそこで標準とされる「声」に規定された関係をわれわれの互いの関係として期待する（たとえば，あなたは医者であり，私は患者である）。しかし「特権化された声」が，そこで期待される以外の他の（たとえばここで患者である私は，会社員であり，また家では父親である）「声」での「対話」を妨げる場合，それはわれわれが互いの「他者性」に気づくことを難しくさせ

る。

　その一例として，石田氏の激しい怒りが入院当初「医療文化の声」でしか解釈されなかったこと，つまり「特権化された声」での「応答」しかなされなかったことがあげられる。激しく怒りを示す石田氏はただ，「脳機能の損傷によって性格が変容した患者」としてのみ「応答」されたのである。

　しかしわれわれはバフチンが指摘したように，さまざまな社会的実践にかかわることで，さまざまな「声」を獲得している多声的自己である。したがって，たとえわれわれが「特権化された声」での「応答」をしていたとしても，常にその背後にはそれ以外の「声」，つまり「他者性」を保有しているのである。その意味において，「他者性」とは本来的なものからのズレとして扱われてはならない。

　またそのことは，われわれには常に「特権化された声」に規定されない「声」での「対話」の可能性があることを示唆している。すなわち，互いが「他者性」を保有していることへの気づきは，「特権化された声」に規定された対話的関係だけでなく，多様な対話的関係が開かれる可能性につながり得るということである。

　「他者性」への気づきを特に難しくさせる「権威的な言葉」は，人々の関係を硬化させ，すなわち単声化した対話的関係に導きやすい。しかしバフチンはそれと対照的なことばとして「内的説得力のある言葉」をあげ，次のように説明する。

> 　内的説得力のある言葉の創造的な生産性は，まさにそれが自立した思考と自立した新しい言葉を呼び起こし，内部から多くのわれわれの言葉を組織するものであって，他の言葉から孤立した不動の状態にとどまるものではないという点にある。…内的説得力のある言葉は，他の内的説得力のある言葉と緊張した相互作用を開始し，闘争関係に入る。…内的説得力のある言葉の意味構造は完結したものではなく，開かれたものである。内的説得力のある言葉は，自己を対話化する新しいコンテクストの中に置かれるたびに，新しい意味の可能性を余すところなく開示することができる。(Bakhtin, 1975／伊東訳, 1979)

　「内的説得力のある言葉」は，他の「声」に開かれ，他の「声」との「対話」による相互活性化の潜在性を秘めている。言い換えれば，「内的説得力のある言葉」は，相手の「他者性」に対する気づきをうながし，人々の硬化し単声化した対話的関係を，柔軟性あるより多声的な対話的関係を開く力となり得る。しかしまた逆に，相手の「他者性」を尊重することも，「内的説得力のある言葉」を生み出す土壌になり得るだろう。

　石田氏の場合，家族が石田氏の「他者性」に気づくきっかけとなったのは，まず第一に石田氏の激しい怒りであった。「特権化された声」(この場合「医療文化の声」

での「応答」しかなされないことへの石田氏の違和感が，激しい怒りとなって他者に向けられたのである。しばらくたってから家族は，石田氏の怒りについてのそれ以外の解釈の可能性に気づいた。つまり「医療文化の声」における石田氏の「他者性」に「応答」した。その具体的な「応答」の1つは，石田氏のていねい語に対する家族のていねい語による「応答」であった。

　しかし，相手の「他者性」に「応答」することは必ずしも容易ではない。たとえば，石田氏が病気によって（それは必然的ではあったが）娘とそれ以前とは異なる「声」で出会わざるを得なくなったときのように，相手の「他者性」に出会うことは自己に大きな葛藤を生じさせることがある。それは酒井（1990）が指摘するように「他者との出会いは必ず間柄として与えられた私の立場も相手の立場も壊してしまい，期待を裏切ることとなる。…それは，1つの驚きを伴うだけでなく，『私』をそして『私』と他の人の関係を決定的に変様させてしまうため，他者を通じて『私』は自己に同一化できなくなる」からである。

　本論の議論に沿えば，すなわち，相手の「他者性」に「応答」し，その「声」との対話的関係に入ることは，その「声」に「応答」するための「声」が自らにも必要となる。それはそれまで自分になかった「声」であるかもしれない。そして場合によっては，その「声」が自己の他の「声」との関係において葛藤を生じさせることがある。したがって，相手の「他者性」を尊重することは，そのことによって互いにそして自らにも生じる葛藤をも引き受けていくことが必要となるのである。

　しかしたとえ葛藤が生まれたとしても，石田氏と家族がていねい語という新しい「声」で出会い直したときのように，相手の「他者性」を尊重することが，それまでの自明の関係性を問い直すことにつながることもある。

　以上，ここではバフチンの視点から「内的説得力のある言葉」と「権威的な言葉」を取り上げ，どのような「声」で「応答」するかによって，対話的関係のさまざまな質的違いが生まれることをみてきた。そして「声」には，そのような対話的関係の交渉とその歴史が反映されていること，さらには「特権化された声」がある場合において，「他者性」を保証することの重要性について考えた。

(2) 過程としてのアイデンティティ

　ところでバフチンは内言も「対話」的状態としてとらえる。すなわち，他者に向けて実現された「声」と同様に，またそれと同時に，自己の内言としての「声（複数）」も互いに「応答」をくり返す「対話」的関係にあるとする。その視点から石田氏のていねい語の変遷について考えるとすれば，すなわち，そこには内言の「対話」の歴史

も織り込まれていると理解することになるだろう。言い換えれば，その都度の「声」は，常に変容しつつあるアイデンティティの過程，あるいは過程としてのアイデンティティであるととらえることである。

ただし石田氏にとって共存困難な「声」は，特に娘を対話相手にする「声」であったことを忘れてはならない。石田氏と娘との間にあった違和感が両者によるていねい語での「応答」によって互いに緩和されたことは，石田氏のていねい語が娘との関係においてと同時に，石田氏自身のあるいは娘自身の「声（複数）」との関係においても，より自然に共存できる「声」であった（少なくとも娘にとってはそうであった）。そう理解することはまた，元来多声的自己であるわれわれのその都度の「声」が，自己内他者を含めた多様な他者との対話的関係の中から生まれること，さらに話すという行為が，それらの対話的関係を編み直す行為であるととらえることである。

どの「声」とどの「声」が，またどのようにして関係を編み直しているのか，本章ではそれについてバフチンの「声」が常に「誰かに向けられている」という視点から考えてきた。そこから新しい「声」が生まれつつある過程における対話相手の重要性について，たとえば他者からどのような「応答」を得るかによって，さまざまな自己の開かれ方があり得ることについて石田氏の事例を通してみてきた。

しかし「応答」はけっして受動的な行為ではない。たとえば，石田氏は幼子のように話しかけてくる若手看護師には背を向けて（いわゆる，無視，無言の状態で）いたが，その一方で自分の気持ちを受けとめ励ましてくれていたある1人の看護補助には，不明瞭になった発語を身振り手振りで補いながら積極的に話しかけ，コミュニケーションを楽しんだ。バフチン（1979ほか／新谷ら訳，1988）は「いかなる言語的手段の選択も，多かれ少なかれ，受け手とその予想される返答の影響のもとに話者によってなされる」ととらえる。そうなれば，石田氏の先のふるまいは，意図的に自分の求める「応答」が得られるような手段と対話相手を選択していたととらえられよう。

すなわち，われわれは「誰とならば自分が満足できるような『応答』が得られるのか」あるいは「誰とならば自分がつくりたい『声』がつくれるのか」を，ある程度対話相手と，そしてその手段を選択することができるのである。ことばが話す主体の意識や人格となる「声」をつくる媒体であることを考えると，対話相手と手段の選択（無視，無言も含めて）は，自らのアイデンティティを守るための重要な方略と考えられよう。

しかし，石田氏のていねい語の変遷にみるように，他者からの偶発的な，ときにあまり意図せずなされた「応答」が自己の置かれた不都合な状況の乗り越えを可能にすることがあることにも注目したい。そのように，「声」が常に「誰かに向けられてい

る」限り，主体と主体との固有の関係性においてさまざまな乗り越えの可能性が開かれ得る。

　その際，くり返し述べているように，そして特に「特権化された声」がある場合に忘れてはならないのは，相手の「他者性」を尊重することである。ただしこれまでみてきたように，相手の「他者性」を尊重することは，結果的に望ましい自己の新しい可能性に開かれ得ることもあるが，一方激しい葛藤を引き起こすこともある。そのように「他者性」との出会いを含む「対話」は，まさに予測できないゲームのようである。しかしいずれにせよ，互いの「他者性」がいかにして保証され得るのか，またそこで生じる葛藤をいかにして抱え得るのか。それらについては，バフチンの「対話」が意味することについて，少なくとも「声」が「社会的言語」あるいは「他者のことば」をいったん借りて独自の意味や表現をのせた「腹話術」の過程を経て生まれることを考慮しさえすれば，それが個人ではなく社会全体の課題であることは明白であろう。

⑤　終わりに

　以上，本章では，突然の病いによって言語と歩行に障害を負ったある1人の男性について，入院から退院後のリハビリ生活にいたる長期的な参与観察記録をもとに，本人（そして家族）が障害をどのように経験し，またその障害をどのように受けとめ，それとつきあっていったかについての過程を紹介した。その過程はまた，障害の有無にかかわらず，他者との関係の中で自分をどのように経験し，またその中でどのように自分の「居場所感」を獲得していったかの過程でもあったともいえよう。

　入院当初の石田氏は，誰との間にも「居場所感」を得られなかった。その自分の置かれた状況に対する「違和感」が，激しい「怒り」として他者に向けられ，さらにそれが「ていねい語」という新しい媒体を伴って他者との新しい関係を開いていった。そのていねい語はけっして自分らしさを消さず，また相手に対する怒りの気持ちをやみくもに発散させたり，無理やり沈静させたりまぎらわせたりすることなく，むしろその気持ちにつきあっていける「声」となった。

　しかし石田氏のていねい語がそのようになるまでの過程には，他者との関係を含めた葛藤やもがきがくり返された。バフチン（1930／桑野訳，1994）は「それぞれの言葉は……さまざまな方向の社会的アクセントの交差と闘いの小舞台である。一個人の発する言葉は，社会的諸力の生き生きとした相互作用の所産である」と述べている。その指摘は筆者に，石田氏の葛藤やもがきなどの「違和感」を否定的にとらえるので

はなく，それを他者に対する「能動的な応答」としてとらえる視点を与えてくれた。そこからさらに筆者は，葛藤やもがきなどの「違和感」を，何らかの「声」と「声」とが「対話」しているゆえに生じているとしてとらえた。

さらに筆者はワーチの貢献に基づき，特にヴィゴツキーの内言の発達理論をバフチンの「対話」の概念によって拡張させることに関心をもった。そして「対話の変遷」を，主体と同時に主体と他者との関係の「発達」あるいは「変容」として，また主体が感じる「違和感」をそのような「発達」，あるいは「変容」の潜在性を秘めたできごととしてとらえてきた。

本章では十分な理論的検討にまでいたらなかったが，彼らの視点はわれわれに，他者（「他者性」を含めて）と出会うことによって開かれ得る発達あるいは変容のさまざまな質や方向性などについて，具体的にそして豊かに記述できる可能性を示してくれていることは確認できたように思う。

最後に，石田氏が自分の「居場所感」を得ようともがく過程には，ここには紹介できなかった数多くの挑戦，空振り，あきらめがくり返しなされていたことを付け加えておきたい。そしてこれからも誰かからの「応答」を待っているに違いない「声」があることは，本論もまた石田氏と同様である。

第7章

造形教育の変革
：協働される創造と知

　日常生活場面で，子どもがつくったり表わしたりする行為は，もの，こと，人との関係を新たにつくり，これまで自明なこととして行なってきた見方，感じ方，考え方，つくり方，使い方，行ない方等の活動を組み替えて，ともに知覚し，ともに実践することが可能な社会的文化的世界を，他者との間に新たにつくり表わして現象させ成り立たせている。しかしながらこれまで，子どもはつくったり表わしたりする造形的な活動を通して，他者との共同的な文化的世界と協働的実践を可能とする社会的関係性を，どのようにして新たにつくり成り立たせていくのかという視点からかえりみられることはなかった。

　ここでは，子どもが生活場面で他者とともに，状況的，相互的，協働的につくり表わす活動過程で，自分が生きているできごと世界の文化的意味と社会的関係性をつくり成り立たせ，それにより造形的な活動も成り立たせていく過程についてみていきたい。つまり，何かをつくり表わす造形的活動を，大人が自明とする「造形」や「美術」の文化的枠組みによりみるのではなく，①日常生活上の場や「状況に埋め込まれた」（Suchman, 1987／佐伯監訳, 1999）活動によって，子どもが刻々とつくり成り立たせていく社会的で文化的なできごと世界の全体性においてとらえる。②子どもが他者とともに生き生きとしたできごと世界を協働的につくり出していく「意味生成の行為」（西野, 1999）の成り立ちと，その成り立ちを支える，もの，こと，人との関係変容の過程から子どもの造形的活動をとらえる。そして，③造形的な活動を通して子どもと他者との社会的関係が状況的・相互的に変容していく過程をとらえるのである。

　そこで以下では，①日常生活場面における子どもの造形的な活動はどのよう視点と方法によりとらえることができるのか，②子どもの造形的活動の発生場面や造形的活動を伴う遊びの実際の過程においては，どのような関係性が成り立ち，何が生み出さ

れているのか，そして，③日常生活場面や幼稚園・学校等で，子どもと他者とが協働的にできごとを創造し知を成り立たせていく過程の意味とそのあり方について，実際の事例をもとにとらえなおしてみたい。

［1］ 日常生活場面における子どものつくり表わす活動をとらえる

(1) 造形的活動に対する従来の視点：個人能力主義と文化決定論

これまで大人は，「造形活動」や「美術活動」をおもに以下の3つの前提によりにとらえてきた。このことが，子どもの造形的活動を，文化（認知）的意味と社会的関係性をつくり成り立たせる協働的意味生成過程という視点でとらえることを妨げてきた。

①「個人」という活動主体（学習者）を単位とする活動。
②外界の事物や身のまわりの事象について，子どもが感じたり認識した表象やイメージを再現（representation, 表現）する活動。
③子どもが行なう表現行為の活動の場や文脈とは脱文脈的な，歴史的社会的に決定された既存の文化的表現様式を学ぶ（再現する）活動。

大人は，造形的活動を「個体能力主義」と，「学習内容の文化的決定論」を前提としてとらえている（石黒，1998）。そしてこの2つの前提の背後には，主観と客観，内界と外界，個別と普遍，自己と他者，個人と社会を互いに分離してとらえる近代主義的二元論が暗黙に働いている。問題は，こうした大人が抱いている前提や背景が，人と人との間，子どもと大人との間に，もの，できごと，人を「共同化された対象」（麻生，1991, 2002）としてつくり成り立たせる人間の文化的社会的な協働実践を無効なものとすることにある。むしろ，他者とともに，記号や道具をつくりそれを使用して世界の現われをつくる活動，同時に，その世界に生きる社会的関係をつくる活動が，文化と社会を「共同化された対象」として成り立たせる第一次的次元であるといえる。

これまでの子どもの造形表現活動に関する研究も，「個体能力主義」と，「学習内容の文化的決定論」を前提に進められてきた。日常生活場面における子どもの描画活動の研究は，子どもが1人で絵を描く場面を大人が観察記述する描画研究（Eng, 1954; Luquet, 1977）として行なわれてきた。活動事例の記述では描画という「記号＝意味」（文化的道具: cultural tool）を生み出し，生み出した「記号＝意味」を用いてその描

画をつくり変えたり，その描画を媒介にして他者とやりとりする過程も一部記述されているものの，こうした社会的文化的関係生成の過程を，子どもの「内的モデル（modèle interne)」(Luquet, 1977／須賀訳, 1979）の再現，外界の誤った知覚の再現（「でき損ないの写実性（réalisme manqué）」(同上），大人の文化的表現様式の劣った表現へと還元する解釈がなされている。見えた通りに描く，心に感じた通りに描くという，そこでは，再現的描画表現様式が自明な前提とされ，再現的表現の習得が造形教育の最終目的とみなされている。

　しかし，絵を描く過程においては，絵を通して行なう会話や身ぶり等の行為が，絵（記号＝意味）と絵を描く行為との間につくる関係により，絵と描く行為とを自己や他者との間に，「絵」や「描く行為」として成り立たせている（松本，2004b）。描く過程で行なう会話などの描くこと以外の文化的道具に「媒介された行為（mediated action)」(Wertsch, 1991／田島ら訳, 1995）と，描く行為や描かれるものとを切り離すことはできない。両者は互いにつくり合い，絵と会話とを相互に成り立たせている（松本，2004b）。つまり，これまでの子どもの造形研究は，子どもが描くもの，つくるものを，子どものつくり表わす活動過程そのものに働く社会的文化的関係性においてとらえるのではなく，活動過程から脱文脈化した視点により活動を分断して意味づけてきたといえる。むしろ，描く行為と描かれる絵が，その場の１つの行為により同時につくられること，描く人だけでなく他者との間にも一気にその意味を成り立たせることが謎なのである。この謎を明らかにするためには，描きつくることが成り立つその微細で局所的な活動過程を解明する必要がある。

(2) 子どものつくり表わす行為をどのようにとらえるのか
1) できごとの生成過程における活動システムの変容
① プレリテラシーからの示唆

　日常生活内で子どもが造形的な活動を行なう場面をつぶさにみると，描いたりつくったりする過程で，つぶやいたり，つくっているものに対して身ぶりをしたり，まわりの他者に描いているものやつくっているものを見せたり，何をどのようにつくっているのか話をするなど，造形的活動以外の道具に媒介された活動を多元的重層的に行なっている。

　茂呂（1988）は就学前にみられる読み書きに類似の活動を「プレリテラシー（preliteracy）」とよび，就学前の子どもたちにとっての「書くこと」は「全身的・活動指示的なシンボル使用から必然的に発生する。(中略)"書くこと"は音声ルールに基づいて表わす二次的なものではなく，シンボル使用の過程において一次的で必然的

に生まれるもの」(茂呂, 1988 p. 19) だとする。そうしたシンボル使用の過程は以下のような特徴をもっている。①それが「元の活動の場にくっついている」こと。子どもたちがつくるシンボルは,「その場で行なわれた活動全体を指示しており,そのために"書かれた"シンボルだけを取り出すことができない」。②「いつシンボルの意味がつくられるかに関係している」「シンボルそのものをつくるときに意味がつくられるような表現系があり,表出行為そのものが意味をもっており,シンボルの意味は後から認められるにすぎない」。③その場を構成する身ぶり,語り,描画などが相互に依存しながら,そして相互に規定しながら,交替しつつ,書かれたシンボルは出現する(茂呂, 1988 pp. 18-19)。

以上の3つの指摘は,「媒介された行為」である「書くこと」は,同時に,媒介する道具を生成する活動でもあることを示している。「書くことの発生的事実」は,書かれるシンボル,シンボルをつくる表出行為,場を構成する身ぶり,語り,描画などが相互に依存しつつ相互に規定し合うことにより,そのローカルな場や状況においてシンボルの成り立ちとシンボルに媒介された活動を支える複雑で複合的なできごとであるといえる。「書くことの前史(prehistory of writing)」(Vygotsky, 1935／柴田訳, 1975, pp. 35-67) にある特別な読み書きのあり方は,活動それ自体をつくり,活動それ自体を指示するようなシンボル使用活動である。プレリテラシーにある幼児が「書く場面」では,文字とともに絵も描かれ,また,文字とも絵とも区別のつかない書かれたものがつくられている。この意味でそれは造形的表現の発生的事実を明らかにするうえでも示唆的である。

造形的活動の発生的場面において,子どもは,内的イメージや外界の知覚にしたがって描く以前の生後10か月に,筆記具を持って記す行為を「描くこと(活動)」として他者と協働形成している(松本, 1994)。また,対人交渉下で,他者に描くことを依頼することで,1歳代に意図的な表現(描画に対する命名)を先取り的に実現している(山形, 1988, 1989)。造形的活動の発生的場面で子どもは,他者が描いた絵や絵本,写真などに重ね描きをしたり,他者に道具を差し出して描くことを依頼し,他者が描いた絵に重ね描いて遊ぶことにより,表現対象,表現方法,表現を行なう自他関係を同時につくり出している(松本, 1994, 1995, 1996, 1998)。

家庭や幼稚園で子どもが絵を描いたり工作をする活動も,もの,こと,人をめぐって身のまわりの大人やきょうだい,友だち等の他者との相互交渉により成立する生活のできごとに埋め込まれている(松本, 1998, 1999b)。他者とともに身のまわりのもの(土,水,花,木,木の実,生き物,積み木,廃材),場所,人,活動やできごと,経験に対して,向かい(「オリエンティング」),位置どり(「ポジショニング」),際だ

たせ（「ハイライティング」）（上野，1996）ながら，見たり，話したり，描きつくり合う相互作用・相互行為の過程で子どもは，絵を描き，ものをケーキやアニメヒーローの道具へとつくり変え，幼稚園のお部屋の一部をレストランやお店屋さんへとつくり変えていく，子どもが他者と行なう相互行為は，生活や遊びのできごと世界と，そのできごとを成りたたせる絵や工夫などの「遊びのできごと内の道具」や「遊びのできごとの場」（三浦，2002）とを同時に協働形成しており，この協働形成過程ができごとをかたちづくり，造形的行為（表現方法）と造形的に表現されるもの（表現対象）の働きや意味を成りたたせている（松本，1998, 1999; 松本・服部　1999; 松本・三浦　2000; 三浦，2002）。

② **活動システムとできごとの相互的成り立ちの過程**

造形的な活動，造形的な表現は，できごとの生成過程という活動システムの生成や拡張の全体性において世界が現われ経験されていく過程において，つくられ，使用され成り立っていくことが予想される。

世界が現われ経験されていく活動システムの生成や拡張の全体性の過程とは，いかなるものであるのか。それは活動している行為者においては，できごと（生起）を通して世界の経験として感じられ，考えられ，行なわれている。吉澤（2002）は「〈できごと〉は世界を出会わせる。そのためにできごとに固有の〈できごと〉性といえるものはそれ自身にとどまり，われわれの間を摺り抜けていく。出会わせられたものがすなわち世界である」(p. 125)とする。「われわれはそうして世界を不断に構成しつづけている。このような不断の世界の生成，それがあってはじめて認識も可能になる。（厳密にいえば，世界の生成と同時に認識も可能になっている）」(p. 128)。われわれはこの世界に生きて，感じ，考え，表わし，理解し，行為することにより，世界を認識しそこに生きている。一方，われわれはその世界が〈できごと〉であり，私にとっての〈できごと〉であることを知っており，自己にとっても他者にとってもそれ以外でもあり得ることを知っている。つまり感じ，考え，行なう行為を通してできごとをつくり，それにより世界を生成して現わし生きていることを知っている。われわれはできごとを通して世界と出会い生きている（「自己指示＝循環性の使用」）が，世界はその基本的性格であるできごと性により，先延ばし（「脱トートロジー化」）されているのである。できごとの重なり合いと連鎖，できごとをつくる行為の重なり合いと連鎖が，われわれに世界を現象させ，そこに生きることを成り立たせているといえる。

そこで，生活や遊びのできごとについて以下のようにとらえることにする。

遊びのできごと，日常生活場面におけるできごととは連続的であり，かつ不連続であることに特色がある。①できごとは，もの，場所を媒介にし，時を条件にして，自他でやりとりする行為により状況的，相互的，協働的につくられる。②できごとの意味は，相互主観的な世界として現象する。③できごとは，不可逆的で一回性の過程をたどる。④できごとには，はじまりと終結があり，意味のまとまりとして知覚される。⑤もの，ひと，場所，時はできごと内において，そのつど新たな意味を表わす。（三浦，2002, p. 428）

ここでは，そうした複雑で複合的な活動全体が同時に生起して成立していく過程において，「つくり表わされるもの」と「つくり表わす行為」（三浦，2002; 松本，2004）が相互的につくられていく過程をとらえようと思う。こうした相互交渉の形やプロセスの変容過程が，つくる活動，描く活動を発生させ，つくられ描かれる対象の意味と方法とを変容していく場や力として機能していると考えられるのである。こうした意味で絵を描き，ものをつくるという文化的活動の生成場面は，同時に「社会的な関係システム全体の変化の過程」（田島，1996）でもあるととらえるのである。

はじめ乳児がなにものかを掴もうとしてうまくいかないでいるとき，母親がそれを助ける。すると乳児は達成されない行為が，ものを指し示す意味をもって，母親の援助を得ることができることに気づき，指さし機能へと変化するのである。このように，指さし機能ははじめから子どものなかにあるのではなく，また，母親の指さしを単に模倣するわけでもなく，子どものある行為（の意味）が，母親との関係で新たな意味を獲得（変化）するのであり，同時に，母親も子どもの把握不能に対する援助行為から，指示行為に対する反応へと変化していくのである。（中略）個人への内面化の過程は，けっして外にあるものを内にそのまま取り込むといった受動的内化の過程ではなく，母と子の社会的行為の関係が変化し，それが個人（母子双方）の活動の再構成を促し，新しい意味を獲得するという過程であり，それぞれの独自で積極的な過程を示すとともに，まさに社会的な関係システム全体の変化の過程なのである。（田島，1996, p. 76）

2） 文化的道具に媒介された自他間の活動システム

描く行為，つくる行為は，行為者が環境からの刺激との間に道具を媒介として新たな記号（道具）を生成する文化的活動の発生過程であるが，こうした活動の発生過程もまた，指さし機能と同様，①自他双方の道具により「媒介された活動」（Wertch, 1991）の再構成であり，②社会的な関係の変容であり，③社会的文化的システムの全体的変化，というべき事態（できごと）である。

この意味で，描く行為，つくる活動はエンゲストローム（Engeström, 1993）のいう「活動システム（activity system）」であるといえる。

活動システムは，主体と対象と道具（サインやシンボルと同様に物質的な道具も含む）を統一された全体に組み込む。活動システムは，人間の行為の対象へ向けられた生産的な面と人に向けられたコミュニケーション的な面との両方を組みこんでいる。生産とコミュニケーションは分離できない（Lossi-Landi, 1983）。実際に，人間の活動システムは，生産，分配，交換，消費のサブシステムを常に含んでいる。（Engeström, 1993, p. 67; Cole, 1996／天野訳，2002, p. 194）

　道具を媒介にした文化的活動の生成過程が，同時に社会的システム全体の変容である事実とは，先の田島のいう「指示身ぶりの発達」（Vygotsky, 1981／柴田訳，1970, p. 210）や，メルロ＝ポンティ（Merleau-Ponty, 1945／滝浦ら訳，1966）のいう「鏡像の習得」などを発達上の代表的場面としてあげることができる。たとえば前者は，ものへと手を伸ばす行為が，自分が欲するものを指示する身ぶりへと他者とのコミュニケーションや相互行為により記号生成されている。子どもの身ぶりや向かう姿勢は記号として他者により読み取られ，手の向けられた先にあるものを他者が取って子どもに渡すことで補完されて，この媒介された行為はそのつど成り立つことになる。この時，手をものへと向ける子ども（主体）は，「そのものを欲する人」として，手を向けた先にあるものは「その子どもにより欲っせられているもの」（対象）として，そして手を向けた先のものを取ってあげる母親は，「他者（子ども）の行為を解釈・理解し媒介された行為を補完して，『自分が欲するものを手にする』という他者の活動を成し遂げる人」（子どもの活動を協働形成する他者）へとそれぞれ役割を変えている。この協働行為の過程で，子どもは欲求や意図をもって身ぶりし行為する主体へ，子どもの身体は欲求や意図を表現する記号へ，母親は子どもの欲求や意図を子どもに代わって達成する協働行為者へと変容して，社会文化的に新たな関係にある新たな活動を生成している。そしてこの活動の生成をくり返すことにより，主体・記号（指示身ぶり）・他者のそれぞれは「媒介された行為」とともに生成され続ける。媒介された行為，媒介する文化的道具，媒介された行為を行なう主体と他者は，同時に相互に活動の過程においてつくり合う関係にあり，そのどれかが他の原因となるような因果的関係にはない。

　こうしてみると，子どもが生活や遊びのできごとの過程で，他者とともに遊びの場や道具をつくり表わしてそれを使って遊ぶことにより生活空間を変容させることは，文化的に記号と活動の意味を生成するだけでなく，その活動を行なう行為者と他者との社会的関係を巻き込んだシステム全体の変容を内包しているといえる。それは，もの，こと，人を媒介して他者とともに行なうつくり表わす活動を通して，活動の中で，活動とともにつくり表わし，それにより新たな活動をつくるできごとの過程とし

てとらえることができる。

したがって，「媒介する道具」，すなわち「人工物」は，コール（Cole, 1996）のいう以下のような性格をあわせもつものであるといえる。

> ①人工物は，文化の基礎的な構成要素である。②人工物は，同時に，観念的であり物質的である。人工物は，人間と世界，そして互いを調整するが，道具とシンボルの特性を結びつけるようなやり方で調整する。③人工物は，文化の要素として孤立したかたちでは存在しない。むしろそれは，文化的モデルや特別に構成された「別の世界」を含む諸水準の階層として理解される。（中略）⑤人工物とそのシステムは，状況，文脈，活動等とさまざまに言われる「何か他のもの」と結びついてのみ，そのようなものとして存在する。⑥媒介活動は多方向的な結果をもつ。つまりそれは，主体と他の人間との関係を変容し，さらに，全体としての状況に対する主体／他者の結びつき，そして，自己が他者と相互作用する媒介物を同時に変容する。（Cole, 1996／天野訳, 2002, pp. 200-201，筆者により一部省略）

子どもたちは生活や遊びの活動を他者とともに協働生成する過程を通して学んでいる。この意味で，活動をつくることにより学ぶことは，認識上の問題だけではなく，対象や他者への行為の社会的な関係変容も含めたシステム全体の変容というべきものであると考えられるのである。

(3) 生活や遊びのできごとに埋め込まれたつくり表わす活動の観察と記述

本章で紹介する事例は，子どもが造形的につくり表わし遊ぶ（生活する）できごとの過程に観察者自身も参与し，着目する1人の子どもと，もの，こと，人との相互作用・相互行為の関係性を筆記記録したりビデオ撮影したものである。ビデオ撮影した観察記録は，生活や遊びのできごとのまとまりを単位として行為の過程を記述してトランスクリプト（断片）を作成し，これをさらにより小さなできごとのまとまりへと区切ることにより「単位事例化」（三浦, 2002）して考察している。その際「単位事例」の最小単位は［自己（A）-他者（B）］間または［自己（A）-自己（A′）］間での3つの行為の連鎖過程によりみている。すなわち，［自己の行為（a1）-他者の行為（b1）-自己の行為（a2）］，または，［自己の行為（a1）-働きかけているものや活動からの相互作用（b1）-自己の行為（a2）］によりみている。基本的にこの単位事例が重なり合いつつ差異を形づくりながら連鎖することによりできごととその意味の現われを，もの，こと，人との間に形成していると仮定している。また，この時［自己の行為（a1）］をそれ自体は意味をもたない「運動」としてとらえるのではなく，行為者がその行為を行なうこと自体を，社会的文化的に有意味（relevant）なふるまい

としてとらえる。つまり，行為の意味を行為者にも，行為者が「いま－ここ」で働きかけているもの，こと，人やできごとにも還元できない緊張関係にあるもの（Wertsch, 1998）ととらえ，［行為者－行為－道具・場（もの，ものの配置）］の関係的連鎖においてとらえることにする。これをできごとを単位としできごとの生成過程を記述するための「生成的単位」（三浦，2002）とする。

　具体的な会話や活動の記述と考察にあたっては，鉛筆，紙，絵の具，廃材などのものを媒介にした子どもの描く行為，つくる行為のみに着目するのではなく，行為によりつくられていく生活上のできごとや遊びのできごとの全体性において，それを成り立たせている会話，身ぶり，視線，つくり表わす行為をとらえ，造形的につくり表わされるものとつくり表わす行為の成り立ちの関係性について考察している。つくり表わす行為，つくり表わされるものは，できごとを生成していく子どもと，もの，こと，人との相互作用・相互行為の過程の場や状況に埋め込まれており，そこにおいてその意味をそのつど十全に成り立たせ使用していく文脈状況に依存したあり方（indexicality）をしている。また，そのつくり表わす行為，つくり表わされたものの意味が成り立つことは，今進行している生活や遊びのできごと世界の意味が成り立つことと相互依存的関係性（reflexivity）にある。以上のような理由から，生活場面において，「つくり表わすことを，『造形行為』や『造形作品』とは異なる意味と立場から取り上げ，その行為が実際に行なわれている場面で，同時併行して幼児が行なうその他の会話や身ぶり等の相互行為と連続的にとらえるため，〈つくり表わす行為〉または〈造形的行為〉と記述する。また，「造形作品」は，〈つくられたもの〉または〈つくり表わされたもの〉と記述する」（三浦，2002, p. 423）。

　このように本章の事例においては，子どもの生活や遊びのできごとが他者との相互行為を通して協働でつくられていく過程の文脈状況（コンテキスト: context）において，子どもが「媒介された行為」であるつくり表わす行為をどのように行なうことにより，相互にコンテキストをつくり，できごと世界の意味を成り立たせているのかをとらえるのである。その意味で，「コンテキストは，活動理論のための容器でも，状況的につくられた経験される空間でもない。コンテキストは活動システムである」（Engestrom, 1993, p. 67）し，上野（1996）のいうように，「コンテキストやその境界とは，すでにあるものとか与えられたものではなく，参加者たちによって相互行為的に，また，状況的に組織化されるもの」であり，「コンテキストは環境の中にあるものではなく，また，"頭の中"にあるものでもなく，むしろ，"doing context together"ということがふさわしい何かである」（上野，1996, p. 6）。

　できごとや相互行為の記述は，エスノメソドロジー（ethnomethodology）におけ

る相互行為の記述の方法を参考としている（西阪，1997）。したがって，事例の観察，記述，考察では，造形的につくり表わされるものを，それが完成した時点で作品として形体や図像形式においてとらえるのではなく，つくり表わされたものが遊びのできごと内で使用されていく過程についてもとらえている。これにより，つくり表わす行為が子どもの生活実践とどのような関係性や連続性においてつくり出され行なわれているのかを理解することができる。

本章で考察していく事例において，観察者は生活や遊びのできごとがつくられていく相互行為の過程に子どもとともに参加している。このため紹介する生活や遊びの事例の過程で変容していくのは，子どもだけではなく観察者自身でもある。観察者は被観察者である子どもとの抜き差しならない相互行為に引きずり込まれており，観察者に対する子どもの活動が観察者の活動を変容させ，子どものできごと世界を「いま－ここ」で，子どもとともにつくり成り立たせている。事例では，子どもの実践によりつくられる遊びのできごと，そのできごと内で行なわれているつくり表わす行為とつくり表わされるものが，互いに他を相互につくり合うことにより相互に成り立っていく動的関係性をとらようとしている。被観察者である子どもとの間に刻々と進行する相互行為の過程で，子どもの行為により観察者自身が自己の行為や活動を組み替え，できごとの場への投企や子どもの行為への応答や理解として行為を行なわざるを得ない関係性についてとらえ考察することは，子ども自身が社会文化的なできごと世界としての遊びを他者と共に成り立たせていく実践そのものを，できごと世界の内側から実践のさなかでとらえ変革していくあり方を明らかにしようとするフィールドワーク（山田，2002）において不可欠なのである。

2　つくり表わす活動の協働形成過程

(1)　初めて「書くこと」と「描くこと」

子どもが生後初めて筆記具を用いて記したり描いたりするとき，その場を共に生きている他者との間にはどのようなできごとが起こっているのであろうか。できごとの場や状況を通して子どもは，「書くこと」「描くこと」をどのように成り立たせていくのであろうか。以下は，筆者の長男Tと次男Hが，ともに生後10か月のときに，鉛筆で紙に初めて記した場面を記述したものである。

【事例1-1　鉛筆で紙に初めて記すT（0歳10か月7日）】
　夜泣きで目を覚ましたTはすぐには眠りそうもない。Tの母親は，Tの横で食品の注文

票の記入を始めた（①）。Tはすっかり落ち着いたせいか，母親（妻）が食品注文表に記入している鉛筆に手を伸ばして取ろうとしている（②③）。母親は注文票のあまりを裏返して1枚Tに渡し（④），鉛筆の持ち方を教えようとして文字を書くようにして鉛筆を持ち，「○○○○」とTの名前を言いながら3つほどその紙の上に書いてみせ（⑤），Tに自分が持っていた鉛筆を渡した（⑥）。

　Tは，母親が書いてみせたように字を書くようにして鉛筆を持ち，最初おそるおそる紙の上に線を描いた（⑦）。弱いやさしい線だ。軽々と大人のように鉛筆を持ち，いきなり線を引いてみせたことに驚き，次はどこにどんな線を描くのだろうかとじっとTの様子を見つめている（⑧）と，Tはぴたりと描くのをやめクルッとふり返って私たちの顔を黙ってじっと見ている（⑨）。私も妻（Tの母親）も思わず息が止まり，「どうしよう」と思い一瞬言葉をなくしてしまう。しかし，すぐに，私は「T君すごいねー。上手だ」「よく描いたぞー，えらいねー」とほめた（⑩）。妻もいっしょに「Tくん，上手。すごい。すごい」とほめている（⑪）。するとTは，また前を向き，さっきよりも元気よく描きだし，全部で3枚描いた（⑫）（図7-1参照）。

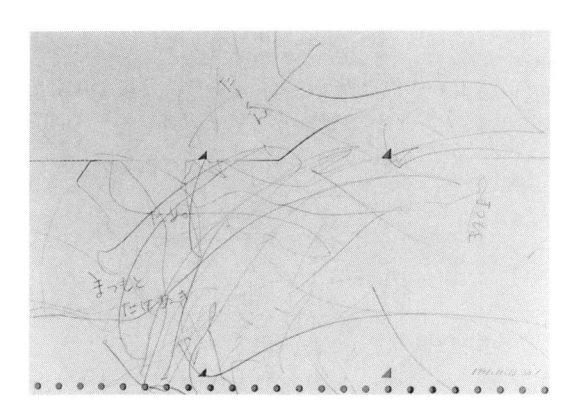

図7-1　Tが生後初めて描いたもの［事例1-1］

1）Tがつくり表わしたもの

　Tの最初の「描画」のできごとを，できごとの展開をおって詳細にみると，以下のようになる。

①母親が最初に食品注文票に文字を書いている。
②母親と同じ道具（鉛筆）を欲している。
③Tは，母親と同じ活動場面に参加しようとしている。
④母親によりTが使う紙と鉛筆が与えられ，母親と同じ場が同型的・並列的に母親によりつくられている。
⑤母親は鉛筆の持ち方と書き方をTの目の前で，Tの名前をひらがなで書いてみせ，

第7章　造形教育の変革

示している。
⑥母親はTに自分が使っていた鉛筆を渡している。
⑦Tは母親が文字を書くときと同じ持ち方で鉛筆をもって書く。
⑨Tは一息描いた後，ふり返り母親を見る。
⑩⑪父親はTのこの行為を「絵を描く行為」として意味づけてほめている。
⑫Tは元気よく続けて描く。

　この一連のできごとにおいて，Tは生まれて初めて何をしたのだろうか。絵を描いたのだろうか。それとも文字を描いたのだろうか。生後10か月のTは意図的・目的的に鉛筆で描いたのではなく，端的にこの活動そのものを行為として行なったといえる。

　ところで，Tはここで絵を描いたのだろうか。Tによりかかれたもの（図7-1）をこの場や状況を知らずに見る者は，「Tは文字ではなく絵を描いた」とみなすであろう。それほどにTがかいたものは，「文字」とは似ても似つかぬ絵としかいいようのないものでもある。また，生後間もないころに描かれるこうした身体運動の痕跡としての描画様式は，スクリブル（scribble）といわれるものでもある。この事例は，Tが紙の上に鉛筆で記す生後最初の事例である。最初から文字を書いたとは，大人にとってあまりに考えにくい。

　結論からいうと，Tは母親と同じ行為を同じ場で行なおうとしている（①②③）。したがって，これは「文字を書く」行為であったといえる。事実ここで母親（M）は，（a）自分が文字を記入している食品注文表のあまりを裏返してTに渡している（④）。（b）鉛筆の使い方を示そうとしてひらがなでTの名前を書いてみせている（⑤）。さらに，（c）自分が今まで使っていた鉛筆をTがかくために渡している（⑥）。（d）Tもまた，母親と同じ鉛筆の持ち方をして最初からかいている。こうしてみると，Tが文字を「書いた」ことは，揺るがしがたいことであることがわかってくる。Tは，母親が行なっていた「書く」という文化的活動とそれが行なわれている場へ，同じ道具を用いて，しかも，母親が使っていたその道具を譲り受けて参加して，「書くということ（できごと）」を「書くこと（行為）」を通して成し遂げているのである。Tは，「文字を書いた」のではなく，「書くこと」そのものを，T自身の参加により，T自身の活動の拡張として行なったのである。Tは「書くこと」という活動をここで学んでいるといえる。

2）〈新たな活動－「書くこと」〉の協働形成
　ところで，この日，この場面で，Tが初めて「書くこと」は，母親も父親もまったく予測してはいなかった。この場面を「Tが生まれて初めて鉛筆で書く場面」へと突

き崩したのは，母親でも父親でもなく，母親が行なっている道具を媒介した文化的行為の場へ参加しようとして，母親の持つ鉛筆を取ろうと介入したＴ自身の行為である。母親の行為が鉛筆と紙との関係をつくり，鉛筆でも紙でもない別の新たなもの（鉛筆の痕跡－テクスト）を生む文化的実践の現われを，Ｔ自身の実践上の関心として，母親の行為とものとの同型的関係にある実践を自ら行ない始めようとしている。食品注文票に記入する母親の活動への介入と中断により，Ｔはそれまでの母親とものとの関係的な場や状況を突き崩し，同時に，自分が書くという行為を学ぶことが成り立つように，それまでの母親と自分との社会的関係性（夜泣きをあやされていた）を組み替えている。

母親はＴのこの行為を，それまでＴが日常的に行なっていた手にしたものを口に入れて舐めて調べようとしているのではなく，自分が行なっている「書くこと」をＴもまた行なおうとしていると瞬時にとらえて注文票の記入を中断し，Ｔにも「書くこと」が成り立ちやすいように，注文票を１枚裏返して渡し（④），Ｔの名前を発話しながら３つほど書いてみせ（⑤），自分が使っていた鉛筆をＴに明け渡す（⑥）のである。厳密にいうと，Ｔは自分が書くための場や状況を，母親の場や状況とは別に新たにつくってもらったのではなく，母親が自分が行なっていた実践的場や道具を明け渡すかのようにして譲り受けたのであり，譲り渡さざるを得ない状況へと母親を引きずり込んだといえる。一方，母親の方は，自分の実践の場や状況をそのまま譲り渡したかのようにしながらも，Ｔが「書くこと」を初めて始め得る場や状況へと変えている。

3) 社会的文化的行為の協働形成と学びの過程

こうしてみると，Ｔが初めて「書くこと」を始めるために，Ｔも母親も，ともに新しい活動を生み出して，「書く」活動をつくり出していることがわかる。従来の発達心理学的視点からみれば，Ｔは母親の活動の「模倣」をした。または，年長者である他者（母親）がＴの活動を援助したことにより，Ｔの「書くこと」という新たな活動は実現された，と理解されていたことである。しかし実際には，複数の行為者の間に新しい活動がつくられるとき，両者がともに新しい活動を生み出しているのである。

まだ手を思うようには動かすことができないため目や喉を鉛筆で刺すと危険なので手の届かないところに置かねばならない，かといって，早く字や絵を書いてほしいけれど，いつどのようにして書くことや描くことを教えることを始めたらよいのかは知らないといった大人の側の実践上の矛盾。鉛筆を手にとってみたいけれど，自分の今の力では手の届かないところにあるし，偶然手にしても，危険だからという理由ですぐに母親や父親に奪い取られてしまって，いつまでたっても書いてみたり描いたりで

きない,という子どもの側の実践上の矛盾。これらが,相互行為過程における互いの行為を創発する働きにより,両者の側で,この新たな実践を通して「解消」(野口,2002, pp. 103-104) されているのである。この矛盾を解消する一連のやりとりのきっかけ,タイミング,行為の実際のあり方をつくり教えるのは,文化的先住者である大人ではなく,参加し介入する子どもの側である。大人とともに同じ活動の場で,今新たに生きようとする子どものやり方に大人は教えられ,文化を共有して子どもとともに生きることが可能となる。子どもに教えられる (習う,学ぶ) ことにより,初めて大人は子どもに教えることを成り立たせることができるのである (柄谷・木村,1985, pp. 188-193)。これに対して,ともに生きている子ども (他者) の活動の文脈から習う (学ぶ) ことを前提とせずに大人の側からのみ教えることは,「教えること」を大人の側で成り立たせることはできるが,習う (学ぶ) ことを子どもの側に成り立たせることはできない。「教えること」のみを成り立たせようとすることは,教えている人 (大人) の側からみたどこまでも平板で透明な世界,現実にはあり得ない「モノローグ世界」(山田, 2000, pp. 15-36) であることに気づく。これに対して学びの世界は,矛盾対立,交渉,葛藤も含んだはるかに広く複雑な世界である。そこでは,人と行為とものとが連鎖し,他者の行為とものとの関係性と相互作用・相互行為することにより,無限に意味が生成され,増殖し,拡張する動的世界である。学びの過程は,そこに生きる人々の矛盾対立,交渉,葛藤にあふれた人が実際に生きて働いている世界であることがわかる。

4) 未知で新たな行為と行為の意味とを生成する志向的な場

さて,この事例の後半部分もまた,Tの書く活動が人々の協働的実践を通して初めて成り立っていく実際のあり様を3つ示している。(a) Tが鉛筆を持って食品注文票の裏に始めて書き始めたとき,母親と父親は,その様子をじっと見ている (⑧)。(b) Tが初めて鉛筆で書いたあとで,ふり返って母親と父親を,しばらく黙ってじっと見ている (⑨)。(c) 父親と母親は,Tが初めて書いたこと (行なったこと) をほめて受けとめ,Tに対してこたえている (⑩⑪)。この一連の相互行為過程を経て,今度はTは最初に書いたときよりも,さらに勢いよく書きはじめている。

(a) についてみると,Tが初めて書いたのか描いたのかはともかくとして,人間 (T) の成長発達上,大きな転換点となる文化的活動が新たに生まれつつあることを母親と父親は知っている。しかし,最初の子であるTがどのようにそのことにかかわり,行なっていくのかは知らない。そのため,切り開き向かいつつある文化的行為をTはどのように行なうのか見ているのである。Tが行なおうとしている初めての活動と活動の場へ,母親も父親もTとともに参加し向かっている。ここには,「書くこと」

という文化的実践を可能とする志向的な場がTと母親と父親との間に開かれつくり出されている。その場の形成においても母親と父親は，Tに習っている，Tから学んでいるといえる。

　（b）と（c）をみると，Tは自分が参加しようとする文化的実践を「行為のかたち」としては知っているが，「書くこと」なのか「描くこと」なのか，母親や父親も喜んでくれることなのか禁止されることなのかという，この行為の意味は知らない。重要なことは，こうした状況においても乳児（人）は，未知で新たな行為を他者とともに始めることができるということである。そしてTにとってこうした位相にある行為の意味について，Tは1人では決定できない活動状況や発達状況にある。乳児に限らず，人が他者と相互行為する過程で行なう1つひとつの発話やふるまいの意味は，行為を行なっている主体が決定する以前に，その行為が始まり進行する過程で，聞き手である他者が肯定したり，否定したりしている。行為やふるまいは社会的であり，行為の意味は自己がその意味を決定する以前に，他者が行なう行為との関係において，他者によりその意味は理解・解釈される。むしろ，他者がその意味を決定（理解・解釈）するのであり，自分自身は行為を行ないつつある過程で，自己の行為の意味を完全に決定（理解・解釈）できない。自己は，他者が自分の行為に対する理解・解釈として行なう行為を媒介にして，今自分が行なった行為の意味をそのコンテキストの中で理解・解釈して，自分にとっての意味として初めて成り立たせることができる。このように，新たな社会的文化的行為を協働形成する自己と他者は，互いに行なうことそれ自体において，他者の行為への理解・解釈を示し合っている。その際行為の意味は，ものの意味を明らかにしたり，できごとを実現したりする方法という意味で，行為主体と他者の両方にとって認知的な働きをもつ。また，そうした行為の働きは，他者によって理解・解釈されて自他間で決定（確定）されるという意味で最初から社会的なのである。ところで大人の場合，内的自己や反省的自我との対話により，あたかも1人でもの，こと，人にかかわる新たな行為をつくって新たな意味を生成し，その生成する行為の意味を理解するかのように感じている。しかし，1人で行なう活動においても，内言－外言，話す－聞く，読む－聞く，描く－見る，歌う（奏でる）－聴く等にみるように，記号使用実践の過程が自己を「能動－受動」の2つへと複数化して相互行為（対話）的状況をつくり意味を生成していると考えることが，生後10か月という早期に起こる「書くこと」の発生的場面をみる限り自然であるといえる（田島，2003, pp. 50–52；西阪，1997, pp. 130–132）。こうしてみると行為すること自体が，他者との社会文化的な場や状況を開き，そこに向かって自己の境界を超え出ることであるといえる。

5) 行為の意味の生成：〈関係への関係〉の連鎖

　先の（a）で母と父がTの行為にともに向かい，見ていることも，こうした社会文化的場や状況の相互的構成を意味している。Tにとっては，母親と同じように書くことを行なったことを母親や父親に伝えることにより，自分の行為の意味を他者に意味づけさせている。Tが母や父に意味づけさせようとしていることとは，以下のような，ものと行為と人との関係に対する複雑に入り組んだ複合的関係であるといえる。〈T－行為（[]内のことをしたことを母と父に知らせる）－［T－行為（記す：鉛筆と食品注文表との関係をつくる）－｛T－行為（つかむ）－ものa（鉛筆）｝－ものb（食品注文表）］〉（実際には母が注文表への記入する行為や，母の行為と鉛筆と紙との関係を含むさらに複雑な過程である）。そして，Tが行なう「知らせる」行為は，それに応答する他者（母と父）の側に「意味づける」という，異種の行為を引き起こす。それは「今，ぼくがしたことをいっしょに見て（参加して）たよね？」という意味にさえみえる。Tは自分が行なう行為自体が関係上内在化しているこの複合的関係を，その外部へと超え出る複合化された関係をつくるものとして他者を役割づけ，自分が行なった行為の意味を他者を媒介させてつくり出している。母と父にとっては，こうしたTとともに行なう行為の関係的な場や状況において，Tの成長した姿に喜びを感じる以前に，驚きを伴った応答責任を感じているといえる。

　ここでも母親と父親は，Tが少し書いてふり返って自分たちを見るとは思っていなかった。Tが鉛筆を欲しがったり，自分も書こうとしたこと。途中でふり返って母親と父親を見たことは，両者にとって他者である子ども（T）の側からの「不意討ち的到来」（中田，1996）なのである。（c）の父親と母親が，Tが初めて書いたこと（行なったこと）をほめて受けとめ，Tに対してこたえている（⑩⑪）ことも，その後Tが，また紙に向かって最初に書いたときよりもさらに勢いよく書く行為によって，解釈・理解され，それが母親や父親に示されることにより，ほめて受けとめ，Tに対してこたえた行為の意味が決定されていることがわかる。Tが生まれて初めて書く場面は，Tにとっても母親や父親にとってもどちらかが知っていた活動を，一方の他者の側に経験させたのではなく，その場で創発的に生成されている。それは抜き差しがたい相互行為場面に埋め込まれた協働的生成活動としてある。

6) 「書くこと」から「描くこと」へ

　さて，鉛筆を始めて持つことを許されたTにとって，このときまだ「書くこと」と「描くこと」とは別々の行為として成立していない。にもかかわらずTがふり返ったとき，父親（筆者）は「よく描いたねー，上手だ」と，Tの文字を書く行為を描く行為として解釈し意味づけている。父親はこのできごとのあと「Tはもう絵を描くよう

になった」と喜び，数日後にはTのためにクロッキー帳と持ちやすい太い鉛筆を買って与え，「お絵かきしようか」と遊びに誘っている。Tの「書くこと」を「描くこと」へと無自覚的に誘導していったのは父親であるといえる。父親がTはこのとき「絵を描いた」のではなく，「文字を書いた」のだと気づいたのは，後に事例を示す次男Hが始めて描いた場面をビデオで見た3年4か月後になる。

　「絵を描く」という行為の意味は，幼児のいわゆる「心の中」から自然発生的には生まれない。また，日常的生活場面でTが初めて行なった「書くこと」は，母親や父親による意図的・計画的・体系的に教えるという形式によってではなく，子ども（T）が書こうとしたこと，書くことに参加しようとしたことにより生起した状況下で突発的に開始されている。状況を突き崩したのは，大人の側ではなく，子ども（T）の行為である。子どもは大人の側からの「教育」を受動的に待っているのでもないし，大人の側が指示する行為をそのまま行なうことにより新たな行為を学ぶのでもない。自らにとって新しく，他者や集団にとっては自明な行為へ参加しようとすることにより，他者や集団の側に，子どもが参加できるような場や状況を新たな行為の場や状況としてつくらせることにより，自ら未知で新たな活動を生成し拡張している。その時，他者や集団の側もそうした活動の場や状況における子どもとの新たな関係性の場へと引きずり出されて活動を拡張することを意味している。

【事例1-2　「描くこと」を初めて行なうH（0歳10か月4日）】
　本事例のトランスクリプトは，次男Hが初めて「絵を描いた」場面の事例である。入浴後Hは父に服を着せてもらっている。Hがお風呂からあがるのを待っていた兄T（3歳，1か月，13日）は父と絵を描いていた。父はその様子をビデオに撮影していた。Hがお風呂からあがってきたとき，Hの前には，Tが描いていた鉛筆とクロッキー帳がそのままの状態であった。Tが初めて「書いた」状況と異なりHの場合は，兄と父が今までいっしょに絵を描いていた場と状況へと参加している。この場面では，Hは服を着せようとしている父から逃げるように鉛筆に向かって這って行き，鉛筆を逆さに握ってクロッキー帳の表面を叩いた。そこで父は，Hに服を着せるのを中断して，逆さに握っている鉛筆をHの手から取り出す場面（図7-2：01）から始まっている。

　Tの弟Hが筆記具を用いて紙に記す最初の事例は，兄よりも生後3日早いが同時期に始まっている。ここでも，先のTの事例と同様，他者（父親）との協働行為の過程を通して，Hが鉛筆でクロッキー帳に初めて記すという文化的行為をつくり出している。Tとは異なりHは，描く場面に参加して「描くこと」を初めて行なっている。Hが初めて行なった行為の意味も，Hが参加する場や状況で相互行為する他者の側が行なっている文化的活動である。Hの場面でも，入浴後服を着せてもらっている社会文化的場面を突き崩したのは，H（子ども）の側である。Hは服を着せてもらっている場に隣接する「絵を描く」という社会文化的場へ参加しようとする行為により，父親を「絵を描く」社会文化的実践関係へと引きずりこんでいる。「服を着せてもらう世界」と「絵を描く世界」の2つの世界

は，隣接しながらも異なる「もの」の配置，異なる行為の関係，異なる世界を現象している。Hは最初鉛筆へ向かい，逆さに持ってクロッキー帳の表面を叩いている。Hは兄Tと父親が絵を描いて遊ぶ場面にこれまで参加してはこなかったが周辺的に見てきており，鉛筆とクロッキー帳をどのように関係的に使用するかを知っていて，兄がいないこの場面で自らその新しい活動を始めている。それは，今は入浴していて目の前にいない兄と同じ行為をしようとすることでもある。しかし，鉛筆を逆さに持って行なったため描けずにいる。Hが執拗に鉛筆とクロッキー帳へと這っていこうとするため，父親はHに服を着せる活動を中断してHの手から鉛筆を取り出し，絵を描くように握って鉛筆を持つとHにその持ち方を示したあと，クロッキー帳に波線を描いている。Hは，鉛筆をもつ父親の手へと自分の手を重ねている。この一連の行為によって，Hは自分と鉛筆との間に，父の［手（身体）－握る・描く（行為）－鉛筆（もの）］の関係的実践を媒介にして，父親が波線を描くことを行為とものとの同型的な連鎖と使用において経験している。先のTの場面での母親と同様，ここでの父親もまた，自分が使った道具（鉛筆）をそのままHにあけ渡して

01：Hの手から逆さに握っていた鉛筆をとる
02F：パパに貸してごらん(.)いい(.)ほら（鉛筆を絵を描くようにもってHに見せる）
03H：Fの手に自分の手を重ねようとする
04F：鉛筆でクロッキー帳に波線を描く
05H：Fが描いた線を見てつかもうとする
06F：持っていた鉛筆を画用紙の上に置く
07H：Fが置いた鉛筆をHがとろうとする
08H：ペンを握りからだを起こそうとする
09H：右手で鉛筆の先を紙の上にあてるようにして描く
10H：身体を起こし右手でペンをもってFを見る

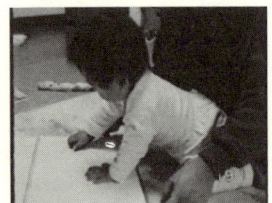

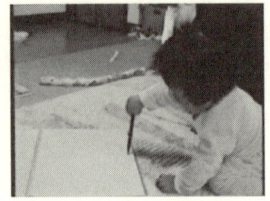

図7-2　H（0歳10か月4日）の最初の描画行為［事例1-2］

いる。Hは父が放した鉛筆を握ると，クロッキー帳の上に，鉛筆の先端を突き立てるようにして当て，次に手に持った鉛筆を差し出しながらふり返って父を見て，自分が同じ行為をしたことを父親に示している。父親はHに対して「うん（.）かけたねぇ」と笑ってこたえている。

【トランスクリプトの記号】
1. ＝ ：ふたつの発話または発話文が密着していることを示す。
2. （　） ：括弧内の空白は聞き取り不可能な箇所を示す。空白の長さはその時間の長さを示す。
3. （.）（0.6） ：沈黙・間合い。0.2秒単位で（ ）内にその秒数を示す。0.2秒以下は（.）で示す。
4. ：：：： ：直前の音声の引きのばしを示す。
5. ― ：ことばの不完全な途切れを示す。
6. ？↑↓ ：語尾の音が上がっている（？）ことを示す。音調の極端な上がり（↑），下がり（↓）を示す。
7. （指さして） ：括弧内の文字による記述は，行為や状況を示す。

(西阪,1997, pp.vii-ix を一部参照)

7) TとHの事例の意味すること

　TとHの初めて「書くこと」，「描くこと」の事例は，子どもが他者とともに他者が生きる世界に参加し，「できるようになる前に実行してみる（performance before conpetence)」(Cazden, 1997, p. 309) 事態を示している。それは，「文化的道具はどのようなもので，どのような働きをしているのかを行為者が十分に理解するその前に，すでに文化的道具を使って発達は起きているという考え方」(Wertsch, 1998／佐藤ら訳, 2002, p. 147)，すなわち「子どもや学習者はある時点でその行為を遂行した結果，つまりそれが行なわれた後にはじめて媒介された行為の形態について意識し，統制する水準に到達していく」(同上, 2002, p. 147) し，「子どもは自分の身振りの自覚に最後に到達する」(Vygotsky, 1981／柴田訳, 1970, p. 210; Wertsch, 1998／佐藤ら訳, 2002, p. 147) というべき事態を示している。そうした協働的活動の場においては，「媒介手段が，発達を先導するへり（leading edge）の部分をつくる上で欠かすことのできない役割を演じている」(Wertsch, 1998／佐藤ら訳, 2002, p. 147)。

　また，TもHもいずれの場合も，活動を引き起こし，自明化したその場の活動状況を突き崩して，新たな「媒介された行為」の実践と，その実践を可能とする活動上の社会文化的な他者との関係性へと移行させていくのは，子どもの側の行為であった。その際大人の側は，子どもの行為と，もの，こと，人との関係性において，その活動に引きずり込まれ，媒介された行為が可能となるようなもの，こと，人の関係性をローカルな形でつくり出していくことにより，行為者，媒介された行為，媒介する道具，行為者に対する他者である自分の役割行為を新たにつくり出している。こうした協働的活動や相互行為のもつ創発性，創発的関係性が，子どもの側に託していえば，いわゆる「発達」を協働形成しているといえる。

　しかし，こうした協働形成は，予定調和的に起こるのではない。子どもは，今他者とともに行なう活動とは異なる新たな活動を単に始めているのではなく，それまでの状況において社会的に「禁止されている」活動を始めている。子どもは，自分が欲す

る活動を，現下では社会的に禁止している他者とともに協働で始めることにより，自らの「最近接発達領域」を自他間の社会文化的関係上の矛盾解決を可能とする実践的場として，「いま－ここ」に切り開くのである。エンゲストローム（1987）は以下のようにいう。

　　最近接発達領域とは，個人の現在の日常的行為と社会的活動の歴史的に新しい形態——それは日常的行為のなかに潜在的に埋め込まれているダブルバインドの解決として集団的に生成されうる——との間の距離である。（Engeström, 1987／山住ら訳，1999, p. 211）

　エンゲストロームのいう「最近接発達領域」とは，空間的な場でもないし，協働行為を行なうどちらかの者が言語的に事前にわかっている場でもない。あるできごとから新たなできごとへと移行する裂壊，子どもにとっても大人にとっても相互にダブルバインドな状況を解消する新たな活動の生成される可能性の場として，協働的活動の過程で自他双方に浮かび上がってくるものであるといえる。
　エンゲストローム（1987）は学習活動の本質について以下のように述べている。

　　学習活動の本質は，当該の活動の先行形態のなかに潜在している内的矛盾を露呈しているいくつかの行為から，客観的かつ文化—歴史的に社会的な新しい活動の構造（新しい対象，新しい道具，などを含む）を生産することである。学習活動とは，いくつかの行為群から1つの新たな活動への拡張を習得することである。伝統的な学校教育は，本質的には主体を生産する活動あり，伝統的な科学は，本質的には道具を生産する活動であるのに対して，学習活動は，活動を生産する活動である。（Engeström, 1987／山住ら訳，pp. 140-141）

　「書くこと」，「描くこと」といったできごとの生成，その成り立ちを可能とする行為の相互的生成や社会文化的な自他の実践的関係の生成は，行為そのものの遂行や自他間での連鎖により「活動を生産する活動」として生成されている。
　新しい活動は，子どもだけでなく大人にとっても新しい活動としてある。それは，すぐ隣にありながら，みることができない活動である。学習が新しい活動を生み出す活動であるとするとき，その活動は，子どもと大人，両方にとって新しい活動である。しかし，それは，両者の現在の活動のコンテキストにおいてあるべからざる行為やいまだあり得ない行為としてある。大人からみるとそのような新しい〈もの，こと，人〉との関係性をつくってほしいと思いながらも，現在の自明化し安定した活動とそのコンテキストに依存している。そのダブルバインドの解決として集団的に生成されていくもの。その距離が最近接発達領域である。

したがって最近接発達領域は，大人の側だけでつくることができるものではない。また，子どもとの活動以前に完全に予測可能なものでもない。子どもとの活動の実際の過程において浮上してくるものであるといえる。

(2) 遊びの中でつくり表わされるものとできごとの協働形成
1) 遊びのできごとと遊びの道具をつくり表わすこと

本事例は，幼稚園での3歳児の他者との日常的な遊びの場面で，地図とコンピュータをつくっていっしょに旅に出る遊びが始まっていく場面である。

この事例においては，幼児によって彼らの遊びのできごとの中でつくり出され，できごとの進行過程で使用される「遊びの道具」を「遊びのできごと内の道具」（三浦，2002）という言葉により考察していく。三浦は「遊びのできごと内の道具」について以下のように述べている。

> 〈遊びのできごと内の道具〉とは，遊びが成立し展開していく中で，そのできごとが自他間に現象する上での資源として機能するものである。幼児たちは，〈遊びのできごと内の道具〉を，相互的・状況的・協働的につくり表わして使用するから，できごとが自他間でリアルな現実として現われるものと考える。（三浦，2002, pp. 424）

【事例2-1】
　図7-3の①は，保育者につくってもらったテレビ放送していたアニメのポケットモンスターのキャラクター，ミューのお面を頭につけ，手には発砲トレイを2枚あわせてつくったコンピュータを持ったTが，色紙の裏に描いた迷路の絵を保育者（S）に見せた場面である。迷路の絵を見た保育者は「旅に出る地図じゃないんだな::（旅に出る地図かと思った）」（03S）と，Tやまわりで聞いている園児たちに対して発話している。手前Uも頭にヒトカゲのお面をかぶっている。Yは，手にコンピュータを持っている。TとUとYは，コンピュータという遊びの道具をいっしょに持って，ポケモンごっこをしていることがわかる。保育者のこの発話により，「あっ (.) いま旅に (.) 地図もつくる」（04T）と，コンピュータと地図をもって旅に出るポケモンの遊びが始まろうとしている。

　さて，T，Y，Uが，棚へ色紙を取りに行った③の場面では，YがTに向かって，「地図かいていこうTちゃん」（06Y）と発話し，④では，「Uくんもしたいの」（08T）と，TがUを旅に出る仲間に入れている。Tと保育者との会話を聞いた他の園児たちも，コンピュータと地図をつくろうと，保育者から発砲トレイを2枚ずつもらっている（⑤）。⑥では，どのように地図を描くのか，Tが色紙に地図を描くようすをYとUが覗き込んでいる。後に仲間入りするKも発砲トレイを2枚もらい，Tの横に来てまわりの園児が地図とコンピュータをつくる様子を見ている（⑦⑧）。Tは，地図を4つに折りズボンのポケットに入れ（14T，⑦⑧），保育者とのところへ行き，「準備オッケーだよ」（15T）と伝え，Uのところへ行き，「地図もうもったよ (.) ほら (.) 地図もったよ」（18T）と言う。そして，「コンピュータももったし (.) 地図ももったし (.) レッツ-」（19T）と言って旅に出

発しようとする。すると，まだ地図を描き終えていないYが，「まって::」(20Y) とTを引き止めている。Yは，「昭和町をすぎて::山にいって::」(21Y) とつぶやきながら地図を描き，Tを見て地図を指さして言う。自分の家から幼稚園に来る地図を描いているようだ。

①
01S: 地図と思ったけどちがうの？
02T: これは迷路だよ（絵を指さす）
03S: 旅に出る地図じゃないんだな::

②
04T: あっ(.)いま旅に(.)地図もつくる
05S: うん

③
06Y: 地図かいていこうTちゃん

④
07T: ふたりで地図かこう
08T: Uくんもしたいの
09U: Uくんも

⑤
10T: オレンジの色紙に地図描く
11S: はい(.)Mちゃん2つ(.)Wちゃん2つ（発泡トレイを2枚ずつ渡す）

⑥
12Y, U：(Tが地図を描くようすをのぞきこむ)

⑦
13T: (地図を4つに折る)

⑧
14T: (ズボンのポケットに入れる)

⑨
15T: 準備オッケーだよ
16S: 準備できた
17T: うん

⑩
18T: 地図ももったよ(.)ほら(.)地図もったよ（Uにいう）

⑪
19T,31T: コンピュータももったし(.)地図ももったし(.)レッツー
20Y: まって::

⑫
21Y: 昭和町をすぎて::山にいって::（つぶやきながら地図を描きTをみて地図を指さしていう）

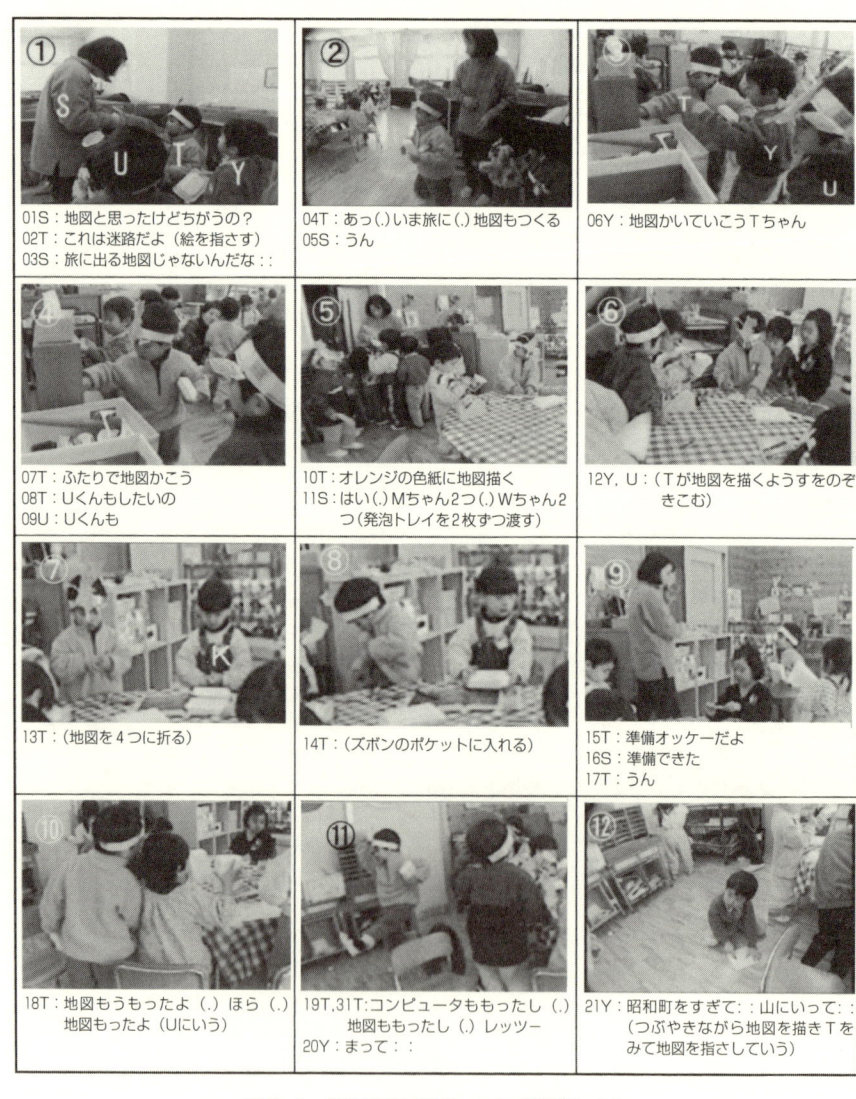

図7-3　旅に出る地図をつくる [事例2-1]

2) 遊びへの仲間入り場面と役割分担：遊びの主導権と役割の取得

次の事例は，いっしょに旅に出る仲間の役割が決定されている場面である。

【事例2-2】

TがUに対して「サーサトシくん？」(01T)と聞いてしまったため，ポケモンの主人公であるサトシになりたかったYは，サトシになりたいと言い出せずにいる(03Y，図7-4①)。そこへコンピュータと地図をつくったKが，「いれて::」(04K)とTに尋ねることにより仲間入りしようとしている。この遊びは，Tに主導権があることがわかる。Tは仲間入りの許可をKにこたえるのではなく，旅に出るこの遊びで自分はミューかミュー2というできごと内の役割になることを伝えている(05T，②)。Kが自分の役割を発話しないうちに，Yも自分がなりたかった役割(シゲル)をKに伝えている(07Y，③)。いっしょに旅にでる遊びを始めようと最初に話したT，Y，U以外の参加者が現われ，仲間入りの許可を求めたとき，できごと内の集団の役割決定をうながす状況となったことがわかる。また，遊びの主導権はTがもっているが，Kは日常的にTやYよりも遊びを支配する力をもっていることがわかる。しかしここで，主人公サトシになりたいYは，KとTの間に立ち「ぼく赤い帽子かぶってきてあげるね」(09Y，④)とサトシの服装を自分がすることをKに伝え，遊びの主導権をもつTに「サトシ？」(11T，⑤)と発話させている。これを聞きKもすぐに「ぼくもサトシ」(13K)と言う。するとYは，KからTへと視線を送りながら「だめだよ2人いないもんね::」(14Y)と発話してTの同意(15T)を引出し，サトシは自分であることをKに認めさせている(⑥)。

①
01T：サーサトシくん？
02U：うん＝
03Y：＝えっぼくー(サトシになりたい)

②
04K：いれて::
05T：じゃあ(.)ぼくミューね(.)ミュー::
06K：いいよ

③
07Y：＝ぼくシゲルだよ(.)シゲル
08T：＝ミューツーかミューね(.)ねっ

④
09Y：＝ぼく赤い帽子かぶってきてあげるね
10K：いいよ

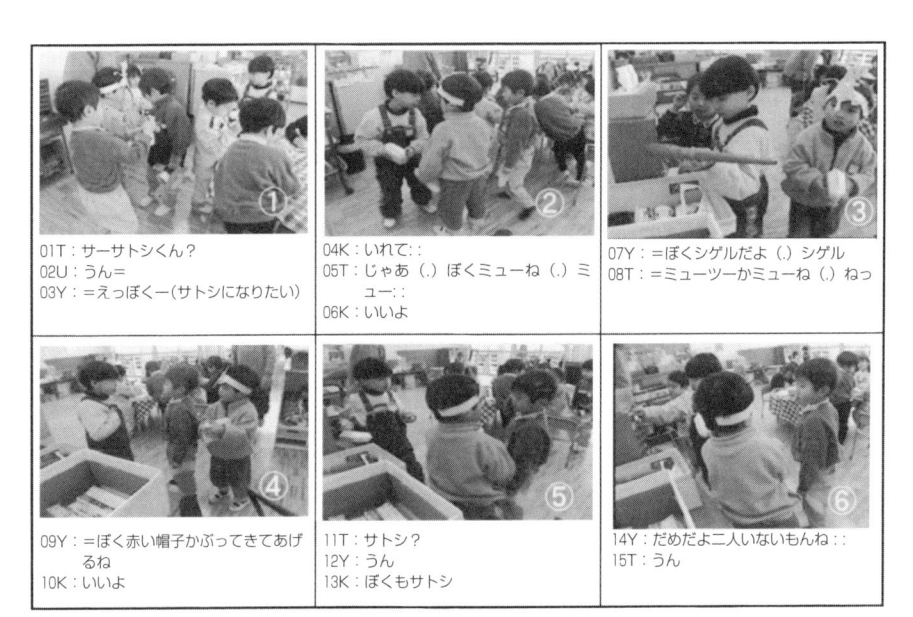

⑤
11T：サトシ？
12Y：うん
13K：ぼくもサトシ

⑥
14Y：だめだよ二人いないもんね::
15T：うん

図7-4　旅の役割を決める［事例2-2］

第7章　造形教育の変革　　175

Kの仲間入り場面の前後で，Uはコンピュータをつくるためこの場面から離れていたので，YはKがサトシという役割を発話する前に，遊びの主導権をもつTに自分がサトシであることを認めさせ，Kがサトシになって遊びの主導権を握ることを阻んでいるといえる。コンピュータと地図という遊びの道具をつくることが，いっしょに旅に出るこの遊びのメンバーであることを互いに表示し，アイデンティファイする道具であること。また，架空の「赤い帽子」をかぶることにより旅に出る役割を可視化させ，遊びの主導権をもつTから自分に対して役割を振らせることより，日常的に自分より遊びの支配力をもつKを牽制して遊びの中での自分の希望（役割）を実現していることがわかる。

　ところで，遊びのできごとと日常生活のできごととの間の不連続性を形づくっているものは何か。彼らの身体的行為により「いま－ここ」でつくられつつあるできごとの現実，そこで生きられるのは，日常の現実世界では，けっして自分が同じものになることができない「他者」（サトシ，ミューツー）の現実である。それは，「他者」の社会的文化的実践を自己の行為で生きることである。そして，幼児の遊びのできごとの資源として使われたものや人は，できごとの成立過程や展開過程において，その意味と機能を組み替え，できごと内の行為の文脈，すなわち実践的規則にしたがって再編成されているのである。

3）　遊びの道具の使用による遊びのできごとの展開過程

　T，Y，K，Aのメンバーが遊びの道具であるコンピュータと地図を持ってポケモンの旅を行なう過程の主導権は，遊びを始めたTと，地図を読んで旅を展開させようとするYとKとに二重化された主導権をつくり出していく。

　次の事例の幼稚園のホールを旅する場面では，サトシ役となったYが地図を読んでこの遊びのできごとや場の状況を発話し，他のメンバーはYが地図を読み発する次の遊びの展開場面へと向かう。一方Kもまた，場の意味を見立てて発話したり，地図を携帯電話に見立てて「オーキド博士」と交信することにより，サトシの役柄を演じようとする。YとKは，コンピュータ，地図，場を見立ていっしょに旅をするメンバーへ指示を出すことを競い合うことにより，互いに自分がサトシであることを示し合って遊びをつくり変えていく。

【事例2-3】

　　Yは跳箱のところで「爆発してしまう::,　早くして:::,　爆発してしまう」と発話してT,Uを呼んでいる（01Y, 図7-5①）。先に跳箱にきたKが，跳箱を船に見立て「船発進しちゃうぞ::」（02K, ②）と言うと，Yはホールの隅に敷いてあったマットの上へ急いで走っていって乗り「船はこれだ::　(.)　みんな::のれ:::」（03Y）と飛び跳ねながら呼び（③），

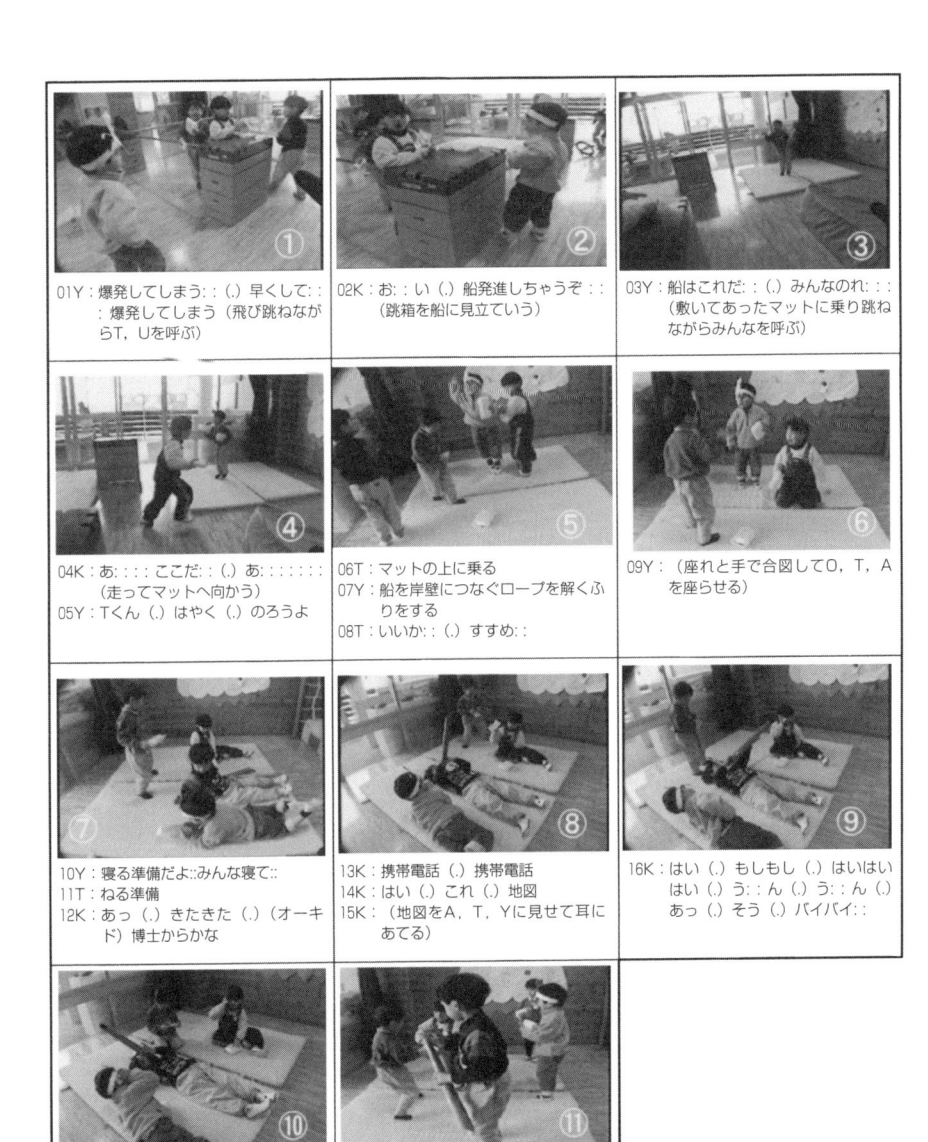

①	②	③
01Y：爆発してしまう::(.) 早くして:::爆発してしまう（飛び跳ねながらT, Uを呼ぶ）	02K：お::い (.) 船発進しちゃうぞ::（跳箱を船に見立ていう）	03Y：船はこれだ::(.) みんなのれ:::（敷いてあったマットに乗り跳ねながらみんなを呼ぶ）
④	⑤	⑥
04K：あ::::ここだ::(.) あ:::::::（走ってマットへ向かう） 05Y：Tくん(.) はやく (.) のろうよ	06T：マットの上に乗る 07Y：船を岸壁につなぐロープを解くふりをする 08T：いいか::(.) すすめ::	09Y：（座れと手で合図してO, T, Aを座らせる）
⑦	⑧	⑨
10Y：寝る準備だよ::みんな寝て:: 11T：ねる準備 12K：あっ(.) きたきた (.)（オーキド）博士からかな	13K：携帯電話(.) 携帯電話 14K：はい (.) これ (.) 地図 15K：（地図をA, T, Yに見せて耳にあてる）	16K：はい (.) もしもし (.) はいはいはい (.) う::ん (.) う::ん (.) あっ (.) そう (.) バイバイ::
⑩	⑪	
17Y：（地図を開き） 18Y：オッ（驚いたように自分の地図を見る）	19Y：火山のところにきてしまった::みんな::( ) いますぐスタートだ（地図を読む）	

図表 7-5　身ぶりと発話により遊びのできごとの場へと変容する空間［事例 2-3］

みんなを乗せてロープを解いて船を発進させる（⑤）。「いいか::（.）すすめ::」（08T）と，Tも飛び跳ねながら叫んでいる。船が発進するとYはみんなに寝る準備をさせ，寝かせている（10Y，⑦）。

するとKは，地図を折りたたんで携帯電話に見立て，「オーキド博士」と交信してみせることにより，自分がサトシであることを示そうとする（13K-16K，⑧⑨⑩）。Kはコンピュータを使ったり，身のまわりのものを船や電話といった遊びの道具として使用し，自分がサトシとして遊びをコントロールしようとする。これに対して，Yは地図を開き，「オッ」と驚くようなそぶりをみせ，「火山のところへきてしまった::（.）みんな::（　）いますぐスタートだ」（19Y）と，地図を新たに読んでみせてメンバーを起こし，走り出せている（⑪）。Yは次々と地図を新しく読んでみせることにより自分がサトシであることを示し，同時に，Kの発話や行為により遊びの新たなできごと場面がつくられないようにしている。Kがそのふるまいによりサトシにならないようにしている。

Yは，地図を今自分たちが陥っている状況として読み，メンバーがすべき行為を発話している。それは，Kによるサトシとしての物の見立て場面を打ち消すように行なわれている。できごとの推移や状況への言及としてYが地図を読む方法は，Kも含め旅をするメンバーに支持されている。Yはつくった遊びの道具をサトシとして使用して旅のできごとを繰りひろげ，そのつどメンバーを新たな状況へと組織化することにより，日常場面では強い立場にあるKに対して，指令を出し主導権をとる立場を得ているのである。それがYがサトシであることをつくっている。

つくり表わしたものを用いた他者との遊びの協働形成過程は，日常生活場面での対人的諸関係と連続してはいるが，遊びに参加しているメンバーに関心のあるできごとが展開し，遊びのできごと世界の現実性が増すことにより，日常的な人との関係性はできごと内の役割行為の関係へと再編されている。

「地図を持って旅に出る」という実践的関心が参加者において最重要の共同的対象なのである。この実践的関心に沿って地図とコンピュータが使用されたとき，地図を持って旅に出るできごとは，日常的現実性から際だって立ち現われて共同化され，旅をする仲間によってともにふるまわれ生きられる。地図はそのとき「旅に出る地図」（描画）として成り立つのである。描画（描かれた地図）は，遊びの場や状況において，読まれ，他者へと語られ，行為されることにより，遊びの場や状況を共同的でアクチュアルな現実としてつくる。一方，遊びの場や状況，できごと内の他者との役割行為の実践的関係性は，地図を読み，話し，行なう行為の文脈をつくっている。

地図は，読み，話し，行なう文脈において描かれたものの意味を成り立たせ，地図として成り立つ。このように，遊びのできごと内での道具（地図）の意味と機能，その道具を読み・話し・行なう行為，できごと内の場や状況，の3者は，それぞれ意味

の成り立ちを支える文脈を相互につくり合う関係にある。Tたちは，行為，道具，状況の意味を連鎖して相互に成り立たせている文脈を互いにつくり合う活動を，道具を媒介にした他者とともに行なう遊びとして行なっている。

4) 遊びの実践形式と日常生活空間の変容

　ポケモンの旅の遊びでは，地図とコンピュータを持って旅に出て，単にそこで地図を見て発話し，ふるまうだけで，日常生活空間である幼稚園の廊下やホールが意味的に変容している。移動した先々での参加者の相互行為により生活場面での事物等が遊びのできごと場面での道具へと変化していくことを示している。【事例2-3】でホールに敷いてあったマットはただYがその上にのって発話してみんなを呼ぶ（03Y）だけで「船」というできごと内の道具へと変貌する（04K）。そして，「すすめ::」（08T）や「寝る準備だよ::(.) みんな寝て::」（10Y）というそこで行なうべきできごと内の発話や行為を生みだし，メンバーもそれを実践することになる。事物や空間それ自体が具体的に変化しなくても，それらを媒介にしてメンバーが行なう相互行為により遊びのできごとが実践的に達成され，日常生活上の事物や空間は遊びのできごと内の道具や意味世界へと変貌していく。遊びの道具として遊びの状況的に推移する過程において投入され，遊びのできごとの実現のためにできごと内の意味を得て，再編される身のまわりの事物（資源）は，遊びのできごと内で使用される機能にしたがった身ぶりを行なうことを参加者に指し示すことになる。一方，事物は道具となることにより，それが使用される行為の文脈に従って多義的に意味を変えるのである。遊びの道具をつくり，他者とともに使って遊ぶ過程を通して子どもたちは，日常生活場面のもの，できごと（ポケモンのアニメ内のできごと），人のそれぞれについて，自分が行なうことによりかかわりをつくることができる活動のあり方によって，再編成し，つながりをつくり出し，自分が生きることができる遊びの世界をつくり出している。遊びの道具は，もの，こと，人との関係性を活動の過程において組み替えつくり変えて媒介するメディアなのである。子どもたちは，遊びの実践的遂行過程でもの，こと，人に対してふるまう相互作用・相互行為の界面において，世界が別様につくられ現われる可能性を感じ，考え，行なうことにより知るのである。遊びの中で子どもたちは，日常生活場面の事物や空間の意味を自らの実践や自他の協働的な関与により「共同化された対象」（麻生，1991，p. 379）を生成できるということを体験しているのである。道具を媒介とした他者との協働的活動を通して，生活上のさまざまな場や事物が多様な意味へとズレて動きはじめる（変容する），新たな意味へとつくり変えながら自己の「いま－ここ」での生を成り立たせていく動的過程の視点に立つことが重要であるといえる。もの，こと，人が，活動の過程においてその意味が開かれ，社会文

化的生成をくり返して新たなテクストをつくることを，活動そのものの拡張の過程として，子どもたちは遊びを通して行なっている。

地図もコンピュータも，そのもの自体での視覚的な意味での指示性（再現性）はきわめて低いものであるが，こうした使用過程において遊びの身ぶりや発話を生み出してできごを成り立たせ，それによって道具自体のリアリティを得ている。遊びの場だけでなく，遊びの道具についてもこうした，実践過程において機能する意味と道具の変容過程や，自他間の役割関係の変容，遊びのできごとの変容といったものと連動的にとらえることが，造形行為を伴う幼児の遊びの力動性と子どもの成長発達に果たす意味を理解するうえで必要であるといえる。

③ 協働される創造と知

(1) 子どもの表現の成り立ちと学びの成り立ち

子どもの造形的な学習活動にとって重要な視点とは，①ものともの，ものと人，ものとできごと，人とものと人，人とものとできごと等の関係を身体的行為によりつくる過程で，子どもの表現世界（意味＝できごと）が行為者自身や他者との間に状況的・相互的・協働的に成り立ち現われていること，②表現世界が成り立つ相互行為の過程において，ものやできごとに対して他者との新たな関係が成立すること，③もの，できごと，他者との新たな関係成立や表現世界の成立により，社会文化的な意味生成へと向かう新しい自己が活動の過程で感じること，考えること，行なうことをいきいきと働かせていることである。

これは造形的な学習活動のみならず，学びの成り立ちの中心的な視点でもある。子どもの学びとは，対象をめぐって他者と相互的・状況的に行なう行為がつくり出していくできごと世界の具体性に埋め込まれており，できごとを形づくる行為とものとの相互作用，他者との相互行為の過程が，これまでの活動システム全体の変容をつくり出していくのである。その際，こうしたシステム全体の変容の契機となるのは，社会的文化的実践へと参加する子どものたちの行為である。子どもが社会的文化的実践へと参加しようとする行為が，大人たちの側の既存の活動システムを突き崩し，両者にとって新しい活動とその新しい活動が行なわれ得る関係性とを学びの実践可能性の領域（最近接発達領域）として切り拓くのである。子どもの学びの過程は，なによりも子どもの行為の過程，活動の過程としてある。行為の過程による活動システムの生成としてある。そこには，大人もまた他者として含まれているが，大人が事前に想定する学習過程（活動構造）や知識や文化の階層化が，その体系的順次性においてそのま

ま適用されるわけではない。むしろ，子どもたちは発達の最初期段階においても，大人との相互交渉を自らの参加や介入する行為によりつくり出し，それにより大人が自明とみなしている活動構造や知識の階層化を突き崩すことにより，自らのやり方で大人などの他者の社会的文化的世界を自分のものに，自分の記号使用実践へと変えることにより実現している。いま自分が行なうことができる行為により，他者の実践へと参加介入し，他者が生きている実践的世界を，自らの行為により新たなものとして他者とともにつくり変えること，そうした有能な生きる力を子どもは示している。

　その際，大人は常にそうした子どもの活動を手放しで支援しているわけではない。子どもと大人との協働実践においては互いが互いの活動を禁止するダブルバインドが，自明化した活動の関係性として絶えずすでに働いている。このダブルバインドの事態は，まさに近代主義的な社会，近代主義的な教育の産物であるといえる。近代主義的な学校教育には，「自分で勉強しなさいという私の命令に従いなさい」という，メッセージとメタ・メッセージが相互に否定しあう矛盾するメッセージが伝えられている（矢野，1994, pp. 105-134）。ここには，大人や既存の文化，制度的社会から子どもへと向けられるモノローグ化した語りしか存在しない。そのため，子どもの活動のもつ社会的文化的な活動システム全体を変容して新たな活動を生成することによる学びというものは，みえにくいのである。子どもの学びの実践過程においては，社会的関係成立と文化的関係成立は切り離されてはおらず，常に動的に関係し合い，相互作用し合って成り立っていくのである。

　子どもの表現や学びの成り立ちをとらえるには，①子どもの行為が対象を媒介にして他者との間につくるできごとを，できごとを単位とする相互行為的関係状況において，そこに新たに成り立つ関係性に基づいてとらえること，②子どもの学びの成立と，子どもにとってのできごと（意味／文化）と，他者との関係（社会）の形成を相互関係的・連続的にとらえること，③結果（知識・作品・技術）ではなく，子どもと対象と他者との関係が変容して推移していく行為の過程をとらえること，④人と人との間の相互の理解と共同的世界の成り立ちの問題として，子どもの行為と教育実践をとらえること，が必要であるといえる。

　その意味で，子どもの造形的な教育は，「いま－ここ」で実際に行なっている子どもの行為や活動の文脈から語られ，そこへ回帰する必要がある。子どもが表現を成り立たせ意味を生成することにより成り立つ造形的な教育実践とは，子どもが行なう行為と場に臨みながら子どものできごととその表現をとらえ，子どもの行為の成り立ちを，文化的道具により媒介しながら子どもの表現の道筋において支援するものである。子どもは，対象や他者との間につくる相互的状況的な関係の中に，自己の表現の

成立とそれをつくる道筋とを，実際に表現を行なうことにおいてつくり，他者と世界を形づくっていくからである。こうした子どもの行為が実際に行なわれたとき，子どもは自分の行為により意味（できごと／文化）をつくることができ，自己と社会とを自分の行為によりつくり変えていくことができることを学ぶのである。

　これまで考察してきたいくつかの事例から，造形的な表現行為は，個人の単独の表現行為であるというよりも，人々の相互的実践（相互行為）であることが理解されたことと思う。このことが，表現，すなわちつくり表わす行為とつくり表わされるものの相互的成り立ちと共同化を支えている。したがって，造形的活動も個人能力主義や文化的決定論の視点に立った，動機，イメージ，造形要素から「造形教育の過程」をつくるのではなく，「行為」による文化的で社会的な意味の協働形成という視点による「つくり表わす学びの過程」をつくることから始めてそこへ回帰させていくことが，子どもが生きることを表わすことそのものの過程において働き，子どもの発達をつくる造形的学習となるといえる。〈自己－対象－他者〉関係において，つくり表わされるものを媒介にして行なわれる，発話，つくり表わす行為，視線などの行為のやりとりにより創発されていくできごと（意味）世界を，状況的・相互的・協働的とらえること——このとき初めてつくり表わす行為，つくり表わされたもの，つくり表わす行為者，ともにつくり表わす他者との関係が，同時生成される造形的活動のダイナミズムにふれることができる。行為者（自己）と相互行為者（他者）との間で取り交わされる行為が相互に連鎖する関係を，自己と他者との間に成立するできごと（意味）と，そのできごとの現われや成り立ちを支えるつくり表わされるものとの相互的関係からとらえること——これが学びに基づく教育の新しいあり方を指し示すことになるであろう。相互行為のプロセスと，そこに成立するできごと（意味）の現われ，つくり表わされるものとつくり表わす行為とは，互いにつくり合う関係にある（相互反映性：reflexivity）。その相互行為のプロセスが行なわれたから，そのできごとやそこでつくり表わされたものの意味が現われているし，つくり表わした私と他者との行為が成り立っている。反対に，そのできごとがわれわれにともに知覚されるのは，そのような相互行為のプロセスが行なわれたからである。現われてくる意味と行為の過程とは，互いに切り離すことはできない。子どもたちは，そうした実践のアクチュアリティにおいて，自らつくり表わすことにより，自らの活動システムをその内側からつくり変え拡張することを学ぶのである。

　相互行為のプロセスにおいては，自他相互の行為が互いに他者の行為に連鎖して，互いが互いの行為の実践とその意味を創発的につくり合い，相互の行為が有意味となる文化的で社会的な文脈を形成している。相互行為関係にある行為者と相互行為者と

は，他者が行なう行為が，次に自己が行なう行為の文脈をつくり，自己が行なう行為は，次に他者が行なう行為の文脈（context）をつくる。相互行為の文脈は，このように「相互に相互の文脈をつくり合う」（上野，1999, pp. 69-81）ことによりつくられ成り立っている。造形行為だけでなく，発話や視線，身ぶりなどの，相互行為内のそれぞれの行為の意味・機能・妥当性は，相互行為文脈の相互的で状況的な過程に基づき決定され成立している（文脈状況依存性indexicality）。大人が自明とする「造形行為」も，自他間で相互的で状況的につくられる行為であるから，新しい共同的な意味を協働的に構築することができるのである。

　造形行為そのものが新たに生成される場面から，意味（文化）と社会と自己の変容をとらえようとするならば，「（造形）行為が実践の中で達成される（practical accomplishment）」場面をとらえなければならない。それにより活動全体が組み変わる場面をとらえる必要がある。それは，相互行為のプロセスにおいて，できごとの意味を現象させる資源として，道具や場をつくり表わしてそれを使用（媒介）してどのようにコミュニケーションを行ない，表現を相互に成り立たせているのか（Wertsch, 1991／田島ら訳, 1995）。また，行為者が他者の行為に連続して自己の行為を行なう過程で，遊びや学びのできごと内の道具や場を，どのようにつくったり表わして，自己と他者との間に相互主観的（intersubjective）な意味を「共同化された対象」としてつくり変えながら現象させているのかをとらえることである。

(2) できごとの協働形成過程と学びの臨床学

　子どもの協働的で相互的な意味生成をとらえるためには，子どもが他者とともに対象とかかわる中で，遊びや学習のできごとを成立させていく行為の過程と場面を，具体的事例として詳細に記述する必要がある。それは，大人（教師・保護者・研究者等）が，幼稚園・学校・家庭等での子どもの遊びや学びの実践場面を，できごと世界の現象とその成立過程としてとらえることである。つまり，子どもの遊びや学びの生き生きとした姿（行為）の始まり，高まりと充実，そして終結へといたるひとまとまりを「単位」としてとらえ，高まりや充実にいたる相互行為の過程を詳細に記述してさかのぼることにより，その成立過程を把握し，それに基づいて造形的な行為の生成を媒介する場や状況をどのようにつくればよいのかを実践的文脈の中でとらえるのである。

　そのためには，子どもたちが生き生きと感じ・考え・行ないながらつくり表わす行為が，遊びや学びの場面で実際に行なわれていなければならない。子どもは，行為を行なう中で意味と行為とを生成しているのに対して，大人は多くの場合，慣習化した

行為をそのつど行なっている。家庭や教室での，子どもと大人（教師）の相互行為場面では，大人の慣習化した行為が，子どもの行為の連鎖とできごとを方向づけている（Mehan, 1979）。また，知識・技術・身体的能力等で優位にある大人と子どもとは社会文化的に「非対称的関係（asymmetrical relationships）」にあり，このため子どもの行為に対して大人が，子どもの行為とは脱文脈的に一方的に行なう行為や発話に，禁止・抑圧等の権力作用が働くのである。

大人たちは，子どもや教育に対する見方とかかわり方をいったん「判断停止epoche」し，子どもが意味をつくり成り立たせようとする実際の行為に基づいてたえず組み替えたり検証していく必要がある。すなわち，子どもが遊びや学びのできごとをつくる行為に臨み，これを適切にとらえてかかわりながら，子どもが対象にかかわることにより，感じること，考えること，行なうことが，子どものすじみちにそって十分に発揮されるように援助や支援を行ない，子どもの表現と学びの成り立ちを支えること。同時に，子どもの遊びと学びの過程を把握して，子どもが生き生きと意味生成することができる場と状況を，学びの過程の臨床的なカリキュラムとして実現していく実践的集団（学校・保護者・地域社会）をつくることが，大人の側に問われている。

「幼児（子ども）とともによりよい教育環境を創造するように努める」（平成元年3月および平成10年12月「幼稚園教育要領」：（　）内筆者補足）は，教師や大人の視点・方法・あり方が転換され，進行する子どもの行為の実際の状況に基づき，常に柔軟に組み替えていく教師（大人）の実践を示している。

このことは，これまでの教育における知識および技術と子どもとの関係のみならず，教師と子どもとの関係，教師と知識や技術との関係，教師とカリキュラムとの関係等を，根本的に組み替え，そこで使用される言葉それ自体もつくり変えて変更していくことを意味している。「指導」から「援助」や「支援」へ（平成元年3月「幼稚園教育要領」，平成5年9月「小学校教育課程一般指導資料 新しい学力観に立つ教育課程の創造と展開」文部省），「絵，彫塑，デザイン」から「造形的な遊び」（昭和52年7月「小学校学習指導要領」）へという言葉の変更は，近代教育と近代美術が胚胎してきた人間観・文化観・社会観のパラダイムの変更を，子どもと教師との具体的な関係や行為の在り方において始めることを示している。

子どもの行為の過程による意味の成立という視点や立場から教育を再構築することは，これまでの近代学校教育が自明な前提としてきた教育実践の過程とは明らかに異なる，子どもの意味生成行為に基づく〈自己−対象・できごと世界−他者〉の関係的実践を，大人が始めることを意味している。それは，子どもとともにできごとをつく

り生きようとする大人の行為から始めることを意味している。教育実践とはこうしたできごと（意味）の協働形成の実践そのものである。相互行為という視点から子どもの造形的行為をとらえ，かかわり，協働的に意味を生成していくことは，近代教育の次の時代を担う新しい教育と「新しい学力」を構築する上できわめて本質的な問題に，実践的・理論的・倫理的に関与していくことを意味している。子どもの行為，相互行為による意味の協働形成とそこに創発的につくられる〈知〉とは，そうした子どもの学びの臨床に基づく教育の実践学の根拠を実践そのものの内側からつくりあげていく視点なのである。

第8章

教師の学習共同体をつくりだす
：コンピュータに媒介された協調学習のデザインと介入

① 教師の学習共同体

「昔は，ストーブ，みんなで囲んでね，誰かがお酒をもってきて，子どものこととか，親のこととか，教育とはどうあるべきか，とかね。先輩の先生とかからアドバイスもらったりね。まぁ，お互いいろいろ言いあってた。で，あとでひとりになったとき，うーんって悩んだりね。（中略）わたしら，もう昔にはもどれんけど，自分の授業だけ，自分の教室だけ，ってのは，なんだかちょっと違うんじゃないかね」

(1999/12/11　教師A　インタビュー)

「今の教師っていうのは，なかなか他の教師にコメントすることってないんですよ。近ごろ，飲んでいてもぜんぜんないですし。その場が楽しければいいみたいなところがありますね。昔は，どうあるべきかっていうのがありましたね」

(1999/12/11　教師B　インタビュー)

ストーブの赤々とした炎が，教師たちの顔を照らしている。若い彼らの顔には暖かな光が揺らめく。教師たちの対話は「果てないあやとり」のように続く。

残念ながら筆者は，そのような場に居合わせ，彼らの対話に耳を傾けたことはない。しかし，筆者はその光景を脳裏に投影することができる。

筆者がこれまで目にしてきた本やドラマや映画の中の教師たち，それも教育に情熱をもつ，あの教師たちの周囲には，いつも気の許せる同僚がおり，時に論議し，対話していた。

メディアの中に生きる「かつての教師たち」は，先輩教師や同僚のアドバイスに戸

惑い，悩み，自己の実践を内省していた。そのような場は，教師にとっての学習共同体として機能していた。

　「わたしら，もう昔にはもどれんけど」

　かつての古きよき時代に存在していた教師たちの共同体は，今となっては不可視化し，メディアを媒介してイメージされるだけの「想像の共同体」となってしまった。しかし，たとえそうであるからといって，われわれは「想像の共同体」を懐かしむ懐古主義に陥ってはならない。
　必要であるならば，つくりだす道を模索すべきである。教師の学習共同体はつくりだすことができる。
　本研究において筆者が試みたかったことは，教師たちの対話活動をコンピュータネットワーク上に恢復すること，すなわち失われた教師たちの学習共同体を再構築することにほかならない。本章の主題は，この共同体の構築のプロセスにある。
　学校改革や教室改革の議論において，教師たちが同僚と対話を深めることの重要性の指摘は，枚挙にいとまがない（佐藤，1994；1997など）。教師たちの対話活動を中核にした場の組織は，これまでさまざまな研究者によって対面状況下で試みられてきた。
　たとえば，稲垣（1995）は，授業のビデオ記録を研究者を含めた教師たちで比較し吟味しあう「授業カンファレンス」とよばれる授業改善方法を提案した。木原（1995）は，「多様な立場の人間が授業に対する対話」を行なうことが授業改善に資するものとし，共同的な授業研究を行なう勉強会を校内に組織・運営した。
　これに対して筆者は，コンピュータを用いた協調学習支援（Computer Supported Collaborative Learning；以下略，CSCL）というテクノロジーに注目した。
　CSCLは，コンピュータを用いて複数の学習者が相互作用を行ない，そうしたプロセスを通して，相互に知識を探求し構築しあうこと（Scardamalia & Bereiter, 1996a）を支援するシステムや実践の総称である（Koshmann, 1996; Pea, 1996）。CSCLを用いれば，失われた「ストーブのコミュニティ」が，時間的・距離的制約を超えネットワーク上に再構築される可能性がある。
　正確に言及するならば，「再構築」という言葉は不適切かもしれない。かつての「ストーブのコミュニティ」は学校を単位に組織化されていた。しかし，CSCLは学校を超えて人々を結ぶネットワーキング・コミュニティを教師たちに提供する。前例にとらわれず新しい実践を創造しようとする教師たちは，時に学校で不遇な立場に追

いやられることがあるが，そうした教師たちでも参加可能な「関心と情熱を共有できる人々の実践の共同体」(Wenger et al., 2002) が生み出せる可能性があるかもしれない。

上記のような問題関心のもと，筆者は，教師たちの対話空間として利用可能なCSCLを開発し，教師たちの学習共同体を構築することをめざした。

以下，本章の構成を述べる。

2節ではCSCL研究の歴史的背景，および先行研究を概観する。

3節ではCSCLをデザインしたり，その場の活動に介入するための概念的道具について考察を行なう。学習の場に集まってきた人々は，時には相手を選び，時にはメンバー全員に向けて声を発する。自ら考案した仮説や作品をもち，この場にやってくる者もいる。人々が交歓しあう学習の場は，いつも混沌としている。研究者はそうした「現場」にかかわらなくてはならない。「現場」をデザイン (design) し，適宜，介入 (intervention) を行なうためには，現場で起こっているさまざまなできごとを可視化するための道具立てが必要になる。本章では，これを踏まえてCSCLのデザインと介入を行なうための概念的道具として，エンゲストローム (Engeström, Y.) の活動システムを導入する。エンゲストロームの提唱する活動システムは，われわれが学習の現場にかかわる際に必要不可欠な，「場の可視化」と「場の理解」を支援する道具立てとして有効である。

4節では，現場教師たちの学習者共同体を構築するため，筆者らが開発したCSCLシステムの導入プロセスについて考察を深める。筆者らは，交流学習研究会とよばれる研究会を組織した現場教師たちに，Teacher Episode Tank (以下略，TET) とよばれるCSCLシステムを使用してもらい，システム導入のプロセスを活動システムによって可視化し，適宜介入を行なった。TETの導入は，教師どうしの相互作用を単純に促進するものではなく，現場教師たちの間に新たな矛盾を生成した。新たな矛盾の生成，介入，その解消。システム導入にからむ教師の学習共同体の軌跡を簡潔に描く。

最後に5節では，本章のまとめと今後の課題を述べる。教師の学習共同体が維持されるためには，彼らの実践の語りが教員文化として定着し継承される必要がある。

② コンピュータを用いた協調学習支援

(1) 研究背景

CSCLは状況的学習論 (Brown et al., 1989) と総称される認知科学の研究知見と，

近年の情報技術の発展とが交差し創発した学際的研究領域である。

状況的学習論は，人間の学習を個人の知識獲得とみなす情報処理アプローチに異を唱え，それを他者や道具との協調などによって達成されるものであるとする。学習とは「共同体」，すなわち「自分たちが何をしているのか，また，それが自分たちの生活と共同体にとって，どういう意味があるかについての共通理解から成立する活動システム」(Lave & Wenger, 1991) への参加として把握され，そこにおける他者との実践・談話・活動や偏在する道具との協調によって生起するものであるとする。

学習を共同体への参加とみなす状況的学習論の視点，いわゆる参加メタファーの学習論 (Sfard, 1998) は，個人の頭の中への知識蓄積を主目的とする従来の教育プログラムとは異なった数々の教育実践を生みだしている。たとえば，ブラウンとカンピオーネ (Brown & Campione, 1994) は学習者が集う教室を学習者共同体 (community of learner) とみなし，学習者たちが他の学習者たちと共同研究を行ないつつ，研究の結果獲得した専門的知識を共有することを目的とする研究プロジェクトを実施している。このような学習者共同体の構築においてコンピュータネットワークを活用することがCSCLにほかならない。ネットワークを利用して学習の場にアクセスさえできれば，たとえ互いに離れた場所にいたとしても，学習者は協調的に実践や活動や談話に従事できる。

(2) 先行研究

CSCLにおいて協同的な知識構築が実現するためには，学習者の相互作用を誘発し，促進することが必要条件である。しかし，一般的な電子掲示板やチャットは，学習者の相互作用を誘発し促進するためには不完全であるといわれている (Pea et al., 1999)。そのため，多くのCSCL研究では，ネットワーク上の相互作用を成立させ，維持するための機能やインタフェースを開発してきた (たとえば，益川，1999；西森ら，2001；杉本ら，2002など)。

CSILE (Scardamalia & Bereiter, 1996b) と並んで黎明期のCSCLプロジェクトとして有名な，CoVis (The Learning Through Collaborative Visualization Project) では，従来の科学教育が個人の概念構造の変化や知識蓄積を主目的にしていたことを反省し，学習者が，科学者の研究コミュニティと同じようなツールを用い協同的に知識を構築することを支援するCSCLソフトウェアとしてCoVis Collaboratory Notebookを開発した (Edelson et al., 1995; 1996)。CoVis Collaboratory Notebookを使用することで学習者は，プロジェクトの中での自らの科学的探求を自分のノートに反映し，また他の学習者のノートどうしをリンクしたり参照したりすることで，協同

的に科学的探求を行なうことができる。

(3) デザインと介入

　1990年代初頭に研究が始まったCSCLは，初等・中等教育における情報教育，高等教育におけるバーチャル・ユニバーシティ等を実現するための基盤技術として，近年さまざまな場所で活用されている。多くの場合，研究者ないしは実践者は，支援する学習者の規模，学習目的や内容，学習の期間などの諸条件に応じて，システムを構成する機能やインタフェースをデザインする。学習活動が沈滞した際には，場への「介入」を試みることも多い。しかし，この「デザイン-介入」をどのように行なうか，というプラグマティックな問いに対しては，いまだ確固たる解決策は生まれていない。

　積極的に学習の場をデザインし，時に介入を行なう研究のあり方について考えるうえで重要な示唆を与える議論を行なっているのはブラウン（Brown, 1992）である。ブラウンは，従来の実験室状況下における研究アプローチに対するアンチテーゼとして，革新的な教育環境を研究者自身がつくり出すことによって，そこで起こった変革を経験的に把握し改善を行なう研究アプローチとして，デザイン実験アプローチ（design experiment approach）を提唱した。

　研究者による場や研究対象への介入は，伝統的なシステム開発研究あるいは教育「工学」研究においては，タブーそのものとされる傾向が強かった。たとえ，システムの導入によって学習者の学習が阻害される事態になったとしても，介入を行なうことはできない。この種の研究では，開発したシステムの機能と学習効果の因果関係を実証することを目的とするため，研究者はシステムを利用する人々にかかわることはできない。学習者や学習の場に介入することは，データを歪める行動とみなされてしまうのである。伝統的な開発研究において，システムを「利用」する人々は，「学習者」や「実践者」である前に，「被験者」なのである。

　これに対してデザイン実験アプローチは，従来の研究知見を組み合わせながら，研究者が積極的に実際の教育実践・活動をデザインすることを主張する。最近のCSCL研究の中にはデザイン実験アプローチを援用・拡張して研究者が積極的に学習の場の創造を行なう研究が多くなってきている（Oshima, et al., 2000; Oshima, et al., 2002; Shrader, et al., 2001など）。

　しかし，デザイン実験アプローチは，学習研究における研究者の積極的なかかわりの重要性は指摘していても，研究者がどのように場を理解し，どのようにアクションを起こすか，というより具体的な問いには答え得ない。そうした具体的な問いに答え

得るためには，まず第一に現実の現場で何が起こっているのか，すなわち現場のできごとを理解し，その変革の可能性を思考するための概念的な道具だてが必要になる。3節では，そのような概念的道具として活動システムを検討する。

③ 活動システム

> デザイナーの意図と結果をつなぐまっすぐな道はないのです。問題に向かうとき，デザイナーはまさにその道を切り開き続けているのであり，新しい動きをとるにしたがって，新しい見方と理解を築いていくのです。
>
> （ドナルド=ショーンのインタビュー／Winograd, 1996より）

筆者はCSCLの「デザイン－介入」を行なうための概念的道具として，エンゲストロームの活動システムに注目した。エンゲストローム（1999）によれば，活動システムは，人間のふるまいや談話などを記述したり，記録されたデータをわれわれが解釈したり，分析する際に用いられるモデルである。

活動システムは，以下の3つの一般的原理をもつ（Engström, 1995）。

①人間の活動をとらえるには，活動システムが分析の単位として用いられるべきである。
②活動システムは，主体（subject），道具（tool），対象（object），共同体（community），ルール（rule），分業（division of labor）の6つの構成要素から構成され，そのシステムと構成要素は歴史的に理解されなければならない。
③活動システム内の矛盾，混乱，葛藤は，その活動システムが発展していく源泉として理解されなければならない。

活動システムを構成する主体とは，その活動システムにおける個人やグループ，道具とは物理的道具に加えて言語や概念やシンボルをも内包するものをいう。対象とは主体にとっての問題であり，それらの人々の目的志向的活動が対象とする素材をいう。分業は活動システム内のメンバーの関係のことであり，共同体とはその活動にかかわるメンバーを指す。ルールとは活動を行なううえでの規範や慣習のことを指示する。

以上が活動システムの6つの構成要素であり，主体が活動を媒介する道具の助けをかりつつ対象に働きかけ，メンバーと協働で生み出したものが結果（outcome）ということになる。

一般的原則にみられる通り，活動システムは静的な均一のシステムではない。その内部には，常に矛盾や葛藤を内包しており，その内的矛盾や混乱こそが活動システムの革新や質的変化，および発展の源泉になるのだという。エンゲストローム（1995）によれば，活動システム内の内的矛盾には2つある。
　第一の内的矛盾（primary inner-contradiction）とは，活動システムに内包される特徴的で根本的な矛盾である。エンゲストロームらが行なった医療システムの研究によれば，医師たちが官僚的で合理的な医療活動に従事する際，彼らは，治療行為とコストや効率を追求しなければならない状況の中で，潜在的かつ恒常的な緊張を経験するのだという（Engström, 1995）。これは，官僚的で合理的な医療活動という活動システムそのものに，根本的に内包されている矛盾である。
　第二の内的矛盾（secondary contradiction）とは，既存の活動システムに対して新たな要因が導入されたときに生起する構成要素どうしの矛盾や葛藤である。たとえば，ある医療活動システムの中に新たな道具が導入されたとき，これまで伝統的に使用されてきた道具との間の葛藤が生まれたり，伝統的なルールとの間に緊張を引き起こすことがある。
　近年，活動システムはさまざまなフィールドの分析枠組みとして使用されている（Engström, 1999）。たとえば，コンピュータを利用した学習環境のデザインと評価の方法論に活動システムを使用するというアイデアも提出されている（Kaptelinin & Cole, 1997）。活動システムを用いて可視化された構成要素間のさまざまな矛盾や葛藤を，システムの質的転換のリソースとしてとらえ，そこに研究者が介入を行ない構造的な変化や革新をもたらそうとすることを目的としている研究が多い（Engström & Cole, 1993）。活動システムは，実践の可視化と，その変革のための道具立てとして機能することが期待される。

④　事例：教師の学習共同体としてのCSCL環境

　前節までの議論を踏まえて本節では，実際のCSCLシステムの開発とその導入事例を取り上げる。具体的には，筆者らが開発したCSCLシステムの導入のプロセスを活動システムによって可視化するとともに，研究者からの場への介入プロセスも同時に描くものとする。なお，本事例を構成するデータとしては，TETに教師たちが残した書き込み，ログデータ，筆者が教師たちに対して行なった不定期のインタビューデータ，メールでの質問紙調査などが含まれる。
　筆者らがCSCLシステムを導入したのは，1999年3月からT県で活動をはじめた教師

研究会「交流学習研究会」である。筆者は交流学習研究会に集う現場教師たちが利用するためのツールとして，TETというCSCLシステムを開発した。TETは，対話を中心的な活動とした教師の学習共同体を構築することをめざすCSCLであった。

(1) 交流学習研究会

交流学習研究会は，当時，国立大学T大学教育学部付属教育実践センターの教員であったH氏が主宰した教育実践研究会であり，初等教育における学校間交流学習の実践を推進することを目的にしていた。

学校間交流学習とは，遠隔地の異なる学校に所属する子どもたちがインターネット等の情報技術を用いて行なう協同学習のことである。異なった地域にいる子どもたちが同じ植物を育て生育の様子を報告しあったり，自分たちの地域の農業・産業などの調査結果を共有しあったりするなどの多様な活動が営まれる場合が多い（Kurokami et al., 1999）。

研究会のメンバーは，テレビ会議システムなどを用いた交流学習の実践を研究する教師たち，教育学部学生，TV会議システムを開発する民間会社の社員などである。教師にとって，交流学習研究会は同じ実践上の悩みを共有する教師たちとの出会いの場であり，自己研修の場であった。

研究会に参加を希望した教師の背景はさまざまである。教師の中には，地元のT大学などで内地留学をした経験を有する者も数人いた。そのほか，総合的な学習の時間や情報教育に深い興味関心をもつ教師，これまでは特定の民間教育運動団体に所属していた教師，数日前にはじめてテレビ会議システムを使った教師もいた。いずれの教師にも共通していたのは「新しい実践」に取り組もうとする意欲だった。

交流学習研究会の活動は，2か月に1度程度のメンバーが集まって学習会・研究会を開催していた。それに加え，日ごろからメーリングリストを用いた情報交換を行なっていた。メンバーの教師たちは，このメーリングリストを「自分の実践を効率的に進めたり」（1999/10/10　教師E　質問紙），「刺激を与えるもの」（1999/10/11　教師D　質問紙），「チャンスがころがってくるもの」（1999/10/11　教師F　質問紙）として認識していた。

メールの内容は，事務連絡から交流学習そのものに関するやりとり，技術的な情報，教育実践センターが主催するイベント情報など多岐にわたっている。時には，メンバーどうしで議論になることもあれば，大学教員H氏による叱咤激励がとぶこともあった。

しかし，メーリングリストが開設されてからまもなく，さまざまな問題が生じてき

た。教師Gは，筆者のインタビューに対して，以下のように語っている。

「こないだ用事があって3日間，メールみなかったことありました。（中略）これはいけんと思って，1つずつ見たけど，この発足会のことやら，事務的なことやら，ごっちゃでわけがわからんくなります」（1999/03/31　教師G　インタビュー）

　メーリングリストは，お互いの実践や研究会として取り組んでいることをメンバー全員に周知させることを目的にしているため，研究会に関連するすべての情報がここに投稿されることになっている。この方針を決定したのは，大学教員H氏であった。H氏は「たとえ，むだな情報になるとしても，お互いが何をやっているかがわかること」（1999/06/11）を重視したと述べている。またH氏は「情報は自分から発信しなければ入ってはこない。教師どうしの関係はギブ・アンド・テイクでなければならない」（1999/06/11）と述べ，積極的な相互の情報発信を歓迎した。
　しかし，このことは教師Gの言葉にもある通り，情報の過多と話題の不可視化を生み出してしまった。当時の交流学習研究会の活動システムは，図8－1のように描写できる。
　図8－1において，主体には交流学習研究会のメンバーとしての教師，道具には，交流学習研究会メーリングリスト，対象には教師どうしの相互作用，ルールには，テレビ会議システムの運用状況を把握するために教師が実践報告をしなければならないこと，共同体には交流学習研究会，分業にはともに実践に関係する情報を相互に発信していくギブ・アンド・テイクに基づく対等な関係が位置づく。
　しかし，道具である交流学習研究会メーリングリストと主体である教師との間に

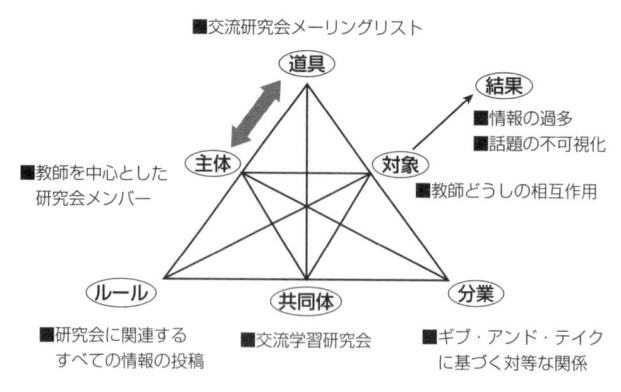

図8－1　交流学習研究会の活動システム

は，内的矛盾が起きている。これは，研究会を上記のようなルールや分業のもと運営していく以上，活動システムに内包される不可避的な矛盾であり，第一の内的矛盾とよべるだろう。

　この内的矛盾の中，その矛盾を解消することを目的として，筆者らが開発したTETシステムの導入が行なわれることになった。

(2) Teacher Episode Tank

　導入されたCSCLシステムTETは，教師たちが互いに自らの実践を開示できる機能，開示されたメッセージを整理・関係づける機能を有していた（中原ら，2001）。

　図8-2にみるように，TETはおもに2つのインタフェースから構成されている。第一のインタフェースは，ジャーナルとよばれるメッセージをやりとりするためのジャーナルウィンドウである（図8-2左）。第二のインタフェースは，ジャーナルウィンドウでやりとりされたメッセージを適宜蓄積し，主題を関係づけたり，図示したりすることのできるリフレクションボード（以下，ボードと略す）である（図8-2右）。ユーザーはこれら2つのインタフェースのウィンドウを交互に切り替えて，TETを使用する。各インタフェースのウィンドウは1つずつ用意されている。

　ジャーナルウィンドウは，教師が自らの実践を他のメンバーに向けて語ったり，他の教師の実践にコメントを付記するなどの相互作用が営まれる，いわば公的なインタフェースである。相互作用はトピックごとにスレッドが設けられ時間軸にそって表示される。

　ボードはジャーナルウィンドウ上でやりとりされたメッセージや，そこから学習者

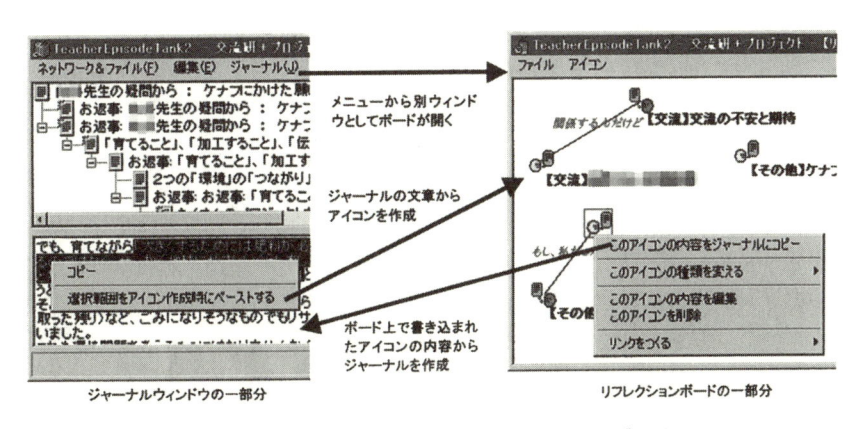

図8-2　ジャーナルウィンドウとリフレクションボード

個人が思考したことをアイコンやリンクなどの表象を用いて可視化するインタフェースであり，このインタフェースを利用して教師は，教師間で交わされたメッセージどうしを互いに関係づけたりすることが求められる。

ボードのアイコンとリンクには，それぞれ発言の枠組みをあらわす「タグ」が設けられている。これらのタグはTETが道具として使用される状況，つまりは本研究会に特化されている。このようなタグを使用したのは，ジャーナルウィンドウ上の相互作用をより明示的にボード上で可視化するためであり，子どもや教師やTV会議システムなどといった具体的な枠組みを用いてジャーナルを関係づけることを支援するためである。

タグつきアイコンには，大別して「私の考え」と「あなたの考え」というカテゴリーがあり，その下位カテゴリーに「子どものこと」「教師のこと」「テレビ会議システムのこと」「交流学習のこと」「その他」という5つのカテゴリーがある。アイコン作成時には，このタグに従ってアイコンの題名とその内容を記述することができる。タグつきリンクには，「もし私だったら（仮定法）」「関係するんだけど（関係）」「これを参考にして（参考）」「でもね（やわらかな反論）」という4種類のリンクがあり，

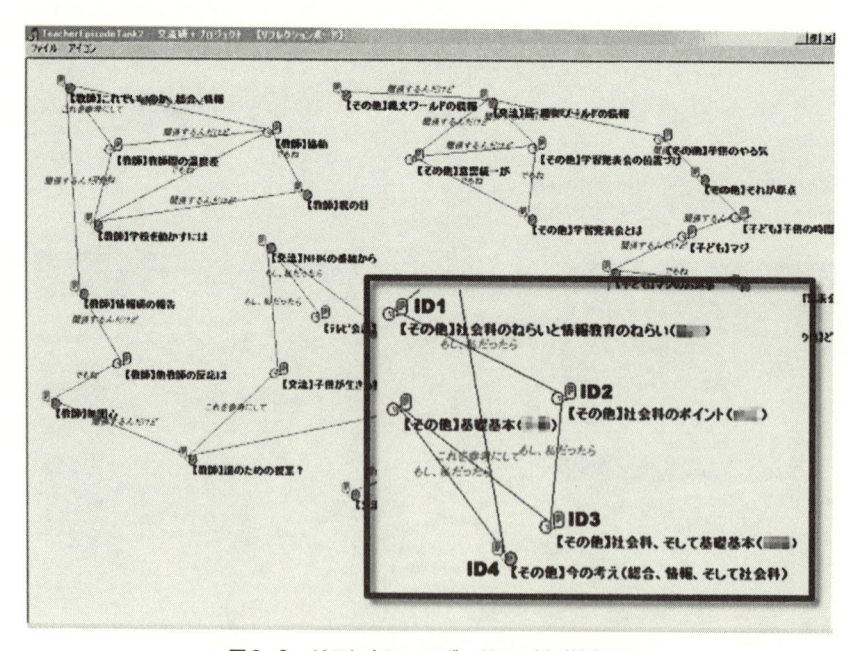

図8-3　リフレクションボードの一例（拡大図）

学習者はアイコンとアイコンの関係を代表するリンクを付与することができる。

　学習者はジャーナルの一部を抽出しボードに反映したり，ボード上への書き込みをそのままジャーナルにして容易に公開できる。

　図8-3は教師Dのボードの全体像と，その一部を拡大した図である。このボードにおいて，教師は「学校や教師を変えるためにはどうするか？」という話題，「メディアとは何か？」という話題，「交流学習を通した子どもの変容」という話題を，自らの授業「縄文時代を追体験する授業：縄文ワールド」に関連づけながら，気づいたことなどをボードにメモしている。

　また，図8-3中の拡大図では，総合的な学習の時間，情報教育，社会科の関係を整理し，それらがいかにあるべきかを考察している部分である。それぞれの話題は，別々の時間に異なった文脈においてなされたものである。ボードでは，このように教師たちによってかわされたメッセージを整理・関連づけることで話題を可視的にすることを支援する。

　交流学習研究会メーリングリストにおいては，情報量の過多のため話題が不可視化してしまうという内的矛盾が起こっていた。リフレクションボードは，この内的矛盾が解消されることが期待された。

(3) TET導入直後の活動システム

　TETの使用は，1999年8月31日から，教師17人，大学研究者1人，院生5人のもとで開始された。TETでの教師の相互作用の量は，6か月でメッセージ数330件，1日あたりのメッセージ数は3.66通，1人あたりのメッセージ数が13.2通となった。

　図8-4にみるように，TET導入直後の活動システムの主体には教師を中心としたメンバーが位置づき，道具にはTETが位置づく。対象には教師どうしの相互作用，共同体には交流学習研究会，ルールとして相互に実践報告を行なうこと，分業にはともに実践に関係する情報を相互に発信していくギブ・アンド・テイクに基づく対等な関係が位置づく。

　しかし，上記のようにTET導入直後の活動システムの各構成要素を決定した場合，図8-4にみるように主体とルールの各構成要素の間に，あるいは，主体と道具の間に内的矛盾が存在していた。これらは，TET導入によってシステム内部に生み出された第二の内的矛盾とよべるだろう。

　このことは，情報量の過多のため話題が不可視化してしまうという内的矛盾を解消するためにTETを導入したのにもかかわらず，新たに第二の内的矛盾が生まれたことを意味する。伝統的なシステム開発研究あるいは教育「工学」研究であるならば，

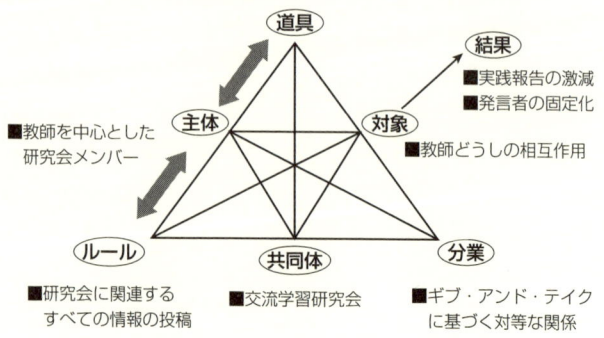

■Teacher Episode Tank

道具　■教師を中心とした研究会メンバー　主体　対象　■教師どうしの相互作用　ルール　共同体　分業　結果　■実践報告の激減　■発言者の固定化　■研究会に関連するすべての情報の投稿　■交流学習研究会　■ギブ・アンド・テイクに基づく対等な関係

図8-4　TET導入直後の活動システムにおける内的矛盾

　これは明らかに実証実験の失敗とされるところであろう。しかし，ブレークダウンの存在しないシステムを設計することは非常に困難であるのと同様に（Winograd & Flores, 1986），内的矛盾を発生させずして，新たなシステムを導入することは不可能である。活動システムにおける内的矛盾は，「活動システムの発展の源泉」として理解されなければならない。そして，そうであるならばその次に研究者が行なうべきことは「内的矛盾がどのような関係において生み出されているのか」を把握することと，それを通して「内的矛盾の解消のための介入」を画策することにある。

　第一の矛盾である主体とルールの内的矛盾は，研究会に参加する教師とTETを利用するうえでの研究会のルールとの緊張でもあった。TET導入と同時に，実践報告を相互に行なうことや，他の教師が実践を報告した場合には，それらにコメントすることが大学教員H氏より重ねて要請された。この要請は交流学習研究会メーリングリストを使用していた際にもくり返されていたが，TETを導入することにあたり，さらに強く要請された。

　しかし，このルールは活動システムの主体たる教師と深刻な内的矛盾を引き起こすことになる。教師Ｉは，このことを以下のように語っている。

「自分の実践を人に語れっていうんでしょ。でも，語れっていわれても，何を書いたらいいかね，わからなかったもんなぁ」（1999/10/09　教師Ｉ　インタビュー）

　教師Ｉの「何を書いたらいいかね，わからなかったもんなぁ」という語りからは，「自分の実践を人に語る」というルールに対する懐疑がみて取れる。

教師Jは，教師どうしが実践を語ることについて以下のように語っている。

「昔はみんなそうやって，同僚に励まされたり，センパイに叱られたり。そうやって一人前になった。お互い，よく授業とかのこと，話したなって気がしますね」

(1991/12/12　教師J　インタビュー)

　教師Jの懐古からは，かつての教師たちの間に「何を語ればよいかわからない」という状況は生れ得なかったことがよくわかる。同僚間の励ましあいや先輩からの叱咤激励など，教師たちの間には，相互関係が満ち足りていた。そして，その相互関係はいつのまにか「今は昔」のことになってしまう。TETの導入とともに教師たちは，実践を語ること，また，他人の実践に対して意見や感想を表明することが求められ，深刻な内的矛盾を引き起こすことになった。
　第二の内的矛盾は，主体と道具の間に顕在化した。この矛盾は，ボードの概念が難解で教師たちがすぐに理解できなかったことに起因する。
　ボードは，メーリングリスト上で話題が不可視になってしまうことに対して開発されたインタフェースであり，それを用いて，教師たちがメッセージをよりよく理解できるようにすることを目的としていた。しかし，ボードの目的は教師たちにとって，当初理解が困難であった。
　たとえば教師Ⅰはリフレクションボードに関して以下のように語っている。

「Nくん，あのボードさぁ，時々開いてみてはいるんだけど，どやって，使えばいいんだかわかんないから，困ってるんだけど。なんか例をだしてよ。こやって（こうやって）使うんだみたいにさ」(1999/10/10　教師Ⅰ　インタビュー)

　教師ⅠはTETを利用して他の教師と頻繁にコミュニケーションをとる教師の1人であった。しかし，その教師Ⅰですら，ボードの利用法を理解できなかったことがみてとれる。
　これら主体-ルール，主体-道具の矛盾の結果，プロジェクト開始当初1か月間の活動システムが生み出した結果は，本研究が目的とする教師の相互作用からはほど遠いものになっていった。
　第一に「実践の語り合い」が沈滞した。教師からの発言は，以前低い状態を保っており，1日に1件程度のメッセージの投稿がある程度であった。
　第二に発言者の固定化が進行した。一般に，メンバー全員が積極的に参加している

電子コミュニティでは，中心人物のしめる割合は，相対的に低くなり，コミュニティ全体が活発な活動をみせるものと考えられる。(川上ら，1993)。TETにおいては，道具との間に内的矛盾をおこしていない教師が発現者として固定化する事態が出現した。TETにおいて最も発言数の多かった人物を，1位発言者とし，以下，2番目を2位発言者，3番目を3位発言者としていき，各発言者の発言が，総発言数に占める割合を算出する。当時の上位5人の発言率は，1位発言者の研究者N (24.54%)，2位発言者の教師B氏 (9.39%)，3位発言者の教師I氏 (8.78%)・4位発言者の教師F氏 (8.48%)・5位発言者の教師D氏 (7.87%) となった。1位発言者は，研究者であり，2位発言者・3位発言者，4位発言者，5位発言者は教師である。そして，この上位発言者群の発言割合は，約60%から最大時には，約80%であった。発言者がきわめて限定されていることがみてとれる。

以上2点の結果をまとめると，TET導入当初，特定のキーパーソンによって，時々実践の報告がなされる形態の，一方向的なコミュニケーションが営まれていたことがわかる。教師のための学習者共同体はいまだ可視化していない。

(4) 活動システムへの介入

デザイン実験アプローチ等に触発された近年のCSCL研究の多くは，研究対象や場に積極的にかかわることを当然視している。そうした研究の多くは，システムの機能の効果に加えて，そのシステムが有効に機能するために行なった研究者の介入を含めて記述を行なうことが，教育学的に正当な研究法であることを主張しはじめている。学習はシステムの機能やインターフェイスだけから導かれるものではない。導入したシステムとシステムが利用されるさまざまな状況や諸条件こそが学習を支えていると考えるのであり，そのために研究者は介入する。

図8-3にみるように，筆者らはTET導入直後の内的矛盾を解消するために，活動システムへの介入を行なった。本節では，その一端を詳解する。

第一の介入は，教師たちが自らの実践を語り合えるように，「間接的な発言の促進」を行なったことである。

第二の介入は，リフレクションボードの使用方法やその概念モデルについての教師の理解を促進するため，実際にリフレクションボードを使用している教師のボードを事例として提供したことである。この介入を「事例提供」とよぶ。

1) 間接的な発言の促進

TET導入直後，教師たちは「自分の実践を人に語る」「他の教師に対するコメント」というルールに対して抵抗感を感じていた。研究者による「間接的な発言の促

進」は，この内的矛盾の解消を目的としていた．研究者は，教師のメッセージの中の具体的に述べられていない事象に対して，あえてそれとなく質問や疑問を投げかけ，教師たちがより具体的な実践の叙述を行なうようにうながした．以下のような事例がその典型である．

「Nです．F先生とK先生の交流実践は，うまく言えませんが，社会に開かれているような実践で，僕も興味があり，いつも拝見しています．テレビ会議をすすめていくうちに，子どもたちは，A町商店街とB市の商店街のことを考えていくうちに，同じ問題にぶちあたるということに気づき始めたのでしょうね．それを踏まえたうえで，1つお聞きしたいのですが，よろしいでしょうか．
　この実践をするようになって，教室の中で，子どもたちの様子に変化などはあったでしょうか．たとえば，今まで目立たなかった子どもが，みんなに認められるようなことが起こっただとか，今まで，気づかなかったけれど，この子どもには，こんな一面もあったんだなぁと思わせるようなできごとがあっただとか．ふつうの授業と，こうした交流学習の授業と，子どもの様子を比較すると，こんなところが違うんだという場面はあったでしょうか」（1999/09/23　研究者N　TETでのメッセージ）

このような研究者Nの疑問に対して，教師Fは，以下のように答えている．

「教室の子どもたちはがやがやうるさくなりました．いろいろな条件があるでしょうが．特に女の子が文通をして，A町の学校祭に行って直接話したいと盛りあがっています．テレビの前で話せたことは緊張するけどすごく自信になっており，自己紹介のときのように評価してもらうともう，それは忘れることのできない瞬間ではないでしょうか．今日秋の遠足の話をしていると「A町の商店街へ行きたい」という意見が出てびっくりしました．今まであまり気にとめなかった商店街という目ができつつあります」（1999/10/08　教師F　TETでのメッセージ）

教師Fは上記のメッセージで子どもの様子をより具体的に描いた．メッセージが具体的になれば，他の教師からのコメントもつきやすくなる．「○○先生のクラスでは，子どもがそうふるまったけれど，うちのクラスではこんなことをした子どもがいた」のように，自分の実践との比較や対照が容易になるからである．上記のような具体的な叙述に他の教師からのコメントがつき，さらにそれに対して他の教師のコメントが連鎖する．プロジェクト当初は，1つのジャーナルにつきコメント数が，平均3コメント前後であったのに対して，しだいにそのコメント数が増加するし，平均で6件の

コメントがつくようになった。
　この様子を教師Dは以下のように語っている。

「で，(研究者からの) 合いの手がはいって，もっとこのできごとは具体的にどういう意味なんですか，とか子どもがどうでしたって聞かれると，もっと今までよりこまかくばーっと (自分の実践を) 見ていかざるを得なくなりますね。で，ジャーナルを書くと，今度は他の先生からコメントをもらうことが多くなって，だんだんおもしろくなりましたね」
(1999/12/12　教師D　インタビュー)

　教師Dは，自分の実践に対して他の教師からのコメントが連鎖すると，「だんだんとおもしろくなる」と述べている。このような介入によって，教師たちは自らの授業の具体的な叙述を行なうようになり，コメントが連鎖するようになった。発言者の固定化がしだいに弛緩し，最大80%までにいたった上位発言者の発言占有率も，30%にまで低下した。それまで発言していなかった多くの教師たちが発言を行なうようになった。1日あたりの発言数は，多い日で10通をこえ，平均で4通の安定的な交流が行なわれるようになった。
　当初，教師たちが抱えていたルールに対する内的矛盾の解消に伴い，さまざまな教師たちの声が共鳴しはじめる。

2)　事例提供
　研究者はリフレクションボードの使用方法についての教師の理解を促進するため，一部の教師が作成しているボードの様子を事例としてメンバー全員に提供するという介入を行なった。具体的には，ある教師のつくったボードとその解説を全員に行なった。介入は2度行なわれ，最初は書類の郵送で，2度目は筆者のプレゼンテーションで行なわれた。
　自分たちがいつもメッセージを交換しあっている仲間の教師の事例を通して，教師たちは，ボードの使用意義と使用方法について理解することが可能になったと思われる。たとえば，教師Kと教師Aは以下のように語っている。

「最初は，リンクをはるときって，どういう風に何にリンクをはるっていうのかなって思いました。やり方とか操作はわかるんだけど，どういう風につないで，どういう風にアイコンにするのか具体的なところがね (わからなかった)。Nくんが，先生の使用例とか示してくれたこともあって，それがきっかけになって使ってみて，何となくわかってきましたね」(1999/12/12　教師K　インタビュー)

「(メッセージを)抜くっていうのがわからなかったですね。(中略)自分の約束事をつくるのができなかったんです。メッセージの一部を抜けばいいのか,それとも全部を抜くのか。でも,例をみせてくれたってことと,あと,それで使ってみて,わかってきましたけどね」(1999/12/11　教師A　インタビュー)

教師Kと教師Aの言葉にみられるように,事例の提供はボードの使用意義と使用の方法を教師たちに提供した。この後,17人の教師のうち11人は日々のメッセージのやりとりに加えてボードを使用してのメッセージの関係づけを行なうようになった。プロジェクト終了時,それらの教師のボード上には,アイコンが平均23個,リンクが平均18.7個作成されていた。

これらボードを利用した教師からは,ボードの利点について,以下のような言葉も聞かれた。

「初めは,なぜボードがあるのかと思いました。(中略)しかし,使っていくうちに,よさに気づき,メッセージよりデータ価値があると感じました」(1999/12/10　教師L　インタビュー)

「(ボードを利用すると,)まったくネタが違うのに何となく以前に(かわしたメッセージの中で)言ったことや,以後に言ったこととがみごとにつながっている(ことがわかる)ので不思議な気持ちでした」(1999/11/26　教師M　インタビュー)

「こないだのボードの例でようやくわかったよ。ああいう風に使えば,そりゃ,わかりやすいよな。なんか,話がごちゃごちゃになってるからな,最近」(1999/11/14　教師O　インタビュー)

教師Lは,当初ボードの使用意義についてはわからなかった,としながらも,データ価値は,メッセージよりもボードの方が高いとしている。教師Mはより具体的に,ボードの利点について言及している。教師Mによると,ボードの利点とは,それを用いると以前のメッセージと,その後のメッセージの間につながりがあることを発見できる,ということである。また教師Oは,最近メッセージが「ごちゃごちゃ」になっていることに言及し,ボードを用いればそれが「わかりやすく」なると述べている。

以上の教師たちの言葉から,ボードの利点,すなわちボードが話題の不可視という問題を解消しつつあることがみてとれる。

(5) 教師の学習共同体としての活動システム

「主体-道具」「主体-ルール」への介入の結果，図8-5に示すように，活動システム内の内的矛盾はしだいに解消されていった。具体的には，ごく一部の教師が発言をしていた状態から，多くの教師がTETを用いての相互作用に参加しはじめるようになった。よって，1日あたりの発言数も安定的に推移するようになった。教師たちは，ボードの使用意義や使用方法をよく理解し，17人中11人はそれを使用しながら，相互作用を行なうようになった。

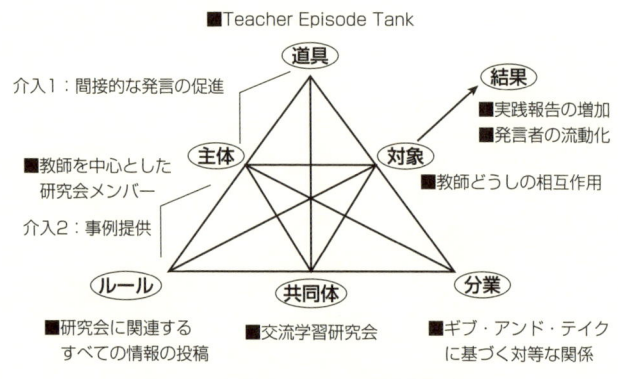

図8-5 活動システムへの研究者の介入

- 道具：■Teacher Episode Tank
- 介入1：間接的な発言の促進
- 主体：■教師を中心とした研究会メンバー
- 介入2：事例提供
- 対象：■教師どうしの相互作用
- 結果：■実践報告の増加／■発言者の流動化
- ルール：■研究会に関連するすべての情報の投稿
- 共同体：■交流学習研究会
- 分業：■ギブ・アンド・テイクに基づく対等な関係

本活動システムはしだいに教師たちの相互の実践を語りあい，批評しあう教師の学習共同体へと転換しつつあった。教師たちは，この共同体において，お互いの実践を紹介しあったり，お互いにアドバイスを提供しはじめた。

お互いの実践を紹介しあうことに関して，教師Fは以下のように書いている。

「でも，これ（TET）使ってみて，やる前はイメージがわかんなかったけれど，やってみると，たぶん，僕はI先生にすごくからんでいて，あぁ，いいなぁっていう部分がみえてきて，I先生の考え方とか実践について，共感できて，この線をむすびながら，ごちゃごちゃやっていると，なにげなく，また線を引いてみると，やっぱりこうふえていくんですよね。なにげなくみてみると，またI先生かって。やっぱり自分の中で，ふり返ってみると，価値観ていうか，考えが似ている先生の中で，自分の中で無意識に整理していることがわかりました。やってるときは，なにげなくただやってるんだけど，それがより顕在化したっていうのは，すごく感じましたね。（中略）実践としては，どういう実践をオモシロイと考えているかっていう自分の考え方を発見したし，それは僕の今後に関して，いいきっかけだと思いますし，そのあとでメッセージを書くときにも，なんか違った目でみれ

るようになった気がします」(1999/12/12　教師F　インタビュー)

　教師Fと教師IはTET上で積極的に自らの実践を紹介しあっていた。教師Fは教師Iとの相互作用の中で，自分が教師Iの価値観や考え方に強く影響を受けていることや，実践者としての自らの価値観などを見いだした。
　教師たちは相互にアドバイスを行ないはじめた。
　たとえば，教師Pは「総合的な学習の時間」の学習材として頻繁に用いられる「ケナフ」とよばれる熱帯性の植物に関して，他の教師たちに相談を行なっている。

「総合的な学習の時間の授業として，ケナフのパルプ化をみなさん，活発に行なっているようです。ここG小学校もそろそろ考えなければならないのですが，(中略) ここTETでもパルプを作った方にご指導，アドバイスなどいただければとてもうれしく思います。H小学校ではホームページにのせていただけるとのこと，うれしく思っています。その裏話や苦労なども聞かせていただけるともっとうれしいです」(1999/11/06　教師P　TETのメッセージ)

　このメッセージに対して，教師Qなどから合計3通のメッセージがよせられていた。教師Qは，自己の経験を中心にしながら，ケナフをパルプ化する手順や実践としてまとめる際のヒントやノウハウなどについて教師Pにメッセージを送っている。
　先輩教師のアドバイスを中心とした，先輩教師と若手教師の相互作用も起こった。たとえば，教師Dは以下のような記述を行なっている。

「(最近の自分の授業は) とにかく子どもたちの落ち着きがなくなりました。そして，事件，事故 (けが) がありました。教師への反抗的な態度もふえました。短時間に同じことを強制したことによって子どもが息苦しさを感じたのです。忙しいと，理性を失うのは大人も同じです。まるで，肉ばかりの食事を与えた結果，胃腸の調子を壊したようなものです。結局は，自分の見通しの甘さで，子どもだけではなく，大人にもみんな迷惑をかけたようです。ここでも自分はひとりよがりになっていたと思いました。(中略) F先生の話を聞いてやっぱり私は，自己中心的な考え方でものごとを行なっていると感じました。他人を意識して，心も配っているのですが，結局，自分が満足したいだけなのでしょうね。だから，授業でも，子どもとの関係でもトラブルが起きてしまい，自分や他人がいやな思いをするのだと思います。(中略) F先生に早く追いつきたいです」(教師Dのボードより抜粋)

上記の記述において教師Dは，先輩教師Fとの意見交換の中で，最近の自らの実践を反省し，「自分のひとりよがり」であったとしている。この際，教師Fと教師Dは「どのような授業をつくることが自分の夢か？」という話題について意見交換を行なっていた。「どのような授業をつくることが自分の夢か？」という問いに対して，教師Dは「自分が納得する授業」と答え，教師Fは「自分が納得するというより，子どもが生きる学習であるべきではないか」と諭す場面が観察された。

　相互の実践紹介やアドバイス，かつて失われた教師たちの相互作用が時間的・距離的制約を超え，コンピュータネットワーク上に恢復されはじめた。TETは教師の対話空間として機能しはじめた。

5　まとめと考察

　本研究において筆者は，教師たちの対話活動をコンピュータネットワーク上に恢復すること，すなわち教師たちの学習共同体を再構築することを試みた。本章では，筆者の開発したTETの導入と研究者の介入のプロセス，すなわち，教師の学習共同体の成立の軌跡をエンゲストロームの活動システムを用いながら，簡潔に描いた。

　システム導入前の一次的な矛盾，そしてそれを解消するためのシステムの開発と導入，そして二次的な矛盾の発生。

　本章が採用したエンゲストロームの活動システムは，そのプロセスごとの場の輪郭を浮かび上がらせた。このような場の可視化に加えて，活動システムは場の変革にも寄与した。発生した内的矛盾に対する研究者からの介入の結果，教師の対話をコンピュータネットワーク上に萌芽させることには成功した。教師の学習共同体がしだいに形づくられはじめた。

　しかし，課題も残されたことを告白せねばなるまい。

　課題とは，教師の学習共同体を「維持（sustain）」し続けることについてである。

　本章で紹介した筆者の試みにおいては，TETのサーバシステムを6か月間稼働させた。しかし，最後の1か月は，教師間の相互作用が自発的には起こらなかった。学期末に近づき教務が忙しくなったことなど，原因は多々考えられる。しかし，その原因の1つとして，教師たちの間に「実践を語ること」に対する対抗文化が存在することが指摘できる。

　「先生っていうのは，あんまり自分の実践を人に語りたがらないんですよ。それやって，何の役に立つって思っちゃうんです。語れば何かいいことあるのでしょうか」

(1999/06/19　教師C　インタビュー)

　教師Cの言葉からは,「実践を語ること」が「役に立つこと」とは認識されていないこと,それに対する忌避傾向が教師たちに共有されていることがわかる。

「教師どうしで話しあうことも,お互い刺激にはなりますが,すぐに役に立たないし。お互い忙しいですからね,そんな暇がないってのが正直(なところ)です。(中略)こういう教材がありますよ,これ使ったら,子どもがこんな風になりますよ,とか,こうすればこうなる,とか……そういうの,われわれ教師は好むんじゃないですか」(1999/12/11　教師A　インタビュー)

　上記の教師Aの言葉によれば,「教師どうしで話しあうこと」は「すぐに役に立たないこと」であり,それよりはむしろ「こうすればこうなる」のような処方箋的な教材やノウハウのほうが教師に「好まれる」傾向があることがわかる。
　また,教師Fは,他の教師にコメントすることについて,以下のように激白する。

「自分を守ろうとする先生っているんですよ。(研究授業が終わって)講評でパチパチ拍手みたいなのは,違うって思う。僕には,切って切られたいっていう欲望がありますね。なんか(教師たちが)おべんちゃら言ってるのを聞くと,ゲンナリしてくるんです。そういうナァナァの雰囲気の教師は,たいした授業をしていないって思います。でも,僕もそうだけど,最近はダメですね。他の先生は(コメントされると)傷つく先生もいるかもしれないから。だから,(コメントするのは)ちょっとマズイかなぁという感じがありますね」(1999/12/12　教師F　インタビュー)

　教師Fがここで語っているのは,他の教師や彼の実践に対してコメントすることへの抵抗感である。他の教師にコメントすることは「最近」は,タブーになっており,「ナァナァの雰囲気」や「その場が楽しい」ことをよしとする風潮が教師文化に浸透しつつあることを指摘している。
　近年,教師たちは非常に多忙を極めており,成員相互の交流が失われてきているといわれている(油布,1999)。それゆえに,彼らの文化の中には,①実践を語ることを忌避する傾向,②処方箋的な教材やノウハウを重視する傾向,③他の教師に物言うことを忌避する傾向,が存在しているのではないだろうか。
　教師の学習共同体が維持され続けるためには,長い時間をかけた教師文化の邂逅と再構築が必要になるのであろう。そして,実践の語りあいが文化として定着する必要

がある。

　今後の課題は，「一時的に教師たちに実践を語ってもらうこと」ではない。教師たちの持続可能な学習共同体（sustainable learning community）や教師文化の再構築をどのようにサポートするか，そのサポートに研究者がどのように介入，関与するか，が今後の研究課題として残されている。

「わたしら，もう昔にはもどれんけど」

　あえて昔にもどる必要はない。
　われわれの目の前にあるテクノロジー，われわれの手の届くテクノロジーを活用して，かつての「ストーブ」に象徴される教師の共同体を，さらには実践を語りつぐ教師文化を恢復することが，今，求められている。

引用文献

第1章
Apple, M. W. 1996 Power, Meaning, Identity: critical sociology of education in the United States. *British Journal of Sociology of Education*, **17** (2), 125-143. 松本無双・柳沼良太 (訳) 2000 権力・意味・アイデンティティ：アメリカ合衆国の批判的教育社会学 情況第2期, **11** (3), 70-97.
Beach, K. 1993 Becoming a Bartender: The Role of External Memory Cues in a Work-directed Educational Activity. *Applied Cognitive Psychology*, **7**, 191-204.
Brown, J. S., Collins, A., & Duguid, P. 1988 Situated cognition and the culture of learning. Institute for Research on Learning Report. No. IRL 88-0008.
Cazden, C. B. 1993 Vygotsky, Hymes, and Bahtin: From Word to Utterance and Voice. In E. A. Forman, N. Minick, & C. A. Stone (Eds.), *Contexts for learning: Sociocultural dynamics in children's development*. Oxford University Press. Pp. 197-212.
Cole, M. 1996 *Cultural psychology: A once and future discipline*. The Belknap Press of Harvard University Press. 天野　清（訳）2002　文化心理学　新曜社
Cole, M.　2001　Sustaining model systems of educational activity: designing for the long haul. Paper Presented at Symposium Honoring the Work of Ann Brown, Berkeley, California, January, 19-20.
Dewey, J. 1916 Democracy and education: An introduction to the philosophy of education. New York: Macmilian.
Эльконин, Д.Б. 1960 ДЕТСКАЯ ЛСИХОЛОГИЯ (Развитие Ребенка от рождения до семи лет), уцледгиз　駒林邦男（訳）1964　ソビエト・児童心理学：誕生から七歳までの子どもの発達　デ・ベ・エリコニン　明治図書
Engeström, Y. 1987/1999 *Learning by expanding: An activity theoretical approach to developmental research*. Helsinki: Orienta Konsultit Oy. 山住勝広・松下佳代・百合草禎二・保坂裕子・庄井良信・手取義宏・高橋　登（編抄訳)1999　拡張による学習：活動理論からのアプローチ　新曜社
Engeström, Y. 1993 Developmental studies of work as a testbench of activity theory: The Case of primary care medical practice. In S. Chaiklin & J. Lave (Eds.), *Understanding practice: Perspectives on activity and context*. Cambridge University Press. Pp. 64-97.
Engeström, Y. 1995 Objects, contradictions and collaboration in medical cognition: an activity-theoretical perspective. *Artificial Intelligence in Medicine*, **7**, 395-412.
Giroux, H. 1992 *Resisting Difference-Cultural studies and the Discourse of Critical Pedagogy in Cultural Studies*. Routledge, Chapman and Hall, Inc.　大田直子（訳）1996　抵抗する差異：カルチュラル・スタディーズと批判教育学のディスコース　現代思想, **24** (7), 129-147.
Institute for Research on Learning (IRL) 1993 Annual Report.

Ishiguro, H. 1998 On the relation between new voices and old voices: What does a newcomer appropriate? *Bulletin of Miyagi University of Education*, **32**, 307-318.

石黒広昭　1998　心理学を実践から遠ざけるもの　佐伯　胖・宮崎清孝・佐藤　学・石黒広昭（編著）　心理学と教育実践の間で　東京大学出版会　Pp. 103-156.

石黒広昭　1999　Sharing voice：発達の最近接領域構成のための言語的リソース　日本発達心理学会第10回大会（大阪学院大学）発表論文集，142.

石黒広昭　2000　「異文化」問題の中にある子どもの言語発達　月刊「言語」，**29**（7），76-83.

石黒広昭　2001　アーティファクトと活動システム　茂呂雄二（編）　実践のエスノグラフィー　金子書房　Pp. 59-95.

Ishiguro, H. 2002a An Extra Lesson for Language Minority in Japanese Elementary School. In 23rd Annual ethnography in education research forum (University of Pennsylvania).

Ishiguro, H. 2002b When does a zone of proximal development extend?: Nurse takes a "sharing voice" to imitate the voice of a child's future. 5th ISCRAT congress, June 18 - 22, 2002, Amsterdam.

石黒広昭　2003　乳児の食介助場面の相互行為的分析：社会的出来事のとしての食事　北海道大学大学院教育学研究科紀要，**91**，25-46.

石黒広昭　2004　フィールドの学としての日本語教育実践研究　日本語教育，**120**，1-12.

駒林邦男　1975　現代ソビエトの教授－学習諸理論：教授－学習と発達の関連の問題を中心として　明治図書

Lave, J. 1996 Teaching, as Learning, in Practice. *Mind, Culture, and Activity*, **3**（3），149-164.

Lave, J. & Wenger, E. 1991 *Situated learning: Legitimate peripheral participation*. Cambridge University Press. 佐伯　胖（訳）　1993　状況に埋め込まれた学習　産業図書

Леонтьев, А. Н. 1965 *Проблемы, развития психики*. Второе, Дололненное Издание Мосва：МЫслъ. 松野　豊・西牟田久雄（訳）　1967　子どもの精神発達　明治図書

Леонтьев, А. Н. 1975/1979 The concept of activity in Soviet Psychology. In J. V. Wertsch (Ed. & Trans.), *The Concept of Activity in Soviet Psychology*. Armonk, New York: M. E. Sharpe, Inc. Pp. 37-71.

Luria, A. R. 1974 *Об историческом развитии познавателых процессов*. 森岡修一（訳）　1976　認識の史的発達　明治図書

McDermott, R. P. 1993 The acquisition of a child by a learning disability. In S. Chaiklin & J. Lave (Eds.), *Understanding practice: perspectives on activity and context*. Cambridge University Press. Pp. 269-305.

McDermott, R. P., Gospodinoff, K., & Aron, J. 1978 Criteria for an Ethnographically Adequate Description of Concerted Activities and their Contexts. *Semiotica*, **24**（3/4），245-275.

斉藤喜博　1963　授業：子どもを変革するもの　国土社
佐藤　学　1995　学びの対話的実践へ　佐伯　胖・藤田英典・佐藤　学（編）　学びへの誘い　東京大学出版会　Pp. 49-91.
Scribner, S. 1984 Studying working intelligence. In B. Rogoff & J. Lave (Eds.), *Everyday cognition: its development in social context.* Harvard University Press. Pp. 9-40.
Scribner, S. 1985 Vygotsky's uses of history. In J.Wertsch (Ed.), Culfure, Communication, and Cognition: Vygotskian perspectives. Cambridge: Combridge Universtiy Press. Pp.119-145.
Scribner, S. 1987/1997 Head and Mind: An action approach to thinking. In E. Tobach, R. J, Falmagne, & A. S. Kapelman, (Eds.), *Mind and Social Practice: Selected Writings of Sylvia Scribner.* Cambridge University Press. Pp. 384-398.
Scribner, S. & Cole, M. 1981 *The Psychology of Literacy.* Harvard University Press.
Sigel, I. E. & Cocking, R. R. 1977 *Cognitive Development form Childhood to Adolescence: A Constructivist Perspective.* Holt, Rinehart & Winston.　子安増生（訳）　1983　認知の発達：乳児期から青年期まで　サイエンス社
Vygotsky, L. 1928-1929/1994 The problem of the cultural development of the child. In R. van der Veer & J. Valsiner (Eds.), *The Vygotsky reader.* Basil Blackwell Ltd.
Выготский, Л. С. 1934 Мышление и речь; *Myshlenie i rech.*　柴田義松（訳）　1962　思考と言語（上・下）　明治図書
Vygotsky, L. S. 1930-1931/1981 The genesis of higher mental functions. In J. V. Wertsch (Ed. & Trans.), *The concept of activity in Soviet psychology.* Armonk, NY: M. E. Sharpe. Pp. 144-188.
Vygotsky, L. S. 1979 *Mind in Society.* Harvard University Press.
Wartofsky, M. 1973 *Models: representation and the scientific understanding.* Dordrecht Holland, Boston: D. Reidel Publishing.
Wertsch, J. V. 1985 *Vygotsky and the social formation of mind.* Harvard University Press.
Wertsch, J. V. 1995 Vygotsky on Learning and Development. *Human Development,* **38**, 332-337.
Wood, D., Bruner, J. S., & Ross, G. 1976 The role of tutoring in problem solving. *Journal of Child Psychology and Psychiatry,* **17** (2), 89-100.

第2章

Althusser, L. 1993　アルチュセールの〈イデオロギー〉論　三交社
Bourdieu, P. & Passeron, J. C. 1970　*La reproduction: elements pour une theorie du systeme d'enseignement.*　宮島　喬（訳）　1991　再生産：教育・社会・文化　藤原書店
Freire, P. 1968　*Pedagogia do oprimido.*　小沢有作ほか（訳）　1979　被抑圧者の教育学　亜紀書房
Hirsch, E. D., Jr. 1988 *Cultural Literacy: What Every American Needs to Know.* Vintage Books.
菊池久一　1995　「識字」の構造：思考を抑圧する文字文化　勁草書房
Schaller, S. 1991 *A Man without Words.* Simon and Schuster.

Scribner, S. & Cole, M. 1981 *The Psychology of Literacy*. Cambridge, MA: Harvard University Press.

第 3 章

Bruner, J.S. 1975 The ontogenesis of speech acts. *Journal of child Language*, 2, 1-20.
Erickson, E. & Shultz, J. 1982 *The counselor as gatekeeper: Social action in interviews*. New York: Academic Press.
Kendon, A. 1990 Behavioral foundations for the process of frame-attunement in face-to-face interaction. In A. Kendon (Ed.), *Conducting interaction: Patterns of behavior in focused encounters*. Cambridge, New York: Cambridge University Press. Pp. 239-262.
Rieber, R. W. & Carton, A. S. 1987 *The collected works of L. S. Vygotsky: Volume 1 Problems of general psychology*. New York: Plenum Press.
Rommetveit, R. 1974 *On message structure: a framework for the study of language and communication*. New York: Wiley.
Scheflen, A. E. 1973 *Communicational structure: Analysis of a psychotherapy transaction*. Bloomington: Indiana University Press.
Scheflen, A. E. 1974 *How behavior means*. New York: Jason Aronson.
Silverstein, M. 1976 Shifters, linguistic categories, and cultural description. In K. Basso & H. Selby (Eds.), *Meaning in Anthropology*. Albuquerque: University of New Mexico Press.
Vygotsky, L. S. & Luria, A. R. 1993 *Studies on the history of behavior*. Hillsdale, NJ. : Lawrence Erlbaum Associates.
Wertsch, J. V. 1985 *Vygotsky and the social formation of mind*. Cambridge: Harvard University Press.

第 4 章

Anderson, J. R., Reder, L. M., & Simon, H. A. 1996 Situated learning and education. *Educational Researcher*, 25 (4), 5-11.
Anderson, J. R., Reder, L. M., & Simon, H. A. 1997 Rejoinder: Situative versus cognitive perspectives: Form versus substance. *Educational Researcher*, 26 (1), 18-21.
Beach, K. D. 1993 Becoming a bartender: The role of external memory cues in a work-directed educational activity. *Journal of Applied Cognitive Psychology*, 7, 191-204.
Beach, K. D. 1995a Sociocultural change, activity and individual development: Some methodological aspects. *Mind, Culture, and Activity*, 2 (4), 277-284.
Beach, K. D. 1995b Activity as a mediator of sociocultural change and individual development: The case of school-work transition in Nepal. *Mind, Culture, and Activity*, 2 (4), 285-302.
Beach, K. D. 1999 Consequential transitions: A sociocultural expedition beyond transfer in education. *Review of Research in Education*, 24, 101-139.
Beach, K. D. 2001 Generalization between the certification and work activities in an apprenticeship class: An illustration of a mediational consequential transition.

Invited presentation, Department of Psychology, Aarhus University, Denmark.
Beach, K. D. & Vyas, S. 1998 Light pickles and heavy mustard: Horizontal development among students negotiating how to learn in a production activity. Paper presented at the Third International Conference on Cultural Psychology and Activity Theory, Aarus, Denmark.
Bowers, J. 1996 Conducting developmental research in a technology-enhanced classroom. Unpublished PhD dissertation, Vanderbilt University.
Bransford, J. D. & Schwartz, D. L. 1999 Rethinking transfer: A simple proposal with multiple implications. *Review of Research in Education*, 24, 62-92.
Brim, O. G. & Kagan, J. 1980 *Constancy and change in human development*. Cambridge: Harvard University Press.
Cobb, P. & Bowers, J. 1999 Cognitive and situated learning perspectives in theory and practice. *Educational Researcher*, 2, 4-15.
Cole, M. 1996 *Cultural psychology: A once and future discipline*. Cambridge: Harvard University Press. 天野　清（訳）　2002　文化心理学：発達・認知・活動への文化―歴史的アプローチ　新曜社
Cox, B. D. 1997 The rediscovery of the active learner in adaptive contexts: A developmental-historical analysis of transfer of training. *Educational Psychologist*, 32 (1), 41-55.
Davydov, V. V. 1990 *Types of generalization in instruction: Logical and psychological problems in the structuring of school curricula*. Soviet Studies in Mathematics Education, Vol. 2. Reston, VA: National Council of Teachers of Mathematics.
Detterman, D. K. 1993 The case for the prosecution: Transfer as an epiphenomenona. In D. K. Detterman & R. J. Sternberg, (Eds.), *Transfer on trial: Intelligence, cognition, and instruction*. Norwood, NJ: Ablex. Pp. 1-24.
Detterman, D. K. & Sternberg, R. J. (Eds.) 1993 *Transfer on trial: Intelligence, cognition, and instruction*. Norwood, NJ: Ablex.
Dewey, J. 1916 *Democracy and education: An introduction to the philosophy of education*. NY: Macmillian. 河村　望（訳）　2000　民主主義と教育　人間の科学社
Dewey, J. 1985 *Essays on education and politics, Vol. 8*. Carbondale, IL: Southern University Press.
Engeström, Y., Engeström, R., & Kärkkäinen, M. 1995 Polycontextuality and boundary crossing in expert cognition: Learning and problem solving in complex work activities. *Learning and Instruction*, 5, 319-336.
Engeström, Y. 1996 Development as breaking away and opening up: A challenge to Vygotsky and Piaget. *Swiss Journal of Psychology*, 55, 126-132.
Evans, J. 1999 Building bridges: Reflections on the problem of transfer of learning in mathematics. *Educational Studies in Mathematics*, 39 (1/3), 23-44.
Falmagne, R. J. 1995 The abstract and the concrete. In L. Martin, K. Nelson, & E. Tobach (Eds.), *Sociocultural psychology: Theory and practice of doing and knowing*. New York: Cambridge University Press. Pp. 205-228.

Gover, M. 2001 Identity is a verb. Unpublished PhD dissertation.
Greeno, J. G. 1997 Response: on claims that answer the wrong questions. *Educational Researcher*, **26** (1), 5–17.
Gruber, H., Law, L., Mandl, H., & Renkl, A. 1996 Situated learning and transfer. In P. Reimann & H. Spada (Eds.), *Learning in humans and machines: Towards an interdisciplinary learning science*. Oxford: Pergamon. Pp. 168–188.
Guberman, S. R. & Greenfield, P. M. 1991 Learning and transfer in everyday cognition. *Cognitive Development*, **6**, 233–260.
Gutierrez, K., Rymes, B., & Larson, K. 1995 Script, counterscript, and underlife in the classroom: James Brown versus Brown v. Board of Education. *Harvard Educational Review*, **65**, 445–471.
Hungwe, K. 1999 Becoming a machinist in a changing industry. Unpublished PhD Dissertation, Michigan State University.
Hungwe, K. & Beach, K. 1995 Learning to become a machinist in a technologically changing industry. Poster presented as part of an interactive poster session titled, "Learning and Development Through Work" at the Annual Meeting of the Educational Research Association, San Francisco, CA.
Hutchins, E. 1995 *Cognition in the wild*. Cambridge, MA: MIT Press.
Kindermann, T. & Valsiner, J. 1989 Research strategies in culture-inclusive developmental psychology. In J. Valsiner, (Ed.), *Child development in cultural context*. Lewiston, NY: Hogrefe and Huber Publishers. Pp. 13–50.
Kirshner, D. & Whitson, J. A. (Eds.) 1997 *Situated cognition: Social, semiotic, and psychological perspectives*. Mahwah, NJ: Erlbaum.
Laboratory for Comparative Human Cognition (LCHC) 1986 Culture and cognitive development. In W. Kessen (Ed.), *Manual of child psychology: History, theory, and methods*. New York: Wiley. Pp. 295–356.
Lareau, A. 1989 *Home advantage*. NY: The Falmer Press.
Lave, J. 1988 *Cognition in practice*. NY: Cambridge.　無藤　隆・山下清美・中野茂・中村美代子（訳）　1995　日常生活の認知行動：ひとは日常生活でどう計算し，実践するか　新曜社
Lave, J. 1996 Teaching, as learning, in practice. *Mind, Culture, and Activity*, **3** (3), 149–164.
Lave, J. & Wenger, E. *1991 Situated learning: Legitimate peripheral participation*. NY: Cambridge University Press. 佐伯　胖（訳）　1993　状況に埋め込まれた学習：正統的周辺参加　産業図書
Lemke, J. 1997 Cognition, context, and learning: A social semiotic perspective. In D. Kirshner & J. A. Whitson (Eds.), *Situated cognition: Social, semiotic, and psychological perspectives*. Mahwah, NJ: Erlbaum. Pp. 37–56.
Leont'ev, A. N. 1981 The problem of activity in psychology. In J. V. Wertsch (Ed.), *The concept of activity in Soviet psychology*. Armonk, NY: Sharpe. Pp. 37–71.
Lobato, J. E. 1996 Transfer reconceived: How sameness is produced in mathematical

activity. Unpublished PhD dissertation, University of California, Berkeley.
Martin, L. W. & Beach, K. D. 1992 Technical and symbolic knowledge in CNC machining: A study of technical workers of different backgrounds. Technical report. National Center for Research on Vocational Education, University of California, Berkeley.
Martin, L. W. & Scribner, S. 1992 laboratory for cognitive studies of work: A case study of the intellectual implications of a new technology. *Teachers College Record*, **92** (4), 582-602.
Maturana, H. 1975 The organization of the living: A theory of the living organization. *International Journal of Man-Machine Studies*, **7**, 313-332.
Mayer, R. E. & Whittrock, M. C. 1996 Problem-solving transfer. In D. C. Berliner & R. C. Calfee (Eds.), *Handbook of educational psychology*. NY: Simon & Schuster Macmillian. Pp. 47-62.
Moll, L. C. 1992 Funds of knowledge for teaching: Using a qualitative approach to connect homes and schools. *Theory into Practice*, **31** (1), 132-141.
Nicolopoulou, A. & Cole, M. 1994 Generation and transmission of shared knowledge in the culture of collaborative learning: The fifth dimension, its play-world, and its institutional contexts. In E. A. Forman, N. Minick, & C. A. Stone (Eds.), *Contexts for learning*. NY:Oxford. Pp. 283-314.
Noss, R. & Hoyles, C. 1996 The visibility of meanings: Modeling the mathematics of banking. *International Journal for Computers in Maths Learning*, **1** (1), 3-30.
Packer, M. 2001 The problem of transfer, and the sociocultural critique of schooling. *The Journal of the Learning Sciences*, **10** (4), 493-514.
Palincsar, A. M. & Brown, A. L. 1984 Reciprocal teaching of comprehension-fostering and comprehension-monitoring activities. *Cognition and Instruction*, **1** (2), 117-175.
Pea, R. D. 1987 Socializing the knowledge transfer problem. *International Journal of Educational Research*, **11**, 639-664.
Plato 1961 *Meno*. Cambridge, England: Cambridge University Press. 藤沢令夫（訳）1994 メノン 岩波書店
Prawat, R. S. 1999 Social constructivism and the process-content distinction as viewed by Vygotsky and the pragmatists. *Mind, Culture, and Activity*, **6** (4), 255-273.
Pressley, M. 1995 A transactional strategies instruction Christmas carol. In A. McKeough, J. Lupart, & A. Marini (Eds.), *Teaching for transfer: Fostering generalization in learning*. Mahwah, NJ: Erlbaum. Pp. 177-214.
Reineke, J. W. 1995 To Home and back: The influence of students' conversations on their completion of school mathematics tasks. Unpublished PhD Dissertation, Michigan State University.
Rogoff, B. & Gardner, W. 1984 Adult guidance of cognitive development. In B. Rogoff and J. Lave (Eds.), *Everyday cognition: Its development in social context*. Cambridge, MA: Harvard University Press. Pp. 95-116.
Saxe, G. B. 1989 Transfer of learning across cultural practices. *Cognition and Instruction*, **6** (4), 325-330.

Saxe, G. B. 1991 *Culture and cognitive development: Studies in mathematical understanding.* Hillsdale, NJ: LEA.

Sayeki, Y., Ueno, N., & Nagasaka, T. 1991 Mediation as a generative mode for obtaining an area. *Learning and Instruction*, 1, 229–242.

Star, S. L. 1989 *Regions of the mind: Brain research and the quest for scientific certainty.* Stanford, CA: Stanford University Press.

Star, S. L. 1996 Working together: Symbolic interactionism, activity theory, and information systems. In Y. Engeström & D. Middleton (Eds.), *Cognition and communication at work.* New York:Cambridge University Press. Pp. 296–318.

Thurman, R. A. F. 1984 *The central philosophy of Tibet.* Princeton, NJ: Princeton University Press.

U. S. Dept. of Labor 1991 *What work requires of schools: A SCANS report for America 2000.* U. S. Department of Labor: The Secretary's Commission on Achieving Necessary Skills.

Valsiner, J. 1989 *Human development and culture.* Lexington, MA: Heath.

van Oers, B. 1998 The fallacy of decontextualization. *Mind, Culture, and Activity*, 5 (2), 135–142.

Varela, F. J. 1981 Autonomy and autopoiesis. In R. Gerhard & H. Schwegler (Eds.), *Self-organizing systems: An interdisciplinary approach.* New York: Verlag. Pp. 14–23.

Varela, F. J., Thompson, E., & Rosch, E. 1991 *The embodied mind: Cognitive science and human experience.* Cambridge, MA: MIT Press. 田中靖夫（訳）2001 身体化された心―仏教思想からのエナクティブ・アプローチ 工作舎

Vygotsky, L. S. 1978 *Mind in society: The development of higher psychological processes.* Cambridge, MA: Harvard University Press.

Vygotsky, L. S. 1987 Problems of general psychology. In N. Minick (Ed. and Trans.), *The collected works of L. S. Vygotsky.* Vol. 1. NY: Plenum.

Walkerdine, V. 1988 *The mastery of reason.* London: Routledge.

Wartofsky, M. W. 1979 *Models.* Boston: D. Reidel Publishing.

Wenger, E. 1998 *Communities of practice: Learning, meaning, and identity.* NY: Cambridge University Press.

Whitson, J. A. 1997 Cognition as a semiosic process: From situated mediation to critical reflective transcendence. In D. Kirshner & J. A. Whitson (Eds.), *Situated cognition: Social, semiotic, and psychological perspectives.* Mahwah, NJ: Erlbaum. Pp. 97–150.

Wilcox, C. & Beach, K. D. 1996 Order in the court: The development of a play activity and its elementary school participants. Paper presented at the Biannual Meeting of the International Society for the Study of Behavioral Development, Quebec City, Canada.

W. T. Grant Foundation 1988 *The forgotten half: Non-college youth in America.* Commission on Work, Family, and Citizenship.

第5章

Bakhtin, M. M. 1929 *Марксизм и философия языка: ос новные проблемы социологического ме тода в науке о языке; Marksizm i filosofiia iazyk: osnovnye problemy sotsiologicheskogo metoda v nauke o iazyke.* Volosinov, V. N. 1973 *Marxism and the Philosophy of Language.* (Translated by L. Matejka, and I. R. Titunik). Cambridge, MA: Harvard University Press. 桑野　隆（訳）1989　マルクス主義と言語哲学　未來社

Hall, J. K. 1995 (Re) creating our world with words: A sociohistorical perspectives of face-to-face interaction. *Applied Linguistics*, 14, 145-166.

石黒広昭　1998　心理学を実践から遠ざけるもの　佐伯　胖・宮崎清孝・佐藤　学・石黒広昭（著）　心理学と教育実践の間で　東京大学出版会

木村宗男・阪田雪子・窪田富男・川本　喬（編）1989 日本語教授法　桜楓社

Kasper, G. & Kellerman, E. (Eds.) 1997 *Communication Strategies.* New York: Longman.

Krashen, S. 1982 *Principles and Practices in Second Language Acquisition.* Oxford: Pergamon.

Lave, J. & Wenger, E. 1991 *Situated Learning: Legitimate Peripheral Participation.* New York: Cambridge University Press. 佐伯　胖（訳）1993　状況に埋め込まれた学習―正統的周辺参加　産業図書

Lewis, M. 1993 *The Lexical Approach.* Language Teaching Publications.

Long, M. 1981 Input, interaction and second language acquisition. In H. Winitz (Ed.), *Native Language and Foreign Language Acquisition.* Annals of New York Academy of Sciences, 379, 259-278.

Mehan, H. 1979 *Learning Lessons.* Cambridge, MA: Harvard University Press.

森本郁代　1999 日本語学習者の教室場面におけるインターアクション―教師の誘発と学習者の応答を中心に―　大阪大学大学院言語文化研究科提出修士論文

Nattinger, J. R. & DeCarrico, J. S. 1989 *Lexical Phrases and Language Teaching.* Oxford: Oxford University Press.

Newman, D., Griffin, P., & Cole, M. 1989 *The Construction Zone: Working for Cognitive Change in School.* New York: Cambridge University Press.

日本語教育学会（編）　1982　日本語教育事典　大修館書店

西口光一　1998　自己表現中心の入門日本語教育　多文化社会と留学生交流第2号　大阪大学留学生センター

西口光一　1999　状況的学習論と新しい日本語教育の実践　日本語教育第100号　日本語教育学会

Ong, W. J. 1982 *Orality and Literacy, The Technologizing of the Word.* Methuen. 桜井直文・林　正寛・糟谷啓介（訳）1991　声の文化と文字の文化　藤原書店

Scarcella, R. C. & Oxford, R. L. 1992 *The Tapestry of Language Learning: the Individual in the Communicative Classroom.* Boston, Mass. : Heinle and Heinle. 牧野高吉（訳・監修）　菅原永一ほか（訳）　第2言語習得の理論と実践―タペストリー・アプローチ　松柏社

Sfard, A. 1998 On two metaphors for learning and the danger of choosing just one.

Educational Researcher, 27 (2), 4-13.
Swain, M. 1985 Communicative competence; Some roles of comprehensible input and comprehensible output in its development. In S. M. Gass & C. G. Madden (Eds.), *Input in Second Language Acquisition*. Rowley, MA: Newbury House.
Vygotsky, L. S. 1934 Мышление и речь ; *Myshlenie i rech*. 柴田義松（訳） 2001 思考と言語 新読書社
Vygotsky, L. S. 1981 The genesis of higher mental functions. In J. V. Wertsch (Ed), *The concept of activity in Soviet psychology*. Armonk, NY: M. E. Sharpe. Pp. 144-188. 柴田義松（訳） 1970 精神発達の理論 明治図書
Young, R. 1999 Sociolinguistic approaches to SLA. *Annual Review of Applied Linguistics*, 19, 105-132.

第6章

Bakhtin, M. M. 1981 *The dialogic imagination: Four essays by M. M. Bakhtin*. Ed. M. Holquist; Trans. C. Emerson & M. Holquist. Austin: University of Texas Press. 伊東一郎（訳） 1979 小説の言葉 ミハイル・バフチン著作集5 新時代社
Bakhtin, M. M. 1979 *Estetika slovesnogo tvorchestva* (*The aesthetics of verbal creation*). Moscow: Iskusstvo. 新谷敬三郎・伊東一郎・佐々木 寛（訳） 1988 ことば 対話 テキスト ミハイル・バフチン著作集8 新時代社
Bakhtin, M. M. 1930 Марксизм и философия языка : ос новные проблемы социологического ме тода в науке о языке; *Marksizm i filosofiia iazyk: osnovnye problemy sotsiologicheskogo metoda v nauke o iazyke*. 桑野 隆（訳） 1994 マルクス主義と言語哲学—言語学における社会学的方法の基本的問題（改訂版） 未來社
Kleinman, A. 1988 *The illness narratives: suffering, healing and the human condition*. 江口重幸・五木田 紳・上野豪志（訳） 1996 病いの語り—慢性の病いをめぐる臨床人類学— 誠信書房
松田孝志 2000 ジグソー法によるグループ学習実践 近藤邦夫・岡村達也・保坂 亨（編） 子どもの成長 教師の成長—学校臨床の展開— 東京大学出版会 Pp. 67-78.
酒井直樹 1990 他者性と文化 思想の科学 No. 125 1990年2月号 Pp. 4-8.
土屋由美 1997 学びを開く「声」との出会い—ある脳卒中患者のリハビリ過程の参与観察を通して— 平成8年度東京大学大学院教育学研究科修士論文
Vygotsky, L. S. 1934 Мышление и речь ; *Myshlenie i rech*. 柴田義松（訳） 1962 思考と言語（上・下） 明治図書出版
Vygotsky, L. S. 大井清吉・菅田洋一郎（監訳） 1982 子どもの欠陥性の心理学と教育学について ヴィゴツキー障害児発達論集 ぶどう社
Wertsch, J. V. 1991 *Voices of the mind: A sociocultural approach to mediated action*. Cambridge, Mass: Harvard University Press. 田島信元・佐藤公治・茂呂雄二・上村佳世子（訳） 1995 心の声—媒介された行為への社会文化的アプローチ— 福村出版
Wertsch, J. V. 1990 石黒広昭（訳）1991 合理性の声—精神に対する社会文化的アプロ

ーチ― 現代思想, 19（6）, 114-129.

第7章
麻生　武　1991　身ぶりから言葉へ　新曜社
麻生　武　2002　乳幼児の心理―コミュニケーションと自我の発達―　サイエンス社
Cazden, C. 1997 Performance befor competence: Assistance to child discourse in the zone of proximal development. In M. Cole, Y. Engeström, & O. Vasquez, (Eds.) *Mind, culture, and activity: Seminal papers from the Laboratory of Comparative Human Cognition.* Cambridge University Press. Pp. 303-310.
Cole, M. 1996 *Cultural psychology: A once and future discipline.* Cambridge: The Belknap Press of Harvard University Press.　天野　清（訳）　2002　文化心理学:発達・認知・活動への文化-歴史的アプローチ　新曜社
Eng, H. 1954　*The psychology of children's drawings: from the first stroke to the coloured drawing.* London: Routledge & Kegan Paul LTD.　外山卯三郎（訳）1958　児童画の心理　暁教育図書株式会社
Engeström, Y. 1987　*Learning and Expanding: An activity-theoretical approach to developmental research.* Helsinki: Orienta-Konsultit Oy. p. 368.　山住勝広・松下佳代・百合草禎二・保坂裕子・庄井良信・手取義宏・高橋　登（訳）1999 拡張による学習 新曜社
Engeström, Y. 1993 Developmental studies on work as a testbench of activity theory. In S. Chaiklin and J. Lave, (Eds.), *Understanding practice: Perspectives on activity and context.* New York: McGraw-Hill.
Goffman, E. 1959 *The presentation of self in everyday life.* Doubleday & Company Inc. 石黒毅（訳）1974　行為と演技―日常生活における自己呈示―　誠信書房
草津　攻　1993　アイデンティティ　森岡清美・塩原　勉・本間康平（編）新社会学事典　有斐閣　p. 3.
石黒広昭　1998　心理学を実践から遠ざけるもの―個体能力主義の興隆と破綻―　佐伯胖・宮崎清孝・佐藤　学・石黒広昭（編著）　心理学と教育実践の間で　東京大学出版会
柄谷行人・木村　敏　1985　対話：他者に教えることまたは〈言語ゲームの共有〉　現代思想, 13（12）, 189-206.
Lave, J. V. & Wenger, E. 1991 *Situated Learning: Legitimate Peripheral Participation.* Cambridge University Press. 佐伯　胖（訳）　1993　状況に埋め込まれた学習―正統的周辺参加―　産業図書
Rossi-Landi, F. 1983 *Language as work and trade: A semiotic homology for linguistics and economics.* South Hadley, MA: Bergin & Garvey.
Luquet, G. H.　1977　*Le Dessin Enfantin: présentée et commentée par Jacques Depouilly.* Delachaux & Niestlé S. A., Neuchâel (Switzerland) -Paris.　須賀哲夫（監訳）　吉田博子・毛塚恵美子・五十嵐佳子（訳）　1979　子供の絵―児童画研究の源流―　金子書房
松本健義　1994　幼児の造形行為における他者との相互行為の役割に関する事例研究

(1) 美術科教育学会誌 美術教育学, **15**, 265-280.
松本健義 1995 なぜ幼児は描き，造るのか 財団法人美育文化協会（編） 美育文化, **45** (6), 38-43.
松本健義 1996 幼児の造形行為における他者との相互行為の役割に関する事例研究（2）―「顔」の描画表現様式形成における知覚的同一性と相互行為文脈への依存性― 美術科教育学会誌 美術教育学, **17**, 231-246.
松本健義 1998 幼児の造形表現と会話における物語の展開に関する事例研究 平成8～9年度科学研究費補助金（基盤研究（C））研究成果報告書 研究代表者松本健義（課題番号：08680302）
松本健義 1999 子どもの相互行為の意味と教育実践学 芸術教育実験学会編 芸術教育実践学 第2号 Pp. 44-51.
松本健義 2004a つくり表わす行為，つくり表わされるもの，つくり表わす行為者の相互的生成 大学美術教育学会誌, **36**, 417-424.
松本健義 2004b つくり表わすことの喜び 無藤 隆・麻生 武（編）「保育ライブラリ」教育心理学 北大路書房 Pp.90-101.
松本健義・服部孝江 1999 砂場における幼児の造形行為のエスノメソドロジー 上越教育大学研究紀要, **18** (2), 517-536.
松本健義・三浦真里 2000 幼児の遊びにおける日常生活空間の変容について 子ども社会研究, **6**, 56-69.
Mehan, H. 1979 *Learning Lessons*. Harvard University Press.
Merleau-Ponty, M. 1945 *Eloge de la philosophie l'oeil et l'esprit*. Paris: Gallimard. 滝浦静雄・木田 元（訳）1966 眼と精神 みすず書房
三浦真里 2002 幼児のつくり表す行為と遊びの道具の生成過程 大学美術学会誌, 34, 423-430.
茂呂雄二 1988 なぜ人は書くのか 東京大学出版会
中田基昭 1996 教育の現象学 川島書店
西阪 仰 1997 相互行為分析という視点 金子書房
西野範夫 1999 子どもの意味生成表現という学び 連載第35回：子どもたちがつくる学校と教育 美育文化協会（編） 美育文化, **49** (7), 46-53.
野口祐二 2002 物語としてのケア―ナラティブ・アプローチの世界へ― 医学書院
Suchman, L. A. 1987 *Plans and Situated Actions: The Problem of human machine communication*. Cambridge University Press. 佐伯 胖（監訳）上野直樹・水川喜文・鈴木栄華（訳）1999 プランと状況的行為―人間-機械コミュニケーションの可能性― 産業図書
田島信元 1996 ヴィゴツキー 浜田寿美男（編） 別冊発達, **20**, 74-94.
田島信元 2003 共同行為としての学習・発達―社会文化的アプローチの視座― 金子書房
上野直樹 1996 協同的な活動を組織化するリソース 認知科学, 3 (2), 5-24.
上野直樹 1999 仕事の中での学習―状況論的アプローチ― 東京大学出版会
Vygotsky, L. S. 1981 The genesis of higher mental functions. In J. V. Wertsch (Ed), *The concept of activity in Soviet psychology*. Armonk, NY: M. E. Sharpe. Pp. 144-188. 柴田

義松(訳) 1970 精神発達の理論 明治図書
Vygotsky, L. S. 1935 *Умственное развитие детей в процессе обучения.*
柴田義松(訳) 1975 子どもの知的発達と教授 明治図書
Wertsch, J. V. 1991 *Voice of the Mind: A sociocultural Approach to Mediated Action.* Harvard University Press. 田島信元・佐藤公治・茂呂雄二・上村佳代子(訳) 1995 心の声 ―媒介された行為への社会文化的アプローチ― 福村出版
Wertsch, J. V. 1998 *Mind as action.* Oxford University Press. 佐藤公治・田島信元・黒須俊夫・石橋由美・上村佳代子(訳) 2002 行為としての心 北大路書房
山田富秋 2000 日常性批判―シュッツ・ガーフィンケル・フーコー― せりか書房
山田富秋 2002 精神障害者カテゴリーをめぐる「語り」のダイナミズム および同書「あとがき――日常の両義性を讃えて」 好井裕明・山田富秋(編) 実践のフィールドワーク せりか書房 Pp. 121-146, 251-256.
山形恭子 1988 0〜3歳の描画における表象活動の分析 教育心理学研究, **36**, 201-209.
山形恭子 1989 なぐり描きと人物画の誕生 発達, **10** (38), 19-30.
矢野智司 1994 第3章 教育関係のパラドックス および同書 序論1 パラドックスの教育学への覚え書き 加野芳正・矢野智司(編) 教育のパラドックス/パラドックスの教育 東信堂 Pp. 3-28, 105-134.
吉澤夏子 2002 世界の儚さの社会学 シュッツからルーマンへ― 勁草書房

第8章

Brown, A. L. 1992 Design experiments: Theoretical and methodological challenges in creating complex interventions in classroom settings. *The Journal of Learning Sciences*, **2** (2), 141-178.
Brown, A. L. & Campione, J. C. 1994 Guided discovery in a community of learners. In K. McGilly (Ed.), *Classroom lessons : Integrating cognitive theory and classroom practice.* Massachusetts: The MIT Press. Pp. 229-273.
Brown, J. S., Collins, A., & Duguid, P. 1989 Situated cognition and the culture of learning. *Educational Researcher*, **18**, (1), 32-42.
Edelson, D. C., O'neill, D. K., Gomez, L. M., & D'amico, L. 1995 A design for effective support of inquiry and collaboration. In J. Schnase, & G. L. Cunnius (Eds.), Proceedings of CSCL'95 New Jersey: LEA. Pp. 107-111.
Edelson, D. C., Pea, R. D. & Gomez, L. M. 1996 The Collaboratory Notebook. *Communications of the ACM*, **39** (4), 32-33.
Engeström, Y. & Cole, M. 1993 A cultural-historical approach to distributed cognition. In G. Solomon (Ed.), *Distributed cognitions: psychological and educational consideration.* Massachusetts: Cambridge University Press. Pp. 1-46.
Engeström, Y. 1995 Developmental studies of work as a testbench of activity theory: The case of primary care medical practice. In J. Lava, & S. Chaiclin (Eds.), *Understanding Practice.* Massachusetts: Cambridge University Press. Pp. 64-103.
Engström, Y. (Ed.) 1999 *Perspectives on activity theory: Learning in doing social, cognitive and computational perspectives.* Massachusetts: Cambridge University Press.

稲垣忠彦　1995　授業研究のあゆみ　評論社

Kaptelinin, V. & Cole, M. 1997 Individual and collective activities in educational computer game playing. In R. Hall, N. Miyake, & N. Enyedy (Eds), Proceedings of CSCL'97. Pp. 136-141.

川上善郎・川浦康至・池田謙一・古川良治　1993　電子ネットワーキングの社会心理-コンピュータコミュニケーションへのパスポート　誠心書房

木原俊行　1995　「反省」と「共同」による授業改善方法の開発　日本教育工学会論文誌, **18**, 165-174.

Koschmann, T. 1996 Paradigm shifts and instructional technology: Introduction. In T. Koschmann (Ed.), *CSCL: Theory and Practice of Emerging Paradigm*. New Jersey: LEA. Pp. 1-24.

Kurokami, H., Horita, T., & Yamauchi, Y. 1999 Development of a Collaborative Learning System based on NHK's Educational TV Program. Proceedings of ED-MEDIA'99. Pp. 1815-1816.

Lave, J. & Wenger, E. 1991 *Situated learning: Legitimate peripheral participation*. Massachusetts: Cambridge University Press. 佐伯　胖（訳）　1993　状況に埋め込まれた学習—　正統的周辺参加　産業図書

益川弘如　1999　協調学習支援ノートシステム「ReCoNote」が持つ相互リンク機能の効果　日本教育工学会論文誌, **23**（2），89-98.

中原　淳・西森年寿・杉本圭優・堀田龍也・永岡慶三　2001　教師の学習共同体としてのCSCL環境の開発と質的評価　日本教育工学会論文誌, 24（3），161-171.

西森年寿・中原　淳・杉本圭優・浦島憲明・荒地美和・永岡慶三　2001　遠隔教育における役割を導入した討論を支援するCSCLの開発と評価　日本教育工学会論文誌, **25**（2），103-113

Oshima, J., Oshima, R. & Murayama, I. 2000 Design experiments for CSCL environments: WebCSILE in Japanese post-secondary education. Paper presented at the annual meeting of the American Educational Research Association 2000.

Oshima, J., Oshima, R., Murayama, I., Inagaki, S., Nakayama, H., Yamaguchi, E., & Takenaka, M. 2002 Design experiment for integrating a CSCL technology into Japanese elementary science education. Proceedings of CSCL2002.

Pea, R. D. 1996 Seeing what we build together: Distributed multimedia learning environments for transformative communication. In T. Koschmann (Ed.), *CSCL: Theory and Practice of Emerging Paradigm*. New Jersey: LEA. Pp. 171-176.

Pea, R. D., Means, B., Hsi, S., Tinker, R., Bransford, J., Brophy, S., Linn, M., Roschelle, J., & Songer, N. 1999 Toward a learning technologies knowledge network. *Educational Technology Research & Development*, **47**（2），19-38.

佐藤　学　1994　教師文化の構造—教育実践研究の立場から　稲垣忠彦・久富善之（編）1994　日本の教師文化　東京大学出版会　Pp. 21-41.

佐藤　学　1997　教師文化の構造　教師というアポリア: 反省的実践へ　世織書房　Pp. 89-93.

Scardamalia, M. & Bereiter, C. 1996a Computer support for knowledge-building communities. In T. Koschmann, (Ed.), *CSCL: Theory and Practice of Emerging Paradigm.* New Jersey: LEA. Pp. 204-260.

Scardamalia, M. & Bereiter, C. 1996b Student communities for the advancement of knowledge. *Communications of the ACM,* **39** (4), 36-37.

Sfard, A. 1998 On two metaphor for learning and dangers of choosing just one. *Educational Researcher,* **27** (2), 4-13.

Shrader, G., Williams, K., Whitcomb, J. L., Finn, L. E., & Gomez, L. 2001 Participatory design of science curricula: The case for research for practice. Paper presented at the annual meeting of the American Educational Research Association 2001.

杉本美穂子・佐伯胖・楠房子・須藤正人 2002 科学教育における建設的会話支援システムの活用 科学教育研究, **26** (1), 56-65.

Wenger, E., McDermott, R., & Snyder, M.W. 2002 *Cultivating Communities of Practice: A Guide to Managing Knowledge.* Harvard Business School Press. Pp. 1-21.

Winograd, T. (Ed.) 1996 Bringing design to Software. New York: ACM Press. 瀧口範子 (訳) 1998 ソフトウェアの達人たち―認知科学からのアプローチ アジソン・ウェスレイ・ジャパン p. 169.

Winograd, T. & Flores, F. 1986 *Understanding Computers and Cognition.* Addison-Wesley Publishing Company.

油布佐和子 1999 教師集団の解体と再編 油布佐和子 (編) 教師の現在・教職の未来 教育出版 Pp. 52-70.

人名索引

● A
Althusser, L.　48
Apple, M. W.　11
麻生　武　154

● B
Bakhtin, M. M.（Бахтин, M. M.）　28, 97, 113, 121, 135, 137, 146–149, 151
Beach, K.　19, 26, 72, 77, 80, 81, 85, 87
Berducci, D.　25
Bourdieu, P.　38
Bowers, J.　77
Brown, A. L.　189, 190
Brown, J. S.　9

● C
Campione, J. C.　189
Cazden, C. B.　11
Cole, M.　16, 18, 36, 37, 160
Cox, B. D.　73

● D
Davydov, V. V.　73
Dewey, J.　27, 74
Douglass, F.　41

● E
Edelson, D. C.　189
江口重幸　132
El'konin, D. B.（Эльконин, Д. Б.）　9
Engeström, Y.　19–22, 89, 158, 172, 188, 191, 192
Erickson, E.　59

● F
Freire, P.　24, 38

● G
Giroux, H.　12
Gover, M.　91

● H
Hirsch, E. D.　49
Hungwe, K.　83

● I
稲垣忠彦　187
IRL（Institute for Research on Learning）　14
石黒広昭　2, 7, 8, 12, 15, 23, 104, 154

● K
柄谷行人　166
菊池久一　24
木村　敏　166
Kleinman, A.　132
駒林邦男　5
Kurokami, H.　193

● L
Lave, J.　9–11, 23, 27, 71, 76, 78, 91, 114, 123, 127, 189
Leont'ev, A. N.（Леонтьев, А. Н.）　7, 8, 13, 16, 21, 85
Luquet, G. H.　155

● M
松田孝志　129
松本健義　29, 156
McDermott, R. P.　2, 23
Mehan, H.　115, 184
Merleau-Ponty, M.　159
三浦真里　158, 160, 173
森本郁代　100
茂呂雄二　155

● N
中原　淳　30
中田基昭　168
西口光一　27
西野範夫　153
西阪　仰　162

● O
Ong, W. J.　104
Oxford, R. L.　105, 106, 125

● P
Piaget, J.　3

● R
Reineke, J. W.　76

Rommetveit, R.　64
Rosch, E.　80

●S

斉藤喜博　16
酒井直樹　147
佐藤　学　5
Scarcella, R. C.　105, 106, 125
Schaller, S.　37
Scribner, S.　16, 18, 19, 36, 37
Sfard, A.　104
Shultz, J.　59
Silverstein, M.　66
Suchman, L. A.　153

●T

田島信元　158
Thompson, E.　80
土屋由美　28, 29, 130

●U

U. S. Dept. of Labor　88

上野直樹　157, 161, 183

●V

Valsiner, J.　80
Varela, F. J.　80
Vyas, S.　77, 87
Vygotsky, L. S.（Выготский, Л. С.）　3-5, 12, 13, 53, 69, 105, 134, 136, 139, 156, 159

●W

Wartofsky, M.　15, 84
Wenger, E.　9, 10, 27, 71, 76, 78, 114, 123, 127, 189
Wertsch, J. V.　5, 25, 53-55, 57, 67, 136, 137, 155, 171

●Y

山田富秋　162, 166
山形恭子　156
矢野智司　181
吉澤夏子　157
Young, R.　107, 113

事項索引

●あ

アーティファクト　75, 81, 83
アーティファクトシステム　74, 80
アーティファクトシステムを伴う知識増殖　74
IRE　115
アイデンティティ　10-12, 23, 24, 27, 71, 72, 74, 75, 79, 80, 84, 91, 105, 114, 146, 150
アイデンティティ創作　91
アウトプット仮説　105
遊び　173, 175
遊びのできごと内の道具　173, 178
宛名　136
アフリカ系アメリカ人研究　49
アプロプリエーション　9

●い

イーミックな課題　18
異言語混交　136
意識化　24, 38, 42-45
異時混淆性　27, 79, 83, 86, 89
異種混交の発話　11
一次的アーティファクト　83, 84
一次的な矛盾　206
位置どり（ポジショニング）　156
一般意味論　44
一般化　26, 27, 72-74, 80
居場所　28, 29
居場所感　129, 130, 135, 151, 152
意味生成の行為　153
意味の協働形成　185
医療文化の意味世界　131
医療文化の声　132, 133, 135, 138, 148, 149
違和感　130, 131
インターアクション仮説　105
インターアクションの協働的構築　107
インターネット　74
インプット仮説　105

●う

ヴァイ　37
ヴィゴツキアン・エスノグラフィー　17
ヴィゴツキーの文化歴史的理論　87
内側からの理解　135

●え

エージェンシー　72

エキスパート　18
エスノグラフィー　45
エスノメソドロジー　161

●お

応答　146-150, 152
教え込み主義　30
教えること　166

●か

カウンセリング的アプローチ　129
科学的概念　12, 16
書くこと　156, 162, 164-168, 171, 172
描くこと　162, 168, 169, 171, 172
学習　3, 5, 10, 11, 23, 25, 34, 35, 71
学習活動　172
学習環境　28
学習者共同体　189
学習内容の文化的決定論　154
学習の持続可能性　31
学習の社会性　31
学習の転移　5
学習の媒介性　31
学習の母体　127
学習理論　18
拡張　20
獲得　7, 107, 127
価値的予感　8
学校　71, 72
学校教育　5, 30, 36, 37, 48, 82, 89, 136
活動　17, 85
活動システム　22, 23, 158, 161, 180, 191, 192, 206
活動理論　17, 18, 21, 22, 27, 30, 31, 72
カップリング　80-82
カリキュラム　49, 73, 98, 99
カリキュラム・デザイナー　28, 110
カリキュラム・デザイン　109
関係性の構築　48
関係論的視座　23
患者　132, 134
間主観性　54, 63-70
間主観性の源泉　63

●き

共変移　27, 73, 75, 80, 83, 85-87, 89, 90-92
教育　5, 35, 169

教育心理学　　71, 90, 91
境界物　　78
教材　　28
教室　　39, 99
教室で行なわれる相互行為　　103
教師の学習共同体　　30, 31, 187, 204, 206, 207
教師の共同体　　208
教師の実践共同体　　30
教授　　5, 73
教授学習場面　　26
共進化　　81
鏡像の習得　　159
協調学習支援システム　　30
共通のリテラシー　　45
共同化された対象　　154, 183
協働活動　　2
共同指示　　54, 55, 58
共同指示表現　　55, 62
協働性　　29
共同体　　30, 191, 194, 197
共同注意　　26
共同問題解決場面　　26
際だたせ（ハイライティング）　　156
近代主義的な学校教育　　181

●け
形成実験　　17, 19
結果　　191
権威的な言葉　　136, 137, 147-149
言語獲得　　8
言語コミュニケーションの実際の単位　　135
言語習得過程　　27
言語的援助　　106, 110
言語的交通　　28
言語の意義の政治性　　40
言語の道具性　　28
言語発達促進活動　　105-107
現場の学習　　10
権力　　35, 37

●こ
行為　　17
CoVis (The Learning Through Collaborative Visualizaion Project)　　189
CoVis Collaboratory Notebook　　189
構造的カップリング　　81
公民権運動　　41
交流学習研究会　　193
声　　135-139, 143, 149, 150-152
声（複数）　　139, 147, 149, 150
個人主義的な能力観　　107
個人能力主義　　182

個体中心主義　　9, 11
個体主義　　104
個体能力主義　　14, 29, 154
コネクショニズム　　81
コミュニカティブ・アプローチ　　96
コミュニケーション　　25
混乱　　192

●さ
最近接発達領域（ZPD）　　6, 21, 79, 105, 172, 180
最小身体労力の規準　　19
再認の契機　　113
差別　　41, 42
参加　　14, 23
参加としての学習　　31
参加メタファー　　104, 189
三次的アーティファクト　　84

●し
CSCL (Computer Supported Collaborative Learning) システム　　31, 187-191, 200
シェアリングボイス　　2
ジェンダー研究　　49
識字　　34, 41
識字運動　　43
識字術　　41, 44
識字能力　　38
識字の暴力性　　46
識字理論　　45
指示指標の前提　　66
指示的視点　　53, 60
指示表現　　57
指示身ぶりの発達　　159
指示連鎖　　25, 53, 58
持続可能性　　23
持続性のパラドックス　　23
実践共同体　　114
実践的思考　　18
ジャーナル　　202
ジャーナルウィンドウ　　195
社会的機能の障害　　134
社会的言語　　135-137, 147
社会的実践　　10, 18, 19
社会的実践共同体　　10
社会的適切性　　25
社会文化的な意味生成　　180
十全的参加　　78
十全的参加者　　10
習得メタファー　　104
授業　　11, 12, 17, 107, 110
熟練のアイデンティティ　　123

事項索引　　227

主体　　30, 191, 194, 197, 198
手段刺激　　13
主導的活動　　27, 83, 85, 86, 89
手話言語　　37
純粋な思考　　3, 4
状況的学習　　10
状況的学習論　　188
状況に埋め込まれた学習　　9
情報リテラシー　　38
情報量　　65, 67
省略　　53, 68, 70
職業教育　　79
女性研究　　49
進化生物学　　81
人工物　　14, 15, 160
進歩観　　87
心理的道具　　111

●す

垂直的進歩　　90
垂直的発達観　　89
水平な発達の進歩観　　89
水平的発達　　27, 89, 90
数学的計算　　82
スキーマ　　15
スクリプト　　15, 16
スクリブル　　164

●せ

生活的概念　　16
政治性　　41
精神間機能　　57, 136
成人教育　　79
成人教室　　82, 86
成人第二言語学習者　　104
精神内機能　　136
生成　　27, 74
生成的単位　　161
正統的周辺参加　　10
正統的周辺参加論　　9, 11, 27, 71, 78, 114, 123
生物学的機能の障害　　134
責任の委譲　　25
全人格　　10
前提　　66

●そ

造形教育　　29, 30
造形行為　　161
造形作品　　161
造形的活動　　153, 154, 157
造形的な遊び　　184
造形的な表現　　157

造形的な表現行為　　182
相互行為　　23, 161, 162
相互行為能力　　107
相互行為の協働的構築　　119, 121
相互行為の実践　　113, 121
相互行為の文脈　　183
相互行為の母体　　117
相互行為場面に埋め込まれた協働的生成活動　　168
相互性　　76
相互反映性　　182
相互変移　　27, 75-78, 80-82, 86, 87, 89, 90, 93
操作　　17
増殖　　73
側方変移　　27, 75, 76, 80-82, 86, 93

●た

第一次人工物　　15
第一の内的矛盾　　192, 195
第一の矛盾　　198
第三次人工物　　15
第三者としての障害者　　132
第三の対象　　79
対象　　21, 22, 31, 191, 194, 197
対象刺激　　13
第二言語学習　　28
第二言語学習者　　113
第二言語教育　　96-98
第二次人工物　　15
第二の人工物　　21
第二の内的矛盾　　192, 197
対話　　136, 137, 151, 152
タグ　　196
他者　　14, 25
他者性　　147-149, 151, 152
他者のことば　　135
正しい関係性を規定する言葉　　47
脱トートロジー化　　157
脱文脈化　　155
脱文脈化された声　　136, 137
ダブルバインド　　172, 181
単位事例比　　160
断酒会　　76

●ち

知識増殖　　27, 74, 75, 80, 90-92
知識の一般化　　73
知識の物象化　　103
知性的に熟達した人　　123
調整　　17
直示　　55, 58, 63
直示→共同指示→文脈報告　　64, 65, 67

直示表現　26, 55, 61, 63, 69

●て

TET（Teacher Episode Tank）　30, 31, 188, 193, 195-200, 204, 206
teaching（教授）　5
ていねい語での対話　142-144
テーマ中心のカリキュラム　108
テーマ中心のカリキュラム方略　108
デザイン実験アプローチ　190, 200
転移　18, 26, 71-74
転移概念　72
転移研究　73

●と

道具　30, 191, 194, 197
道具＝人工物　13
同時多発テロ　50
特権化　136-139, 147
特権化された声　138, 140, 147-149, 151
取り出し授業　12

●な

内化　20, 54, 70, 105
内化の理論　26
内化モデル　20
内化連鎖　53, 68
内言　54, 136, 139, 147, 149, 152
内言論　26
内主観的な世界　56
内的説得力のある言葉　148, 149
内的矛盾　192, 195, 197, 202, 204, 206
為すことによる学習　10
何が起きているのか　59

●に

二次的アーティファクト　83, 84
二次的な矛盾　206
二重刺激の機能的方法　13
二重刺激法　20
日本語教育　27, 28, 96, 98
日本語教室　114
日本語授業　100

●ね

ネットコミュニティ　31

●の

能動的な応答　138, 152
能動的な参与　30
ノービス　18

●は

バーチャル・ユニバーシティ　190
バーテンダー養成所　79
媒介活動　160
媒介記憶の実験　13
媒介された活動　158
媒介された行為　154, 155, 159, 161, 171
媒介手段　171
媒介する道具　160
媒介性　14, 23
媒介変移　27, 75, 79, 80, 91
はしごかけ連鎖　65, 67, 68
パズル実験　55, 58
パターン・プラクティス　101
発達　4, 30, 152, 171
発達的カップリング　27, 81, 83, 85-87, 89, 90
発達的進歩観　78, 88, 90
発達的連鎖　26
発達と教育　3
発話　28, 135, 136, 146

●ひ

飛行中の言語運用　106
非対称的なやりとり　54
非発達的連鎖　26, 64, 65, 67, 68, 70

●ふ

ファーストフード　87-90
フィールドリサーチ　22
フィールドワーク　162
不意打ちの到来　168
腹話術　136, 151
フレイレの識字理論　42, 46
プレリテラシー　155, 156
プロジェクトワークの授業　116
文化スキーマ　16
文化戦争　49, 50
文化的決定論　182
文化的再生産　38
文化的スキーマ　16
文化的道具　154, 171
文化的発達　13
文化モデル　15
文化リテラシー　49, 50
文化-歴史的理論　72
分業　30, 191, 194, 197
文脈状況依存性　183
文脈報告　54, 55, 58
文脈報告→共同指示→直示　60, 63-65, 67
文脈報告語　59, 62, 63, 67
文脈報告表現　55, 57, 62-64, 67

文脈報告→文脈報告→直示　65

●へ

変移　74, 75, 84, 92
変容　152

●ほ

包含変移　27, 75, 78-81, 83
方法論　80
ボード　195, 199
ホームサイン　37
母体　127

●ま

学びの政治性　24

●む

無指示表現（φ）　60-62
矛盾　31

●め

メーリングリスト　193, 194, 197
メノン　71

●も

文字　35, 37
文字を書く行為　164
モノローグ世界　166
問題空間　18, 21, 31
文盲　35

●ゆ

有能な他者の媒介　105

●よ

読み書き能力　35-37

●ら

learning（学習）　5

●り

リテラシー（leteracy）　25, 34, 37-40, 104
リテラシー学習　25, 51, 52
リテラシー学習の政治性　35
リテラシー習得の政治性　36
リテラシー調査　18
リテラシーの政治性　51
リフレクションボード　195, 197, 199, 200
了解　146, 147

●る

ルール　30, 191, 194, 197

●わ

ワーク研究　17
話題中心のカリキュラム　108
わたしたちの共同体　114
わたしたちのコミュニティの実践　122

【編者紹介】

石黒　広昭（いしぐろ・ひろあき）
　　1958年　静岡県に生まれる
　　1986年　慶應義塾大学大学院社会学研究科博士課程単位取得満期退学
　　　　　　博士（教育学）
　宮城教育大学教育学部を経て現在立教大学文学部教授
　研究領域：発達実践論，言語を媒介とした相互行為の研究，発達と学習の心理学
　主著　心理学と教育実践の間で（共編著）東京大学出版会　1998年
　　　　AV機器をもってフィールドへ：保育・教育・社会的実践の理解と研究のために（編著）新曜社　2001年
　HP : http://www.hucc.hokudai.ac.jp/~m16005

【執筆者一覧】

石黒　広昭	立教大学	1章
菊池　久一	亜細亜大学	2章
Domenic F. Berducci	富山県立大学	3章
King Beach	フロリダ州立大学	4章
西口　光一	大阪大学	5章
土屋　由美	日本福祉大学 心理臨床研究センター（研究員）	6章
松本　健義	上越教育大学	7章
中原　淳	東京大学 大学総合教育研究センター	8章

〈執筆協力者〉

| 伊藤　崇 | 北海道大学 | 3章翻訳 |
| 藤野　友紀 | 北海道大学 | 4章翻訳 |

社会文化的アプローチの実際
―― 学習活動の理解と変革のエスノグラフィー ――

2004年8月20日　初版第1刷発行 2012年2月20日　初版第3刷発行	定価はカバーに表示 してあります。

　　　　　　　編著者　　石　黒　広　昭
　　　　　　　発行所　　㈱北大路書房

〒603-8303　京都市北区紫野十二坊町12-8
　　　　　　電　話　(075) 431-0361(代)
　　　　　　Ｆ Ａ Ｘ　(075) 431-9393
　　　　　　振　替　01050-4-2083

Ⓒ2004　印刷／製本　㈱シナノ
検印省略　落丁・乱丁本はお取り替えいたします

ISBN978-4-7628-2389-3　　Printed in Japan